Thomas Köster

Arbeitslosigkeit unter inklusionstheoretischer Betrachtung nach Phelps

Marktwirtschaftliche Reformpolitik

Schriftenreihe der
Aktionsgemeinschaft Soziale Marktwirtschaft e.V.,
herausgegeben von Nils Goldschmidt,
Rolf H. Hasse und Stefan Kolev

Band 19

Thomas Köster

Arbeitslosigkeit unter inklusionstheoretischer Betrachtung nach Phelps

Eine Fallstudie

DE GRUYTER
OLDENBOURG

ISBN 978-3-11-079558-5
e-ISBN (PDF) 978-3-11-079563-9
e-ISBN (EPUB) 978-3-11-079565-3
ISSN 1433-8033

Library of Congress Control Number: 2023942040

Bibliografische Information der Deutschen Nationalbibliothek
Die Deutsche Nationalbibliothek verzeichnet diese Publikation in der Deutschen Nationalbibliografie; detaillierte bibliografische Daten sind im Internet über http://dnb.dnb.de abrufbar.

Satz: Integra Software Services Pvt. Ltd.
Druck und Bindung: CPI books GmbH, Leck

www.degruyter.com

Inhaltsverzeichnis

Abkürzungen

ABM	Arbeitsbeschaffungsmaßnahme
ARGE	Arbeitsgemeinschaft der Arbeitsagenturen und Sozialämter
BA	Bundesagentur für Arbeit
BBSR	Bundesinstitut für Bau-, Stadt- und Raumforschung
BIP	Bruttoinlandsprodukt
BMAS	Bundesministerium für Arbeit und Soziales
BMVBS	Bundesministerium für Verkehr, Bau und Stadtentwicklung
BSG	Bundessozialgericht
BVerfG	Bundesverfassungsgericht
DIW	Deutsches Institut für Wirtschaftsforschung
EVS	Einkommens- und Verbrauchsstichprobe
FAZ	Frankfurter Allgemeine Zeitung
G	Gesprächspartner (im Befragungsteil)
GG	Grundgesetz
I	Interviewer (im Befragungsteil)
ifo	ifo Institut (Leibniz-Institut für Wirtschaftsforschung an der Universität München e. V.)
IAB	Institut für Arbeits- und Berufsforschung
KdU	Kosten der Unterkunft (als Teil der SGB II-Regelleistung)
PASS	Panel Arbeitsmarkt und Soziale Sicherung
SGB	Sozialgesetzbuch
SOEP	Sozio-Oekonomisches Panel
WoGG	Wohngeldgesetz

https://doi.org/10.1515/9783110795639-203

1 Einleitung

Viele Wissenschaftsbereiche betonen immer wieder den inneren Wert, die Würde von Arbeit. Die Soziologie erkennt Arbeitslosigkeit als ein soziales Problem.[1] In der neoklassischen Betrachtung gilt Arbeitslosigkeit hingegen als eine Störung des makroökonomischen Gleichgewichts einer Volkswirtschaft.[2] Der US-Ökonom Edmund S. Phelps forderte diese Sichtweise heraus. Er zeigte, dass eine stabile Marktsituation entstehen kann, bei der natürliche Arbeitslosigkeit erhalten bleibt. Das Werk des Alfred-Nobel-Gedächtnispreisträgers für Wirtschaftswissenschaften[3] kann vielleicht mit der „Mikrofundierung der Makroökonomie" zusammengefasst werden.[4] Dieser Ansatz eröffnete auch für den Arbeitsmarkt eine neue Sichtweise. Mit seinem vieldiskutierten Werk „Rewarding Work" ging Phelps 1997 noch einen Schritt weiter, indem er nicht nur mikroökonomische, und damit rationale Wirkzusammenhänge des Arbeitsmarktes bedachte, sondern auch soziale Aspekte in Bezug auf Arbeit in den Blick nahm. Arbeitsmarktteilhabe ist für ihn eine notwendige Bedingung für soziale Inklusion.

Phelps selbst spricht von „economic inclusion". Diese ist seiner Einschätzung nach nur zu erreichen, wenn Erwerbsfähige nicht nur finanziell auskömmliche, sondern auch erfüllende Arbeit haben. Soziokulturelle Teilhabe könne nicht ausschließlich über Geldleistungen hergestellt werden, weil die Arbeitsmarktteilhabe selbst ein wesentlicher Kern von Inklusion ist. Inklusion kann nicht mit Teilhabe am Konsum hergestellt werden, wenn die Teilhabe an der Produktion fehlt. Arbeit und eine angemessene Entlohnung sind in diesem Wertegerüst zentrale Bausteine.[5]

Er ebnete damit den Weg für eine pluralere Ökonomik, die ganz in Einklang mit der Idee der Sozialen Marktwirtschaft gebracht werden kann. Die Brücke von der makroökonomischen Sichtweise bis hin zu den damit einhergehenden sozialen Implikationen schlägt auch die Ordnungsökonomik. Schon Walter Eucken (1990 [1952], 317 f.) diskutiert die Arbeitslosigkeit als soziale Frage: „Der einzelne hat in der modernen arbeitsteiligen Welt nicht nur wirtschaftliche Not zu fürchten, sondern auch den Ver-

1 Jahoda/Lazarsfeld/Zeisel (1986) untersuchen die sozialen Wirkungen von Arbeitslosigkeit in einer österreichischen Kleinstadt. Das Werk gilt heute als Standardwerk, weil es inhaltlich und methodisch einzigartig war. Ludwig-Mayerhofer (2008) gibt einen guten Überblick der deutschen Debatte. Allmendinger/Ludwig-Mayerhofer/Spitznagel (2012) erläutern den Zusammenhang von ökonomischen Phänomenen und individuellen sozialen Folgen. Gurr/Lang (2013) untersuchen die empfundene Stigmatisierung von Arbeitslosen mithilfe des PASS.

2 Vgl. Ashenfelder/Card (1999), Borjas (2012), Cahuc/Carcillo/Zylberberg (2014), Ehrenberg/Smith (2009) oder Franz (2009).

3 Alfred-Nobel-Gedächtnispreis für Wirtschaftswissenschaften 2006 für seine Analyse intertemporaler Zielkonflikte in makroökonomischer Politik.

4 In Bezug auf die Phillips-Kurve sind vor allem Phelps (1969) und Phelps/Alchian/Holt (1973) zu nennen. Der Mikrofundierung der Makroökonomie wurde mit der Neuen Makroökonomie oder auch „microfoundations" ein sehr breites Forschungsfeld gewidmet. Eine gute Einführung liefert Söllner (2012).

5 Vgl. Goldschmidt (2012), Pies (2012).

https://doi.org/10.1515/9783110795639-001

lust seiner Möglichkeiten als Person. Und zwar wiederum in doppelter Weise. Er muß damit rechnen, daß er aus Gründen, die nicht in ihm selbst zu liegen brauchen, von dem sozialen Zusammenwirken ausgeschlossen und an den Rand der gesellschaftlichen Existenzbedingungen gedrückt wird. Das bedeutet nicht nur die Gefährdung der wirtschaftlichen Existenz, sondern, was ebenso schwer und schwerer wiegt, ein Brachliegen seiner Kräfte, eine Behinderung der Entfaltungsmöglichkeiten und eine unverdiente Demütigung seines Selbstgefühls". Hier sind die negativen Folgen der Arbeitslosigkeit für die Inklusion bereits angelegt. Eucken erkennt, dass die Erwerbslosigkeit nicht nur mit dem Verlust von Einkommen einhergeht, sondern zeigt, wie schädlich die Arbeitslosigkeit auch auf weitere Lebensbereiche und die Psyche der Menschen einwirkt. Für ihn bedeutet Arbeit auch die Entfaltung der eigenen Kompetenzen und er zeigt auf, wie wichtig die Arbeit für den Selbstwert ist. Gleichwohl überträgt Eucken (1989 [1940]) dieses Gedankengerüst nicht auf seine Vorstellungen zur Arbeitsmotivation selbst. Er glaubt, dass die Menschen im Wesentlichen aus zwei Gründen zu einer Arbeitsaufnahme bereit wären: Erstens, ginge es schlicht um Bedarfsdeckung zur Finanzierung der Existenz und zweitens, um ein Gewinnstreben über die eigene Existenzsicherung hinaus. Beide Aspekte sind monetär und lassen eine intrinsische Arbeitsmotivation unabhängig von der Entlohnung außen vor. Daraus muss sich aber nicht unbedingt ein Widerspruch ableiten, denn es ließe sich auch argumentieren, dass eine positive Wirkung von Erwerbsarbeit auf Inklusion für ihn ohne den Arbeitslohn nicht vorstellbar erscheint und es bei der sozialen Bedeutung von Arbeit um das Zusammenspiel von monetärer Motivation und den positiven Wirkungen der daraus resultierenden Arbeitsaufnahme geht.

Dieser ordoliberale Ansatz findet einen Wiederhall in dem Konzept der Befähigungsgerechtigkeit von Amartya Sen (2002). In dessen Befähigungsansatz sind wirtschaftliche Ressourcen die Grundlage für die menschliche Entwicklung. Es geht um die Chance zur Selbstverwirklichung. Dieser Zugang zur Frage der Gerechtigkeit ist ein völlig anderer als eine Verteilungsgerechtigkeit bei Einkommen. Dazu schreibt Sen (1997, 157): „In terms of income distribution, an income received through a governmental transfer payment is much the same as an income earned through employment. But unemployment has many other serious effects even for the individual (on which more presently), and the identification of economic inequality with income inequality impoverishes the understanding and study of economic inequality".

Doch was ist es im Kern, was Arbeit eine so besondere Rolle in unserer Gesellschaft einnehmen lässt? Zur Annäherung an diese Frage greift die vorliegende Arbeit auf das Inklusionskonzept von Edmund Phelps zurück, das sich gut in Einklang mit den Ideen von Eucken und Sen bringen lässt. Er beschreibt in seinem Werk die bedeutsame Rolle von Arbeit für die Person und deren Entwicklung. Insbesondere in seinen jüngeren Werken beschäftigt sich Phelps intensiv mit der Frage einer ökonomischen Inklusion. Erwerbsarbeit spielt in diesem Gedankengerüst eine zentrale Rolle und er skizziert die Bedeutung des Arbeitsumfeldes und der gesellschaftlichen

Bedeutung einer Arbeitsgesellschaft.[6] Bisher wurde der Inklusionsbegriff von Phelps aber nicht formalisiert und muss für eine Anwendung in einer qualitativen Erhebung zunächst strukturiert werden. Zwar ist das Werk von Phelps gespickt mit Erläuterungen der verschiedenen Wirkzusammenhänge von Arbeit und Inklusion, doch eine Kategorisierung liegt bisher nicht vor. Im Verlaufe der Arbeit werden deshalb vier Dimensionen des Wirkzusammenhangs nach Phelps identifiziert: Die persönliche Bedeutung der Arbeit für den Selbstwert, die Bedeutung für die eigene Entwicklung, die Rolle des Arbeitsumfeldes und die gesellschaftliche Bedeutung.

Folgt man Phelps, sollten Arbeitslose in Deutschland ein erhebliches Defizit soziokultureller Teilhabe empfinden, sich exkludiert fühlen oder gar unglücklich sein. Diese subjektive Exklusionserfahrung hat nach dem Thomas-Theorem auch objektive Folgen. Demnach sind Situationen, die Menschen als wirklich definieren in ihren Konsequenzen tatsächlich wirklich. Langzeitarbeitslose Menschen drohen dieser Logik folgend dauerhaft exkludiert zu sein.[7]

Die Forschungsfrage lautet darauf aufbauend: Fühlen sich langzeitarbeitslose Menschen in Deutschland exkludiert? Dieser Frage kann man sich nur mit einer qualitativen Erhebung widmen und dieses qualitative Setting passt auch zum Gedankengerüst von Phelps. Zur Überprüfung dieser Annahme sollen im Folgenden Hinweise auf eine gesellschaftliche Exklusion langzeitarbeitsloser Menschen in Deutschland gefunden werden.

Diese Perspektive auf Langzeitarbeitslosigkeit ist besonders vor dem Hintergrund des deutschen Grundsicherungssystems relevant. Die Grundsicherung für Arbeitssuchende ist das Fürsorgesystem für Langzeitarbeitslose und besser bekannt unter dem Schlagwort Hartz IV. Hier wird mit einigem Aufwand eine Transferleistung hergeleitet, die der Sicherung der soziokulturellen Existenz dienen soll. Dafür werden in einer Sondererhebung des Statistischen Bundesamtes Einkommen und Konsum von Geringverdienern als Vergleichsgruppe ausgewertet. Aus diesen Daten werden durch politischen Beschluss bestimmte gesellschaftlich unerwünschte Konsumbestandteile herausgerechnet und solche Kosten hinzugerechnet, die gesellschaftlich wertvoll erscheinen. Hinzu kommen regional ausdifferenzierte Höchstsätze für die Erstattung der Wohnkosten. Die daraus resultierende Geldleistung der passiven Arbeitsmarktpolitik macht mehr als 90 Prozent der Gesamtkosten des Systems aus.[8] Weitere zehn Prozent der Kosten werden in aktive Arbeitsmarktpolitik investiert. Hier steht der Aufbau von arbeitsmarktrelevanten Qualifikationen im Vordergrund. Folgt man allerdings der Analyse von Arbeit und der Idee einer ökonomischen Inklusion durch Phelps, dann liefe ein solches System am Ziel vorbei. Denn Geldleistungen können das

6 Vgl. Phelps (2003), (2006), (2007), (2008), (2009a) oder (2009b).

7 Vgl. Thomas/Thomas (1928) und Merton (1968).

8 Siehe BA (2019b).

Erwerbseinkommen substituieren, aber nicht die weiteren sozialen Funktionen von Erwerbsarbeit ersetzen und ohne diese Funktionen wäre Inklusion nicht herstellbar.

Wenn Inklusion ohne Arbeit nicht verwirklicht werden kann, das Hilfesystem aber zum Ziel hat, die sozioökonomische Existenz zu sichern um damit ein Mindestmaß an Inklusion zu ermöglichen, erfordert dies ein Umdenken bei der Organisation der Grundsicherung für Arbeitssuchende. Es gilt, den Fokus stärker auf eine Integration durch Arbeit denn auf Integration in Arbeit zu legen. Dazu zählt die qualifikatorischen oder persönlichen Hemmnisse besser zu bearbeiten, bspw. durch eine intensivere Betreuung der Langzeitarbeitslosen durch mehr und besser geschulte Fallmanager. Außerdem müssten die Bemühungen im Bereich der aktiven Arbeitsmarktpolitik verstärkt werden. Die arbeitsmarktfernen Maßnahmen müssten durch tatsächliche Arbeit am sogenannten ersten, ungeförderten Arbeitsmarkt abgelöst werden. Damit Arbeitgeber den Langzeitarbeitslosen eine Chance geben können, müssten Lohnbestandteile durch das Hilfesystem subventioniert werden und die Hilfebedürftigen in diesem Prozess engmaschig durch qualifiziertes sozialpädagogisches Personal, das bei Alltagsproblemen Hilfestellungen geben kann, betreut werden, weil dies den Arbeitgeber allein überfordern würde. Erste Schritte in diese Richtung sind in Deutschland mit dem Teilhabechancengesetz, das einen solchen Sozialen Arbeitsmarkt für bestimmte Gruppen erlaubt, bereits gegangen worden.[9]

In seinem Werk „Rewading Work" fordert auch Phelps (1997) eine Lohnsubvention bei Arbeitslosigkeit. Diese sieht vor, Stundenlöhne sozialstaatlich aufzustocken, damit auch Geringqualifizierte eine Chance auf dem Arbeitsmarkt bekommen. Dieser Ansatz scheint allerdings unvereinbar mit dem Sozialstaatsmodell in Deutschland, das nach dem Bedürftigkeitsprinzip in nachgewiesenen Fällen ein Mindesteinkommen garantiert. Phelps´ Vorschlag lässt sich deshalb nicht gut im deutschen System etablieren. Es wäre zudem wohl im deutschen System sehr anfällig für Mitnahmeeffekte. Daraus ergeben sich erhebliche Zweifel an der Wirksamkeit eines solchen Programms in Deutschland.

Um solche Aspekte genauer zu beleuchten, wird im ersten Teil der Arbeit der institutionelle Rahmen in Deutschland genauer dargestellt. Wichtige Erkenntnisse über das institutionelle Umfeld und das Ausmaß der Langzeitarbeitslosigkeit in Deutschland werden vorgestellt. Zunächst wird in das System der Arbeitslosenunterstützung in Deutschland eingeführt. Dazu werden die Arbeitslosigkeitsstatistiken erläutert. Arbeitslosigkeit in Deutschland ist eine strukturelle Herausforderung, denn die offizielle Arbeitslosenzahl offenbart nur einen Teil des Problems. Zur Abgrenzung der amtlichen Statistik müssen weitere Hilfesysteme mit in den Blick genommen werden, denn nicht jede Person, die sich selbst als arbeitslos empfindet, wird auch in der offiziellen Statistik als arbeitslos geführt. Dazu zählen ältere Arbeitslose oder solche, die auf-

9 Vgl. Deutscher Bundestag (2018b).

grund von Betreuung, Teilnahme an Maßnahmen zur Aktivierung oder gesundheitlichen Einschränkungen kurzfristig dem Arbeitsmarkt nicht zur Verfügung stehen. Aber auch in der historischen Betrachtung zeigt sich, dass ein signifikanter Teil der Erwerbsbevölkerung in Deutschland auch in konjunkturell guten Phasen in der Arbeitslosigkeit verharrt.

Schließlich werden die amtlichen Kategorisierungen „langzeitarbeitslos" und „Langleitungsbezug" diskutiert und für den weiteren Verlauf der Arbeit die relevante Gruppe definiert. Danach folgt die Beschreibung der verfestigten Arbeitslosigkeit im Speziellen. Diese wird als reales Problem deskriptiv und unter Zuhilfenahme aktueller Erkenntnisse anderer Forschungsarbeiten zu soziodemografischen und sozioökonomischen Befunden vorgestellt. Dazu gehört auch eine Einführung in das Hilfesystem SGB II. Wenn die Betroffenen ihre Bedürftigkeit nachweisen, haben sie Anspruch auf die Hilfeleistung, die das soziokulturelle Existenzminimum sichern soll.

Nach diesen Vorarbeiten werden gängige arbeitsökonomische Erklärungsansätze für Arbeitslosigkeit vorgestellt. Das bietet die Grundlage, die Bedeutung der Theorieerweiterungen von Edmund Phelps nachzuvollziehen. Dieser hat aber nicht nur modelltheoretische Erkenntnisse erarbeitet, sondern hat sich darauf aufbauend auch mit normativen Konsequenzen seiner Erkenntnisse beschäftigt. Diese Gedanken hat er vor allem in seinem Buch „Rewarding Work" zusammengefasst. Dieses Buch ist das zentrale Werk, das auch die vorliegende Arbeit motiviert hat. Die wichtigsten Erkenntnisse zu seiner „economic inclusion" durch Arbeit werden in Kapitel 3 diskutiert. Es werden vier Dimensionen des Phelps´schen Inklusionsbegriffs abgeleitet und die Relevanz des Ansatzes aufgezeigt. Darauf aufbauend werden die daran anknüpfenden soziologischen Erkenntnisse zum Verhältnis von Arbeit und Inklusion nach Phelps interpretiert.

Zur Überprüfung der Phelps'schen Wirkzusammenhänge von Arbeit ist ein qualitatives Verfahren notwendig, weil nur in diesem Setting die Selbstverortung der Menschen nachvollzogen werden kann. Deshalb werden in Kapitel 4 die Herangehensweise an ein solches Vorhaben, das Verfahren, das am besten geeignet ist, das Verhältnis von Arbeit und Inklusion, bzw. die Exklusionserfahrungen bei Langzeitarbeitslosigkeit, herauszuarbeiten, vorgestellt. Dazu zählen unter anderem die Auswahl der Zielgruppe, die Befragungsform oder die Methodik. Die Arbeit profitiert dabei von anderen Forschungsbereichen aus der Arbeitspsychologie oder Soziologie, weil dort qualitative Befragungen zum Phänomen Arbeit gängige Praxis, in der Ökonomie jedoch vergleichsweise selten sind.

Im analytischen Teil der Arbeit werden Antworten von Langzeitarbeitslosen aus verschiedenen Regionen Deutschlands, die konkret nach ihrer Selbsteinschätzung zu ihrer Lebenssituation befragt wurden, mithilfe leitfadengestützter Interviews gesammelt. Dazu wurden 26 Interviews durchgeführt und ausgewertet. Damit die Interviewpartner und ihr persönlicher Hintergrund, die Biografie und ein Gesamteindruck erkennbar sind, werden die einzelnen Personen in Kurzportraits (anonymisiert) vorgestellt. Danach werden die Erkenntnisse aus den Interviews entlang von Phelps'-schen Inklusionsdimensionen transponiert und diskutiert.

Es lassen sich deutliche Anzeichen für eine Exklusion finden. Auf der Phelps'schen Inklusionsidee aufbauend, lassen sich neben einer kritischen Auseinandersetzung mit den einleitenden Thesen neue Impulse für aktuelle wirtschafts- und sozialpolitische Reformdebatten finden.

2 Verfestige Arbeitslosigkeit in Deutschland

Eucken stellt die Arbeitslosigkeit als ein zentrales gesellschaftliches Problem dar: „Die Hauptsache muss als Hauptsache behandelt werden. Die Vermeidung der Arbeitslosigkeit ist ein zentrales Problem der Wirtschaftspolitik auch im Hinblick auf die Erhaltung der Freiheit – heute ganz besonders.“[10] Das gilt bis heute. Auch in einer sehr guten Arbeitsmarktsituation mit niedrigen Arbeitslosenquoten und Rekordbeschäftigung ist das Problem der Arbeitslosigkeit nicht behoben. Denn die amtliche Statistik, die monatlich vom Vorsitzenden der Bundesagentur für Arbeit (BA) verkündet wird, zeigt nur einen Ausschnitt des Problems.

2.1 Abgrenzungen der amtlichen Statistik

Die Definition der amtlichen Arbeitslosigkeit führt dazu, dass die Zahl der Menschen in Deutschland, die dauerhaft keine Arbeitserfahrungen erleben und dennoch arbeitssuchend sind, regelmäßig unterschätzt wird. Es ist dadurch eine Situation entstanden, bei der Menschen, die sich selbst wohl als arbeitslos bezeichnen würden, rechtlich-statistisch nicht als arbeitslos gelten. Das gilt bspw. für Personen, die SGB-II-Leistungen erhalten aber nach einer Vorruhestandsregel nicht mehr in Arbeit vermittelt werden, Leistungsempfänger, die an einer länger als vier Wochen angelegten Qualifizierungsmaßnahme uvm. Unter den Transferleistungsempfängern finden sich aber umgekehrt auch Personengruppen, die sich selbst wohl nicht als arbeitslos klassifizieren würden, wie einige der sogenannten „Aufstocker“ (vgl. Abbildung 1).

Als arbeitslos im amtlichen Sinne gelten in Deutschland nur Personen, die arbeitssuchend und arbeitsfähig sind sowie nicht bereits in einem Beschäftigungsverhältnis stehen. Diese Kriterien treffen auf die meisten Empfänger von Transferleistungen nach SGB II (Hartz IV) nicht zu. Zu dieser Kategorie zählen lediglich die in Abbildung 1 im unteren linken Balken abgebildeten 1,5 Mio. SGB-II-Empfänger von insgesamt 6,1 Mio. So gelten viele Leistungsempfänger nicht als erwerbsfähig, weil sie eine Erkrankung haben, die vorübergehend die Erwerbsfähigkeit beeinträchtigt oder als Kinder im Haushalt mit anspruchsberechtigten Eltern leben. Diese „nicht erwerbsfähigen“ Leistungsempfänger werden in der amtlichen Arbeitslosenstatistik nicht erfasst. Aber auch unter den erwerbsfähigen Leistungsempfängern sind viele, die nicht in die Zählung einbezogen werden (nicht arbeitslose, erwerbsfähige Leistungsempfänger). Diese Menschen stehen dem Arbeitsmarkt aus verschiedenen Gründen nicht zur Verfügung. Dazu zählt eine Ausbildung, die Pflege von kleinen Kindern oder pflegebedürftigen Familienangehörigen, die Teilnahme an arbeitsmarktpolitischen Maßnahmen, eine Erkrankung, die grundsätzlich die Erwerbsfähigkeit nicht beeinträchtigt, oder besondere Vorruhestandsregelungen.

10 Siehe Eucken (1990 [1952], 323).

https://doi.org/10.1515/9783110795639-002

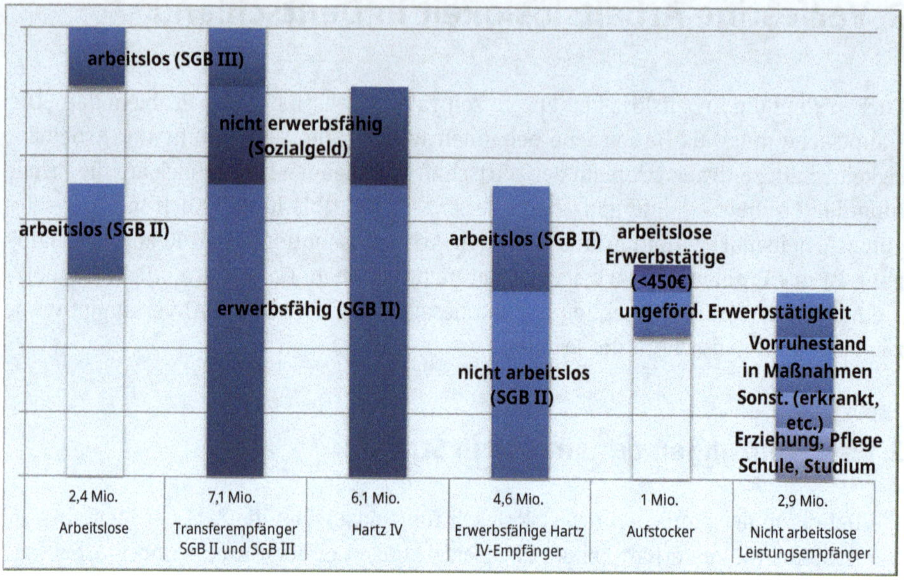

Abbildung 1: Ebenenmodell der deutschen Arbeitslosenstatistik.
Daten: Bundesagentur für Arbeit (2020a), Darstellung nach Köster (2017a).

Bei der Untersuchung der Arbeitslosigkeit in Deutschland unter dem Gesichtspunkt eines Phelp´schen Inklusionsbegriffes kann die amtliche Arbeitslosenstatistik in die Irre führen. Für die subjektive Exklusionserfahrung von arbeitsmarktfernen Personengruppen ist der rechtliche Status wenig entscheidend. Vielmehr kommt es darauf an, ob und wie die Betroffenen selbst ihre Arbeitslosigkeit problematisieren. In den nachfolgenden Kapiteln zur empirischen Analyse wird, falls nicht explizit darauf hingewiesen, deshalb Arbeitslosigkeit gleichgesetzt mit der langfristigen Abstinenz von Arbeitserfahrung bei gleichzeitigem Leistungsbezug.

Wenn solche Exklusionserfahrungen dauerhaft erlebt werden und sich verfestigt haben, sollte dies für die Betroffenen besonders problematisch sein. In der amtlichen Statistik gilt als langzeitarbeitslos, wer länger als ein Jahr den Status der Arbeitslosigkeit hat. Anfang 2020 betrifft dies etwa 714.000 Menschen in Deutschland. Die Statistik der BA untergliedert die Langzeitarbeitslosigkeit in weitere vier Kategorien: Arbeitslosigkeit bis zu zwei bis vier sowie vier und mehr Jahre am Stück (siehe Abbildung 2). Die zuvor beschriebenen Probleme mit dem Status rechtlich-statistischer Arbeitslosigkeit sind bei einer Zeitraumbetrachtung aber noch gravierender als bei der Zeitpunktbetrachtung. Eine kurze Erkrankung oder eine kurze arbeitsmarktpolitische Maßnahme wie Trainings oder Kurse gelten als sogenannte „unschädliche Unterbrechungen“. Hier führt die Unterbrechung nach der Rückkehr nicht zu einem Statuswechsel und die Messung der Dauer der Arbeitslosigkeit läuft weiter. „Schädliche Unterbrechungen“ führen zu einem Neubeginn der Zählung bei Null. Dazu gehören längere Aktivierungsmaßnahmen wie Weiter- und Fortbildungen. Auch eine nicht erfolgreiche, also kurzfristige Arbeitsaufnahme mit mehr als 15 Wochenstunden führt im Anschluss zum Neubeginn der Messung. Besonders verzerrend sind solche „schädlichen Unterbrechungen", bei denen sich die Lebenssituation sogar verschlechtert hat und die Arbeitsmarktferne tiefer ausgeprägt wird. So beginnt bei Erwerbsunfähigkeit oder Krankheit von mehr als sechs Wochen die Zählung von neuem. Es kann also zu der Situation kommen, dass ein rückfälliger Suchtkranker, der seine Lebenssituation und damit die Chancen auf einen Arbeitsplatz verschlechtert, seinen statistischen Status verbessert: Vor dem Rückfall war er langzeitarbeitslos, danach in Suchttherapie und wird anschließend als kurzzeitarbeitslos eingestuft, weil auch hier die Messung wieder neu beginnt.

Eine bessere Kennzahl für eine inklusionstheoretische Analyse ist deshalb der Langzeitleistungsbezug. Wer in den letzten zwei Jahren nicht länger als drei Monate ohne die staatliche Unterstützung ausgekommen ist, wird in dieser Kategorie gefasst. Abbildung 2 verdeutlicht die Diskrepanz zwischen den beiden Kategorien. Der Langzeitleistungsbezug zeichnet damit ein deutlich besseres Bild des Problems.

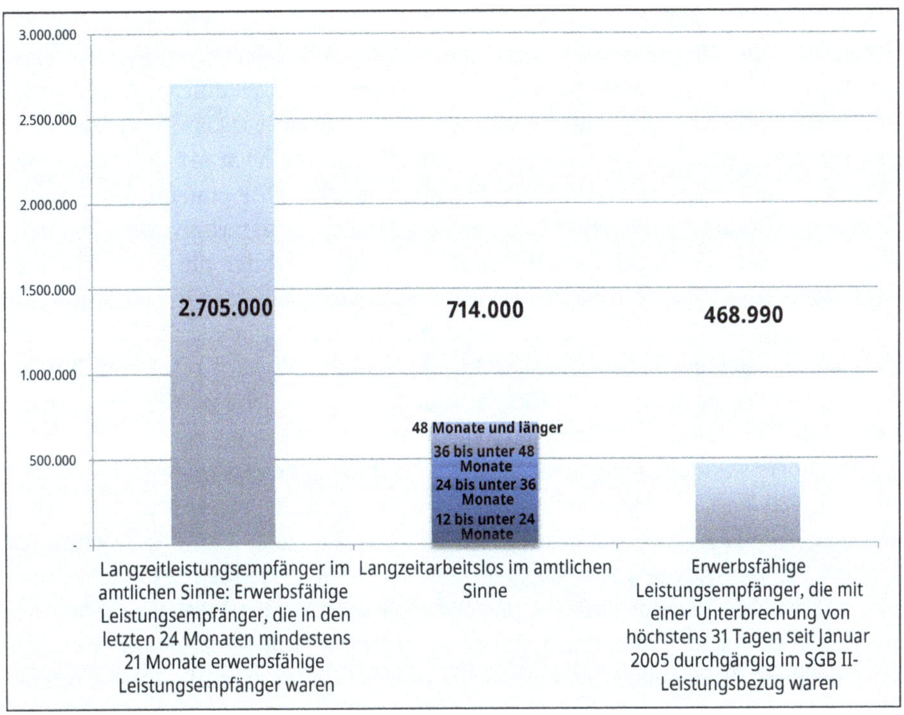

Abbildung 2: Vergleich Kennzahlen verfestigter Arbeitslosigkeit.
Daten: Bundesagentur für Arbeit (2020a), BA-Statistikportal unter <https://statistik.arbeitsagentur.de> und Sonderabfrage bei dem Hauptstadtbüro der Bundesagentur für Arbeit nach Köster (2017a), eigene Darstellung.

Eine für die vorliegende Arbeit abgerufene Sonderabfrage der BA-Statistik zeigt, dass es gut 470.000 Menschen gibt, die seit Beginn der statistischen Messung im Jahr 2005 nie länger als einen Monat ohne Leistungsbezug waren. Seit 15 Jahren also, seitdem es das Hartz IV-System überhaupt gibt, sind diese Menschen ohne Arbeitserfahrung.[11]

2.2 Entwicklung der strukturellen Arbeitslosigkeit

Teilhabe am Arbeitsmarkt gelingt in vielen Fällen nicht. Die verfestigte Arbeitslosigkeit ist im Verlauf der Jahrzehnte bis zum Beginn des neuen Jahrtausends immer weiter gestiegen. Vor dem Hintergrund aktueller Beschäftigungsrekorde schmilzt dieser Sockel von struktureller Arbeitslosigkeit erstmals in der Geschichte der Bundesrepublik. Ein hoher Bestand an Sockelarbeitslosigkeit findet auch bei guter Konjunktur nicht den Weg in Beschäftigung. Wie war die Entwicklung?

Im Deutschland der Nachkriegszeit war auch die Arbeitslosigkeit ein Faktor. Diese Zeit gilt als „die Stunde Null" auch aufgrund der weitgehenden Zerstörung der Produktionsmittel und einer kriegsversehrten Gesellschaft. Die nachfolgende Periode in den 50er- und 60er-Jahren wird auch als Zeit des „Wirtschaftswunders" beschrieben. Es setzte ein unerwartet starker und nachhaltiger wirtschaftlicher Aufschwung ein. In dieser konjunkturell guten Phase nimmt die Arbeitslosigkeit in Westdeutschland stetig ab. Zu Beginn der Messung im Jahr 1952 waren noch Arbeitslosenquoten von über zehn Prozent zu verzeichnen. Bis Mitte der 60er Jahre sank die Quote kontinuierlich auf unter ein Prozent ab. Damit war Vollbeschäftigung erreicht. Die erste Wirtschaftskrise der jungen Bundesrepublik ab Herbst 1966 ließ die Arbeitslosigkeit zwar moderat steigen, doch baute sich diese noch vollständig danach wieder ab, so dass zu Beginn der 70er-Jahre erneut Vollbeschäftigung herrschte. In den Jahrzehnten danach sollte sich der Arbeitsmarkt nicht mehr vollständig nach rezessiven Phasen erholen. So blieb auch nach der Erholung von den Ölkrisen 1973 und 1979 ein Sockel von 1,1 Mio. Arbeitslosen, die nicht den Weg zurück in Arbeit fanden.[12]

Besonders stark ausgeprägt war diese Entwicklung in den 80er-Jahren. Die Rezension, die 1980 langsam begann und bis 1983 wirkte, führte zu einem sprunghaften Anstieg der Arbeitslosigkeit, die sich trotz sehr guter Konjunktur und trotz enormer Beschäftigungszuwächse kaum abgebaut hat. Die Wiedervereinigung hat nicht nur, aber insbesondere in Ostdeutschland gravierende Folgen für den Arbeitsmarkt mit sich gebracht. Auch die konjunkturellen Aufhellungen Mitte der 90er- und 2000er-Jahre halfen nicht, diese strukturelle Arbeitsmarktkrise zu beheben. Die Arbeitslosigkeit wurde zu einem zentralen Punkt der wirtschaftspolitischen Debatte in Deutschland, so dass der da-

11 Über die Datenerhebung vorliegende berichtete vorab die FAZ (2018).
12 Vgl. Spoerer/Streb (2013).

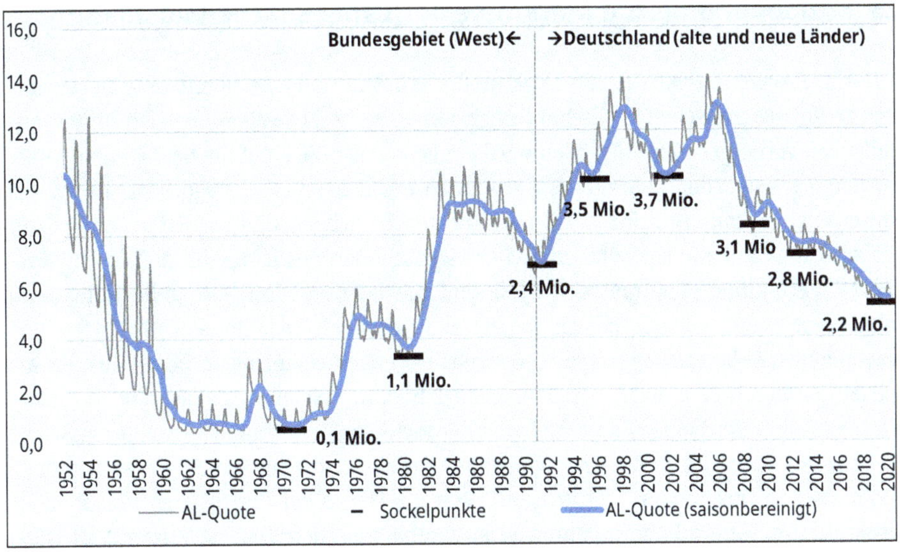

Abbildung 3: Sockelarbeitslosigkeit, historische Entwicklung in Deutschland.
Daten: BA-Statistikportal (2020), unter <https://statistik.arbeitsagentur.de>, eigene Darstellung.

malige Chef des ifo-Instituts Hans Werner Sinn fragte: „Ist Deutschland noch zu retten?“.[13] Die Rekordarbeitslosigkeit von 14,0 Prozent (1999) wurde nur im Jahr 2005 übertroffen (14,1 Prozent). Den Trend von sukzessivem Aufbau von Sockelarbeitslosigkeit, die regelmäßig das Vorkrisenniveau übertreffen, konnte erst mit den Agenda-Reformen in den Jahren 2004 bis 2005 durchbrochen werden. In der Folge sank die Sockelarbeitslosigkeit kontinuierlich. Gleichwohl verbleibt die Arbeitslosigkeit auch im Beschäftigungsboom und im Umfeld von Rekordbeschäftigung auf hohem Niveau (Abbildung 3).

Die historische Betrachtung der Arbeitslosigkeit in Deutschland zeigt, dass strukturelle Arbeitslosigkeit auch in konjunkturell guten Zeiten ein relevantes Phänomen in Deutschland ist. Phelps´ Analyse einer strukturellen Arbeitslosigkeit scheint hier empirische Evidenz zu erfahren. Seine normativen Betrachtungen gelten aktuell in einem Umfeld von Rekordbeschäftigung fort. Denn Arbeitslosigkeit ist noch immer ein relevantes Phänomen, insbesondere dann, wenn der Blick auch auf solche Gruppen geöffnet wird, die zwar rechtlich-statistisch nicht als arbeitslos gelten, aber dennoch dauerhaft Leistungen beziehen. Die inklusionstheoretischen Annahmen von Phelps gelten eben auch für Menschen, die im verfestigten Langzeitleistungsbezug verharren, obwohl sie arbeitswillig wären. Diese Menschen drohen dauerhaft exkludiert zu sein.

13 Siehe Sinn (2004).

2.3 Sozioökonomische Merkmale der Langzeitarbeitslosigkeit

Verfestigte Arbeitslosigkeit ist ein strukturelles Problem und eine signifikante Herausforderung für die deutsche Gesellschaft. Doch wer sind die Menschen, die sich hinter den Statistiken verbergen? Im Folgenden wird ein genauerer Blick auf die betroffenen Personengruppen geworfen; Charakteristika werden beschrieben. So kategorisiert bspw. das hauseigene Forschungsinstitut der BA das Institut für Arbeits- und Berufsforschung (IAB) Risikofaktoren anhand sozioökonomischer Eigenschaften der Langzeitarbeitslosen: sogenannte „Vermittlungshemmnisse“.[14] Diese sind entweder personell, also unbeeinflussbare Faktoren wie Alter oder Geschlecht, oder treten sozial, als beeinflussbare Faktoren, wie etwa Bildung, Lebenssituation und Lebenswandel oder mangelnde Mobilität, für die Arbeitsaufnahme in eine andere Region umzuziehen, in Erscheinung. Fast alle statistisch erfassten Langzeitarbeitslosen weisen ein oder mehr solcher Vermittlungshemmnisse auf (91 Prozent). Mehr als drei Viertel von ihnen vereinen mindestens zwei Vermittlungshemmnisse in ihrem Profil (74 Prozent). Fast die Hälfte der betroffenen Personen ist sogar von drei Vermittlungshemmnissen in Kombination betroffen (42 Prozent). Die Risikofaktoren treten also häufig und häufig in Kombination bei dieser Gruppe mit besonderer Arbeitsmarktferne auf. Immerhin 16 Prozent kommen sogar auf mindestens vier Vermittlungshemmnisse.

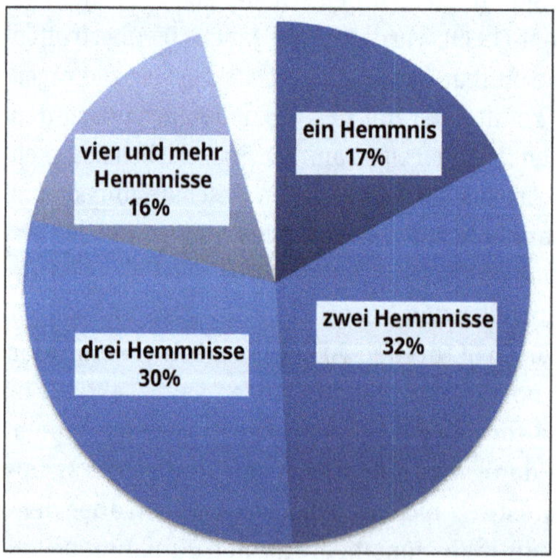

Abbildung 4: Vermittlungshemmnisse bei SGB II-Leistungsempfängern.
Quelle: Beste/Trappmann 2016, eigene Darstellung.

14 Siehe Beste/Trappmann (2016).

Alter ist bspw. ein gravierender Risikofaktor unter den Vermittlungshemmnissen. Während insgesamt unter den Arbeitslosen 35 Prozent länger als ein Jahr arbeitslos bleiben, sind es unter den über 55-jährigen knapp die Hälfte (47 Prozent). Bei den Jüngeren (unter 55-jährigen) ist die Arbeitslosigkeit nur selten verfestigt, denn hier beträgt die Quote nur etwa 9 Prozent. Noch prägnanter wird der Risikofaktor Alter, wenn man unter den Arbeitslosen nur diejenigen betrachtet, die länger als zwei Jahre arbeitslos sind. Insgesamt liegt diese Quote bei 20 Prozent, bei den Älteren 27 Prozent und bei den Jüngeren nur 2 Prozent.[15]

Geschlecht kann nicht als Risikofaktor gelten, die Quote zwischen den Geschlechtern unterscheiden sich nicht signifikant. Frauen sind zu 37 Prozent bei Arbeitslosigkeit auch länger als ein Jahr in dieser Situation, bei Männern sind es 34 Prozent.[16] Weil aber insgesamt mehr Männer arbeitslos sind als Frauen, resultiert daraus ein Anteil von gut 55 Prozent Männern und 45 Prozent Frauen bei den Langzeitarbeitslosen.[17]

Bildung und Qualifikationen sind hingegen selbstverständlich entscheidende Risikofaktoren für Arbeitslosigkeit. Angesichts der guten Konjunktur und der sich abzeichnenden Kräfteengpässe werden Fachkräfte und Spezialisten immer schneller vermittelt. Das zeigt sich auch an den speziellen Arbeitslosenquoten, die berufsspezifisch gemessen werden können. Die Arbeitslosenquote von Akademikern lag 2017 bei durchschnittlich 2,5 Prozent.[18]

Nach allgemeiner Definition kann man bei einer solchen Beschäftigungsquote von etwa 98 Prozent von Vollbeschäftigung ausgehen.[19] Mit einem qualifizierten Berufsabschluss liegt die Arbeitslosenquote bei 3,6 Prozent ebenfalls niedrig. Zum Vergleich: Die Arbeitslosenquote insgesamt lag im Vergleichszeitraum bei 5,7 Prozent. Die Arbeitslosenquote von Menschen ohne einen Berufsabschluss lag hingegen bei 20 Prozent. Dieses Bild setzt sich auch bei einem genaueren Blick in die Gruppe der Arbeitslosen fort. Etwa 50 Prozent der Arbeitslosen in Deutschland verfügen über keinen formalen Berufsabschluss. Bei den übrigen Arbeitslosen liegt die Vermutung nahe, dass formale Qualifikationen und Abschlüsse häufig sehr lange zurückliegen und die entsprechenden Berufe gegebenenfalls über viele Jahre nicht ausgeübt wurden. Bildung ist nicht nur ein entscheidender Risikofaktor für Arbeitslosigkeit, sondern insbesondere auch für verfestigte Arbeitslosigkeit. Das Risiko von Spezialisten[20], bei einer

15 Siehe BA (2018a).

16 Siehe ebd.

17 Siehe (BA 2019a).

18 Siehe (BA 2018b).

19 Siehe Fischbach/Wollenberg (2007).

20 Den Spezialisten werden solche Personengruppen zugeordnet, die dem Anforderungsniveau 3 der Statistik der Bundesagentur für Arbeit entsprechen. Die zugehörige Klassifikation der Berufe von 2010 erklärt: „Charakteristisch für die Berufe des Anforderungsniveaus 3 sind neben den jeweiligen Spezialistentätigkeiten Planungs- und Kontrolltätigkeiten, wie z. B. Arbeitsvorbereitung, Betriebsmitteleinsatzplanung sowie Qualitätsprüfung und -sicherung. Häufig werden die hierfür notwendigen Klassifikationen der Berufe im Rahmen einer beruflichen Fort- oder Weiterbildung vermittelt. Dem Anforderungsniveau 3 werden daher

Arbeitslosigkeit in Folge auch langzeitarbeitslos zu werden, liegt bei 22 Prozent. Bei Fachkräften hingegen liegt diese Quote schon bei 33 Prozent. Helfer[21] haben das größte Risiko einer verfestigten Langzeitarbeitslosigkeit: Eine Arbeitslosigkeit verfestigt sich hier in 41 Prozent der Fälle auch zu einer Langzeitarbeitslosigkeit.[22]

In den vergangenen Jahren war auch der Migrationshintergrund ein besonderer Risikofaktor für Langzeitarbeitslosigkeit. Die Migrationswelle in Europa seit 2015 verzerrt derzeit jedoch die Statistik. Viele der Flüchtlinge, die seither nach Deutschland gekommen sind, sind von dem Transfersystem nach Asylbewerberleistungsgesetz in die Arbeitsförderung nach SGB II übergetreten. Die Risikostrukturen für Langzeitarbeitslosigkeit in dieser Gruppe sind zwar weiterhin unverändert, aber die Dauer im Leistungsbezug kann naturgemäß noch nicht lang sein. Die Statistik ist an dieser Stelle durch viele kurze Arbeitslosigkeitszeiten verfälscht. Deshalb sind ausländische SGB II-Leistungsempfänger mit kurzzeitiger Arbeitslosigkeit momentan überrepräsentiert. 70 Prozent der ausländischen SGB II-Leistungsbezieher sind weniger als ein Jahr im System. Auch hier wird lediglich der rechtlich-statistische Status gemessen, nicht die tatsächliche Lebenssituation. Flüchtlinge sind bei Ankunft im Land nicht als arbeitslos einzustufen, weil sie zunächst über keine Arbeitserlaubnis verfügen, dem Arbeitsmarkt also nicht zur Verfügung stehen. Dennoch sind diese Personen bei einem inklusionstheoretischen Ansatz durchaus als arbeitslos im Sinne einer Exklusion aus dem Erwerbsleben einzustufen.

In einer älteren Befragungsreihe aus dem Jahr 1998 in Grobe/Schwartz (2003) zeigt sich, dass Arbeitslosigkeit auch die Selbsteinschätzung des Gesundheitszustands beeinflusst (Tabelle 1).[23] Es handelt sich dabei nicht zwingend um diagnostizierte Erkrankungen, so dass dies keine unbedingten Rückschlüsse auf einen Zusammenhang

---

die Berufe zugeordnet, denen eine Meister- oder Technikerausbildung bzw. ein gleichwertiger Fachschul- oder Hochschulabschluss vorausgegangen ist. Als gleichwertig angesehen werden z. B. der Abschluss einer Fachakademie oder einer Berufsakademie, der Abschluss einer Fachschule der ehemaligen DDR sowie gegebenenfalls der Bachelorabschluss an einer Hochschule. Häufig kann auch eine entsprechende Berufserfahrung und/oder informelle berufliche Ausbildung ausreichend für die Ausübung des Berufes sein.“ (BA 2010b).

21 Als Helfer werden solche Tätigkeiten zugeordnet, die dem Anforderungsniveau 1 der Statistik der Bundesagentur für Arbeit entsprechen. Die zugehörige Klassifikation der Berufe von 2010 erklärt: „Berufe, denen das Anforderungsniveau 1 zugeordnet wird, umfassen typischerweise einfache, wenig komplexe (Routine-)Tätigkeiten. Für die Ausübung dieser Tätigkeiten sind in der Regel keine oder nur geringe spezifische Fachkenntnisse erforderlich. Aufgrund der geringen Komplexität der Tätigkeiten wird i. d. R. kein formaler beruflicher Bildungsabschluss bzw. lediglich eine einjährige (geregelte) Berufsausbildung vorausgesetzt. Denn diese Tätigkeiten weisen eine geringere Komplexität vor als Tätigkeiten, die typischerweise von einer Fachkraft ausgeübt werden. Dem Anforderungsniveau 1 werden daher alle Helfer- und Anlerntätigkeiten sowie einjährige (geregelte) Berufsausbildungen zugeordnet.“ (BA 2010b)

22 Siehe BA (2018a) und BA (2018b).

23 Die Erkenntnisse zu der grundsätzlichen Korrelation von Gesundheit und Arbeit wurden in vielen Folgearbeiten, jeweils mit unterschiedlichen Schwerpunkten zur Kausalität und Interdependenz von Gesundheit und Arbeit bestätigt. Arbeitslosigkeit begünstigt Erkrankungen, aber Erkrankungen kön-

von Gesundheit und Arbeitslosigkeit zulässt. Dennoch wirkt subjektives Gesundheitsempfinden nicht nur auf den objektiven Gesundheitszustand, sondern beeinflusst sicher auch die Selbstverortung in der Gesellschaft und die empfundene Exklusion (Thomas-Theorem[24]).

Tabelle 1: Selbsteinschätzung Gesundheit von Männern nach Arbeitslosigkeitserfahrung.

Angabe Gesundheitszustand weniger gut oder schlecht	Anteil	Risiko (95 % Konf. für Altersgruppen in 5-Jahres-Kohorten)
aktuell Berufstätige		
keine vorausgehende Arbeitslosigkeit	10,9 %	1 (Referenz)
weniger als 1 Jahr vorausgehend arbeitslos	12,5 %	1,6
mehr als 1 Jahr vorausgehend arbeitslos	16,7 %	1,7
aktuell Arbeitslose		
weniger als 1 Jahr arbeitslos, Nebenverdiener	11,4 %	0,9
mehr als 1 Jahr arbeitslos, Nebenverdiener	23,8 %	2,1
weniger als 1 Jahr arbeitslos, Hauptverdiener	17,9 %	1,8
mehr als 1 Jahr arbeitslos, Hauptverdiener	39,6 %	4,3

Quelle: Grobe/Schwartz (2003).

Auch das Vorliegen einer Schwerbehinderung spielt – insbesondere in Kombination mit anderen Risikofaktoren – eine bedeutende Rolle für Arbeitslosigkeit. Die Arbeitslosenquote von schwerbehinderten Menschen lag 2016 bei 12,4 Prozent. Es lässt sich festhalten, dass die Arbeitsmarktsituation von schwerbehinderten Menschen unabhängig von Alter, Bildungsgrad und Qualifikation weniger dynamisch ist. Konjunkturelle Faktoren spielen eine weniger bedeutende Rolle als in anderen Gruppen. Das liegt vor allem an den besonderen Rahmenbedingungen und Arbeitsmarktregulierungen in diesem Bereich. Dazu zählen Pflichtquoten zur Beschäftigung, besondere Programme der aktiven Arbeitsmarktpolitik, Frühverrentungsregelungen oder Assistenz- und Integrationsprogramme. Von einem höheren Ausgangsbestand aus werden Schwerbehinderte seltener arbeitslos, die Zugangsdaten sind etwa halb so groß wie in der übrigen Bevölkerung (4,5 Prozent zu 8,9 Prozent). Ist diese Gruppe allerdings erst einmal von Arbeitslosigkeit betroffen, dauert es länger, den Weg in Beschäftigung zu finden (86 zu 69 Tage). Die Arbeitslosigkeit verfestigt sich häufiger auch zu Langzeitarbeitslosigkeit. In 44 Prozent der Fälle mündet die Arbeitslosigkeit auch

nen ebenso zu Arbeitslosigkeit führen. (Paul/Zechmann 2019, Hollederer/Voigtländer 2016, Lampert/Kroll 2012, Lampert/Kroll 2010)

24 Nach den Soziologen William I. Thomas und Dorothy S. Thomas sind Situationen, die Menschen als wahr empfinden, in ihren Wirkungen tatsächlich real: „If men define situations as real, they are real in their consequences" (Thomas/Thomas 1928).

in Langzeitarbeitslosigkeit. Deshalb baut sich derzeit auch bei guter Arbeitsmarktsituation die Arbeitslosigkeit von Schwerbehinderten langsamer ab als in den übrigen Gruppen.[25]

Arbeitslose haben sogar ein erhöhtes Mortalitätsrisiko. Personen mit Phasen der Arbeitslosigkeit in der Erwerbsbiografie weisen ein höheres Risiko für Suizid sowie Todesfälle mit ungeklärter Ursache auf. So zeigt sich, dass die durchschnittliche Lebenserwartung von Personen abhängig von der Region (statistisch: NUTS-2-Ebene[26]) in der sie geboren wurden negativ mit der Arbeitslosenquote korreliert. Für jeden Prozentpunkt Steigerung in der entsprechenden Arbeitslosenquote beobachten wir, dass die Lebenserwartung für Frauen um einen, die der Männer um drei Monate sinkt. Nicht nur in der regionalen Betrachtung korrelieren Arbeitslosigkeit und Mortalität. Die Auswertung von Krankenkassendaten hat ergeben, dass die Sterblichkeit von Versicherten mit Arbeitslosigkeitserfahrungen höher liegt als die Sterblichkeit durchgängig erwerbstätiger Versicherten. So zeigen Versicherte mit einem bis zwei Jahren Arbeitslosigkeit eine um 1,6-fach erhöhte Sterblichkeitsrate gegenüber stetigen Erwerbsbiografien. Wurden mindestens zwei Jahre der letzten drei in Arbeitslosigkeit verbracht, ist die Sterberate gar um das 3,4-fache erhöht.[27]

Ein ungesunder Lebenswandel spielt in den unteren Einkommensklassen ebenso eine größere Rolle. Alkoholismus, Drogenkonsum und andere Abhängigkeiten können Langzeitarbeitslosigkeit begründen oder verfestigen. So zeigt sich, dass obschon das Haushaltseinkommen von Arbeitslosen niedriger ist, die Neigung zu rauchen deutlich erhöht ist. In der Gruppe der Arbeitslosen kommt auch starkes Rauchen häufiger vor als bei regulär Beschäftigten. Diese Tendenz bestätigt sich, wenn man nur die Gruppe der Langzeitarbeitslosen betrachtet. Die Wahrscheinlichkeit zu Rauchen ist bei langzeitarbeitslosen Frauen um 1,7-mal höher und bei den Männern um 2,1-mal höher als bei Beschäftigten. Diese Risikofaktoren könnten auch eine Rolle beim Gesundheitszustand spielen. Jedenfalls sind die Krankmeldungen aus der Arbeitsunfähigkeitsstatistik bei Erwerbslosen doppelt so häufig gegenüber den Erwerbstätigen: Bei Männern sind es 19,5 zu 9,7 Tagen, bei Frauen von 22,8 zu 12,4 Tagen.[28]

Die Regionen in Deutschland sind unterschiedlich stark von Langzeitarbeitslosigkeit betroffen. Der Anteil der Langzeitarbeitslosen an der Arbeitslosigkeit ist in vielen nördlichen Regionen höher als im Süden Deutschlands. Der Anteil der Langzeitarbeitslosen liegt in Gemeinden Oberbayerns bei etwa 10 Prozent. Im Ruhrgebiet und in

---

25 Siehe BA (2018c).

26 „Die Klassifikation der Gebietseinheiten für die Statistik (Nomenclature des Unités territoriales statistiques – NUTS) ist eine geografische Systematik, nach der das Gebiet der Europäischen Union in drei Hierarchiestufen eingeteilt wird: NUTS-1, NUTS-2 und NUTS-3. Diese Einordnung ermöglicht den grenzüberschreitenden statistischen Vergleich von EU-Regionen. [...] In der Regel entspricht eine NUTS-Ebene einer Verwaltungsebene oder einer räumlichen Aggregation von Verwaltungseinheiten. [...] NUTS-2-Regionen haben meist zwischen 800.000 und 3 Millionen Einwohnern. In Deutschland ist dies im Regelfall die Ebene der Regierungsbezirke." (Statistisches Bundesamt 2020)

27 Siehe Grobe/Schwartz (2003).

28 Siehe Kroll (2012).

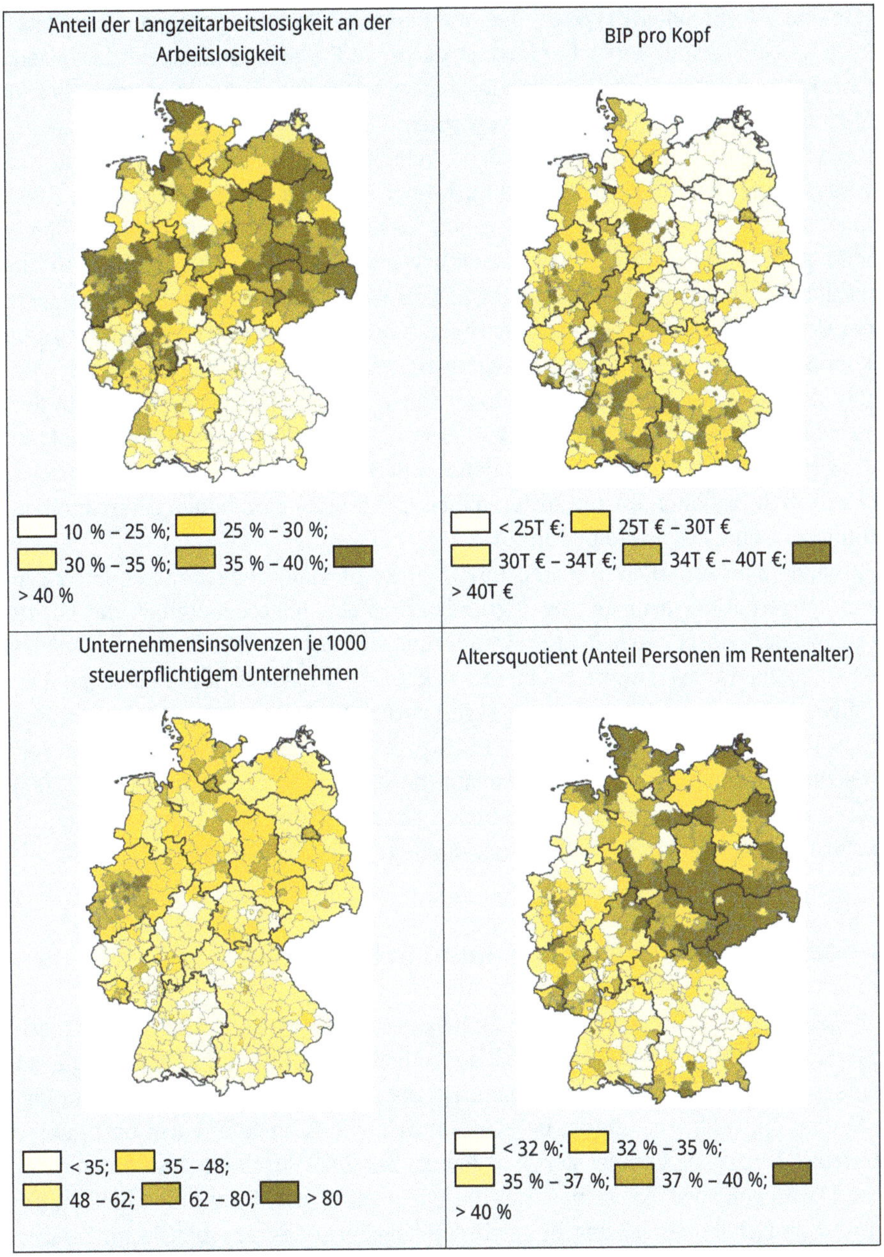

Abbildung 5: Regionale Unterschiede der Langzeitarbeitslosigkeit und Ursachen. Datenquellen: Statistisches Bundesamt, Regionalatlas (2018), BA-Statistik (2018).

Mecklenburg-Vorpommern erreicht der Anteil über 50 Prozent. Abbildung 5 verdeutlicht dieses Gefälle und versucht einige strukturelle Erklärungsansätze aufzuzeigen. Der Strukturwandel in den neuen Bundesländern wirkt sich nach wie vor aus. Gleichwohl kann nicht mehr in dem Maße von einem Ost/West-Gefälle bei der Langzeitarbeitslosigkeit gesprochen werden, wie das in den vergangenen Jahrzehnten noch galt. Einerseits ist das Bruttotinlandsprodukt pro Kopf in den neuen Bundesländern (Ausnahme Berlin) niedriger als in den alten Bundesländern (obere, rechte Ecke in Abbildung 5). Andererseits wirkt sich der Strukturwandel im Ruhrgebiet deutlich auf die Langzeitarbeitslosigkeit aus. Auch dort sind die Anteile der Langzeitarbeitslosigkeit an der Gesamtarbeitslosigkeit hoch (obere linke Ecke in Abbildung 5). Arbeitslosigkeit ist dort besonders verfestigt. Diese Region ist geprägt vom Wandel von einer von Kohle- und Schwerindustrie hin zu modernen Wirtschaftssektoren. Die Quote der Unternehmensinsolvenzen deutet auf diese Herausforderungen hin (unter, linke Ecke in Abbildung 5). Zuletzt zeigen sich regional unterschiedliche demografische Effekte. Die ländlichen Regionen im Nordosten haben einen besonders hohen Altersquotienten (untere, rechte Ecke in Abbildung 5).

Besonders anzumerken sind hier die Arbeitskräftewanderungen in den letzten 20 Jahren. Jüngere Altersgruppen zeigen grundsätzlich eine höhere Mobilität. Das hat zu einer besonders starken Arbeitskräftewanderung vom Ost nach West geführt. Die Jüngeren sind abgewandert, Ältere blieben zurück. Die Arbeitslosigkeit in Deutschland ist vor allem in den neuen Ländern ohne Berlin zurückgegangen, aber die Erwerbstätigkeit hat in den alten Ländern und in Berlin zugenommen. Während im Westen seit der Wende fast sechs Millionen Arbeitsplätze entstanden sind, sind im Osten 600 000 verloren gegangen. Arbeitslose in den neuen Ländern haben Jobs im Westen gefunden. Zurückgeblieben ist eine besonders verfestigte Arbeitslosigkeit (Abbildung 6).

2.4 Soziokulturelles Existenzminimum in Deutschland

Die Regelleistung im SGB II dient der Sicherung des soziokulturellen Existenzminimums. Sie hat den Anspruch, den tatsächlichen Bedarf der Hilfebedürftigen möglichst abzudecken. Daraus resultiert zwangsläufig eine individuelle Leistungsberechnung. Das System der alten Sozialhilfe, bei dem tatsächliche Bedarfe in Form bestimmter materieller Ansprüche kompensiert wurden, ist seit 2005 durch ein System pauschalierter Leistungen abgelöst worden. Aus diesem Spannungsfeld von individuellem Bedarf und pauschaler Abgeltung hat sich der Regelleistungsanspruch in modularer Form herausgebildet.

Die Leistung variiert nach der Haushaltsgröße, dem Alter der Kinder in einem Haushalt, sowie individueller atypischer Bedarfe. Um diese flüchtige Definition greifbar zu machen, ist der Begriff der Bedarfsgemeinschaft geprägt worden. Die Höhe der Leistung summiert sich aus den jeweils eigenen Ansprüchen eines jeden Mitglieds einer Bedarfsgemeinschaft. Als solche werden Haushalte angesehen, bei denen die Personen

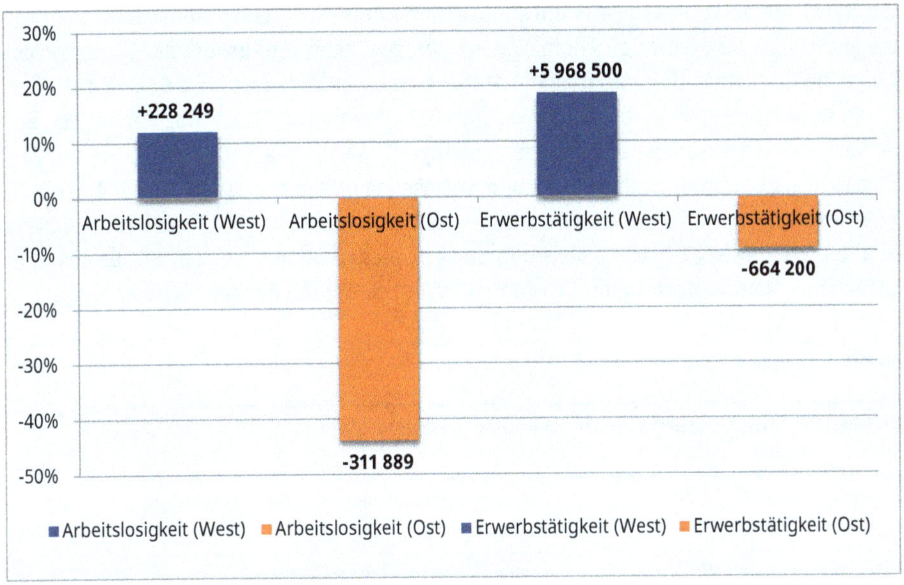

Abbildung 6: Arbeitsmarktentwicklung 1991–2018 in Ost und West.
Datenquellen: Arbeitskreis Erwerbstätigenrechnung des Bundes und der Länder (2018), BA-Statistik (2018).

Tabelle 2: Höhe der Hartz IV-Sätze 2020 (Regelbedarfsstufen nach SGB II).

Stufe	Höhe der Leistungen	Leistungsberechtigte
1	**432 EUR**	Alleinstehende oder Alleinerziehende
2	**389 EUR**	Paare und Erwachsene, die gemeinsam wirtschaften
3	**345 EUR**	Weitere Erwachsene (z. B. volljährige Kinder)
4	**328 EUR**	Jugendliche bis 18 Jahre
5	**308 EUR**	Jugendliche bis 14 Jahre
6	**250 EUR**	Jugendliche unter 6 Jahre

Quelle: § 20 SGB II i.V.m. § 28 SGB XII, § 8 RGEB und Regelbedarfsstufen-Fortschreibungsverordnung 2019.

„gemeinsam wirtschaften". Im Regelfall umfasst dieser Begriff von daher eine Familie, er erstreckt sich damit jedoch auch auf unverheiratete Paare, Lebensgemeinschaften oder andere Wohngemeinschaften.

Die Höhe der Leistung errechnet sich für eine Bedarfsgemeinschaft auf Grundlage der Ansprüche der Einzelpersonen. Der Gesamtanspruch der Bedarfsgemeinschaft ergibt sich damit aus den kumulierten Ansprüchen der Personen je nach Zugehörigkeit zur Regelbedarfsstufe. Zusätzlich werden für besondere Konstellationen Mehrbedarfe gewährt. Alleinerziehenden wird ein Mehrbedarf von zwölf Prozent des Regelsatzes pro Kind anerkannt. Bei einem Kind unter sieben Jahren oder mit bis zu zwei Kindern unter 16 wird pauschal ein Mehrbedarf von 36 Prozent Zuschlag auf den Regelsatz gewährt. Diese Mehrbedarfe für Alleinerziehende sind bei 60 Prozent des Regelsatzes des oder der Alleinerziehenden gedeckelt. Außerdem gilt für erwerbsfähige, behinderte Hilfebedürftige ein Mehrbedarf von 35 Prozent des Regelsatzes.[29]

In besonderen Fällen, bei „unabweisbaren, laufenden und nicht nur einmaligen Bedarfen", werden zusätzliche Leistungen gebilligt. Diese Härtefallregelung findet seit Anfang 2010 nach einem Urteil des Bundesverfassungsgerichts Anwendung.[30] Darunter fallen bspw. Kosten, die bei der Ausübung des Umgangsrechts getrenntlebender Eltern anfallen. Weitere spezifische Fälle sind in einer Geschäftsanweisung der Bundesagentur für Arbeit zusammengefasst und werden durch die laufende Rechtsprechung ergänzt.[31]

Tabelle 3: Pauschale Mehrbedarfe im SGB II.

Mehrbedarf	Entspricht Mehrbedarf von	Leistungsberechtigte
in angemessener Höhe		Für kostenaufwändige, medizinisch notwendige Ernährung
12 %	**51,84 EUR**	Alleinerziehende für jedes Kind zwischen 16 und 18 Jahren.
36 %	**155,52 EUR**	Alleinerziehende mit einem Kind unter 7, zwei und drei Kindern unter 16
48 %	**207,36 EUR**	Alleinerziehende mit vier Kindern oder mit zwei Kindern unter 16 Jahren und einem Kind unter 18 Jahren
60 %	**259,20 EUR**	Alleinerziehende mit mehr Kindern
35 %	**Stufe 1: 151,20 EUR** **Stufe 2: 136,10 EUR** **Stufe 3: 120,96 EUR**	Erwerbsfähige, behinderte Leistungsberechtigte bei Eingliederungshilfen in den Arbeitsmarkt. Je nach relevanter Regelbedarfsstufe.
Maximal 100 % des Regelbedarf bei Kombination der genannten Mehrbedarfe		

Quelle: § 21 Abs 3 SGB II.

29 Siehe BA (2010a).

30 Das Urteil des Bundesverfassungsgerichts vom 9. Februar 2010 (BVerfG 2010) hatte weitreichende Konsequenzen für das Sozialsystem, insbesondere in Bereichen der Grundsicherung. Die Höhe des Regelsatzes wurde vom Gericht erstmals direkt auf Artikel 1 des Grundgesetzes, der unantastbaren Würde des Menschen, abgeleitet. Dies hatte zur Folge, dass bestimmte Bestandteile der Regelsätze angepasst werden mussten, bspw. bei besonderen persönlichen Härten oder bei einzelnen Bestandteilen, wie Bildungszugang für Kinder im Leistungsbezug. (Vgl. Nolte 2013) An diese Rechtsprechung anknüpfend urteilte das Bundesverfassungsgericht am 5. November 2019 auch zur Unvereinbarkeit von Sanktionen bei der Regelsatzgewährung. Eine zu strikte und umfassende Anwendung von finanziellen Sanktionen sei unvereinbar mit dem Artikel 1 GG. (BVerfG 2019)

31 Siehe BA (2010a).

Die Festlegung eines Existenzminimums ist politisch umstritten. Daher verpflichtet sich der Gesetzgeber, die Höhe des Regelsatzes auf Grundlage statistischer Erhebungen zu bestimmen. Das Bundesverfassungsgericht billigte in seinem Grundsatzurteil vom 9. Februar 2010 diese Praxis und bekräftigte das Vorgehen, indem es ihm einen direkten Bezug zum Art. 1 des Grundgesetzes (GG) zuschrieb. Demnach ist die Gewährung des physischen Existenzminimums ebenso unabdingbar, wie der Anspruch auf ein soziokulturelles Existenzminimum. Bei der Konkretisierung des soziokulturellen Existenzminimums ist verfassungsrechtlich jedoch ein Gestaltungsspielraum des Gesetzgebers zulässig. Konkret bedeutet das für die praktische Bestimmung des Regelsatzes, dass die statistischen Erhebungen bewertet und korrigiert werden dürfen.[32]

Das konkrete Prozedere zur Bestimmung der Leistungen erfolgt dabei in fünf Schritten. Zunächst ist das statistische Bundesamt beauftragt, die sogenannte Einkommens- und Verbrauchsstichprobe (EVS) zu erheben. Dafür werden alle vier Jahre etwa 60.000 Haushalte repräsentativ ausgewählt. Diese nehmen für ein Jahr an der Erhebung teil, indem sie Einblick in ihre Einkommens- und Vermögensstruktur gewähren und vor allem über ein Quartal jede Ausgabe in einem Haushaltsbuch dokumentieren.[33]

Die Ergebnisse werden beim Statistischen Bundesamt ausgewertet und stehen dann zwei Jahre nach der Datenerhebung zur Verfügung. Das Bundesministerium für Arbeit und Soziales (BMAS) beauftragt auf dieser Datenbasis dann eine Sonderauswertung für eine Referenzgruppe. Bei der Einführung der Hartz-Gesetze wurde auf das untere Quintil der Einkommensstruktur als Referenzgruppe zurückgegriffen. Diese Festlegung ist bereits der erste definitorische Eingriff des Gesetzgebers. Die Bestimmung der Referenzgruppe ist nicht von statistischen oder definitorischen Vorgaben geleitet, sondern basiert einzig auf Grundlage einer Gerechtigkeitseinschätzung der Politik. An dieser Stelle findet die erste Abwägung zwischen der Wohlfahrt, haushalterischen Zwängen und dem Lohnabstandsgebot statt. Die Gerechtigkeit und Angemessenheit dieser Abwägung kann von daher nicht mit einem bestimmten Prozentsatz abschließend beurteilt werden. Das BVerfG beanstandete[34], dass für die Ermittlung der Bedarfe von Einpersonenhaushalten auf eine vergleichbare Referenzgruppe abgestellt werden müsse. Deshalb wurde die Referenzgruppe bei der Neuberechnung Ende 2010 leicht verändert. Für die Sonderauswertung des BMAS wird nunmehr von den unteren 15 Prozent der Erwerbseinkommen für Einpersonenhaushalte ausgegangen. Bei den Familienhaushalten gilt weiterhin das unterste Quintil als Referenz. Gleichzeitig wurden bei der Bestimmung der Referenzhaushalte, Personen, die Grundsicherungsleistungen erhalten, nicht mehr berücksichtigt um Zirkelschlüsse zu vermeiden.[35]

Die Unterscheidung von Familienhaushalten und Einpersonenhaushalten war nötig geworden, um eine bedarfsgerechte Ermittlung für die Leistungshöhe bei Kin-

32 Vgl. Nolte (2013).

33 Vgl. Statistisches Bundesamt (2015).

34 Vgl. BVerG (2010).

35 Vgl. Deutscher Bundestag (2018a).

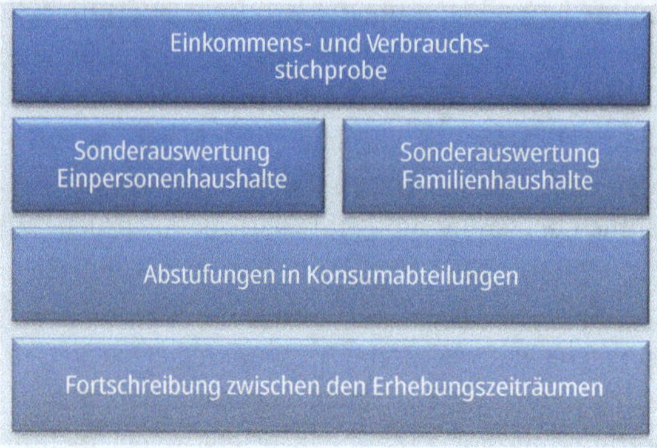

Abbildung 7: Stufen der Regelsatzbestimmung.
Quelle: RGEB, eigene Darstellung.

dern zu gewährleisten. Diesen Auftrag hat das BVerfG im genannten Urteil erteilt. Zuvor galten Kinder als „kleine Erwachsene", weil ihr Regelsatz prozentual vom Regelsatz der Erwachsenen abgeleitet wurde. Im nächsten Schritt nimmt sich der Gesetzgeber die konkreten Konsumausgaben in den verschiedenen Abteilungen (bspw. Nahrungsmittel, Bekleidung, Freizeit etc.) vor und bewertet sie ob ihrer Angemessenheit für den Regelsatz. In der letzten Neuberechnungsrunde 2010 sind so die Ausgaben für Tabak und Alkohol herausgefallen und dafür Mehrausgaben für alkoholfreie Getränke gewährt worden. Im fünften Schritt erfolgt die jährliche Anpassung des Regelsatzes zwischen den Erhebungsjahren der EVS anhand eines Mischindexes aus der Inflation regelsatz-relevanter Güter und der Einkommensentwicklung.[36]

Neben dem modularen Regelsatz steht der Bedarfsgemeinschaft die Deckung der Wohnungskosten zu. Diese Leistungen werden als „Kosten der Unterkunft" (KdU) gewährt. Die Bedarfsgemeinschaft bekommt die gesamten Wohnungskosten erstattet, solange diese in „angemessener Höhe" geltend gemacht werden. Übersteigen die Kosten ein bestimmtes Niveau ohne einen besonderen Grund, so müssen die Mehrkosten von den Leistungsempfängern selbst getragen werden. Dies ist zulässig, weil es dem Leistungsempfänger selbst überlassen ist, wofür er den Regelsatz verausgabt.[37]

Die Regelleistung wurde 2005 als pauschalierte Leistung eingeführt. Sie wurde bundesweit (anfangs mit eigenem Ost- und West-Niveau) jedem Hilfebedürftigen gewährt und die Verwendung den Leistungsempfängern überlassen. Dies stellt eine Systemänderung gegenüber der Sozialhilfe dar, die eng an tatsächliche Bedarfe gekoppelt war. Aufgrund der erheblichen Unterschiede bei den Mietkosten deutschlandweit blieb dieses System in den Kosten der Unterkunft erhalten. Dadurch entsteht ein Flickenteppich in

36 Vgl. Bauernschuster et al. (2010).
37 Vgl. BSG (2010).

der Höhe und Methodik der unterschiedlichen Leistungshöhen bei der Erstattung von Wohnungskosten in den einzelnen Kommunen Deutschlands.[38]

Mit der Umsetzung der KdU waren die jeweiligen Kommunen beauftragt, die Höchstwerte je nach Größe der Bedarfsgemeinschaften festzulegen. Grundsätzlich hat sich die Praxis der sogenannten Produktrechnung bei den KdU flächendeckend durchgesetzt. Demnach berechnen die Kommunen den Höchstsatz mithilfe der zwei Faktoren „angemessene Wohnungsgröße“ mal „angemessener Mietzins“. Dieses Produkt bildet die Höchstgrenze der KdU. Die beiden Faktoren sind dabei für den Leistungsempfänger nicht bindend, er kann selbst entscheiden, ob er ggf. eine kleinere Wohnung zu einem größeren Quadratmeterpreis bezieht. Liegen keine besonderen Hemmnisse vor, wird maximal der kommunale Höchstsatz erstattet. Besondere Erkrankungen können bspw. eine Ausnahme bilden, wenn dadurch eine teurere Wohnung benötigt wird. Auch kann ein Umzug in eine günstigere Wohngegend unter Umständen eine unbillige Härte darstellen, sodass diese Ausnahmefälle Mehraufwendungen der Kommunen über die Höchstgrenze hinaus nötig machen.[39]

Unterschiede gibt es bei den Verfahrensweisen zur Ermittlung des angemessenen Wohnraums. Etwa zwei Drittel der Kommunen übernehmen die Richtwerte der Sozialhilfe oder dem sozialen Wohnungsbau für die angemessene Wohnungsgröße, die Bedarfsgemeinschaften zumutbar ist. Das weitere Drittel greift dafür auf die Erläuterungen zur Ermittlung der früheren Wohngeldtabellen zurück. Insgesamt sind die Unterschiede bei der Wohnfläche in Deutschland je Person einer Bedarfsgemeinschaft jedoch wenig unterschiedlich. Im Bundesdurchschnitt hat eine Bedarfsgemeinschaft 61,63 qm Wohnfläche zur Verfügung. Ein Einpersonenhaushalt im Leistungsbezug hat im Mittel 47,15 qm Wohnfläche. Die Werte unterscheiden sich in den untersuchten Regionen nur wenig. In Höxter bewohnt die Bedarfsgemeinschaft 71,21 qm, in Paderborn 68,58 und in Berlin 59,01 qm. Dieser leichte Ballungstrend zeichnet sich auch bei den Single-Haushalten mit Leistungsbezug ab: Höxter 53,54 qm, Paderborn 47,9 qm und Berlin mit 45,42 qm. Zum Vergleich, in München hat eine Bedarfsgemeinschaft im Durchschnitt 51,5 qm, ein alleinstehender Leistungsempfänger 38,03 qm zur Verfügung. In Vorpommern-Greifswald sind es jeweils 57,01 qm und entsprechend im Single-Haushalt 57,01 qm.[40]

Die Abweichungen erscheinen vor dem Hintergrund, dass unter den Städten und Landkreisen starke Ballungszentren ebenso vertreten sind wie ländliche Gebiete, recht gering. So bewohnen in Vorpommern-Greifswald gerade 60,1 Personen einen Quadratkilometer, während es in München 4686,2 Personen je Quadratkilometer sind. Die Bevölkerungsdichte je Quadratkilometer in Höxter beträgt 117,8, in Paderborn 244,9 und in Berlin 4055.[41]

38 Vgl. BMVBS (2009)

39 Vgl. ebd.

40 Siehe BA (2020b).

41 Siehe Statistische Ämter des Bundes und der Länder (2020).

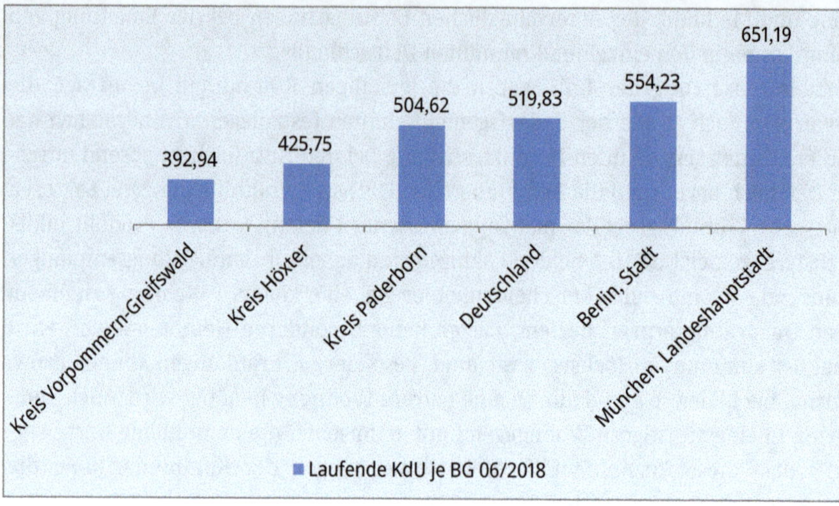

Abbildung 8: Vergleich von KdU-Leistungshöhen (Euro).
Quelle: BA-Statistik (2018).

Diese starken regionalen Unterschiede schlagen sich dann auch in den KdU nieder, jedoch insbesondere bei dem Faktor Mietzins. Bei der Ermittlung des angemessenen Mietzinses sind die Unterschiede zwischen den Kommunen weitreichender als bei der Gewährung des angemessenen Wohnraumes. Etwa die Hälfte aller Kommunen orientiert sich dabei am örtlichen Mietspiegel, ein Fünftel leitet den angemessen Mietzins direkt oder indirekt aus der Wohngeldstatistik ab und ein weiteres Fünftel der Kommunen ermittelt den Mietzins aus eigenen Erhebungen oder Gutachten. Auch die Definition der Miete variiert unter den Kommunen. Etwa 19 Prozent verstehen die Leistung als komplette Miete inklusive der Nebenkosten und Heizkosten (brutto-warm), etwa 39 Prozent gewähren die Höchstgrenze als Grundmiete und kalter Nebenkosten (brutto-kalt), etwa genauso viele Kommunen (41 Prozent) kalkulieren die Höchstgrenzen lediglich in Form der Grundmiete (netto-kalt) und nur wenige Gemeinden berechnen an dieser Stelle die Grundmiete ohne Nebenkosten inklusive der Heizkosten (netto-warm).[42]

Sind die Nebenkosten oder Heizkosten nicht Teil der Mietobergrenze, so muss für diese Mietbestandteile eine eigene Angemessenheitsprüfung durch die Kommune erfolgen. Kann die Kommune kein unwirtschaftliches Heizen nachweisen und die Angemessenheit der kalten Nebenkosten nicht widerlegen, so muss sie die angefallen Kosten in ihrer tatsächlichen Höhe übernehmen. Die deutschlandweit stark unterschiedlichen Mietpreise schlagen sich dann auch in den tatsächlich gewährten Mietkosten je Quadratmeter pro Hilfebedürftigem nieder (vgl. Abbildung 8).

42 Vgl. BMVBS (2009).

Zur Entlastung der Sozialgerichte, die sich immer wieder mit Verfahren zum SGB II und spezifisch mit den KdU beschäftigen, wurde Ende 2010 die „Satzungsermächtigung“ in das Gesetz aufgenommen. Demnach können die Bundesländer ihre Landkreise beauftragen, angemessene, pauschalierte Kosten der Unterkunft zu bestimmen. Die pauschalierte Leistung könnte so den enormen Verwaltungsaufwand bei der Bestimmung, Gewährung und Überprüfung angemessener KdU verringern. Bisher wendet jedoch kein Bundesland diese Möglichkeit tatsächlich an.[43]

Die Geldleistungen nach SGB II unterscheiden sich regional. Ihre aufwändige Ermittlung soll soziokulturelle Teilhabe sicherstellen. Ob diese tatsächlich erfüllt wird, prüft eine Abfrage des IAB innerhalb der Befragungsreihe „Panel Arbeitsmarkt und Soziale Sicherung“ (PASS[44]). Es begleitet Leistungsempfänger und eine Referenzgruppe aus der allgemeinen Wohnbevölkerung, um damit einen Beitrag zur Teilhabe und Armutsforschung im Bereich des SGB II zu leisten. Es wird seit 2007 im jährlichen Rhythmus erhoben und beinhaltet Abfragen zu materiellen Ausstattungen und Konsumverhalten. Soziokulturelle Teilhabe wird über einen Katalog von 23 Konsumkategorien abgeprüft.[45]

Tabelle 4: Konsumgüter soziokulturelle Teilhabe nach PASS.

Wohnung
Eine Wohnung ohne feuchte Wände oder Fußböden
Eine Wohnung, die mindestens so viele Zimmer hat, wie dort Personen wohnen
Ein separates Badezimmer mit Badewanne oder Dusche in der Wohnung
Eine Toilette innerhalb der Wohnung
Ein Garten, ein Balkon oder eine Terrasse
Nahrung und Kleidung
Sich ab und zu neue Kleidung kaufen können, auch wenn die alte noch nicht abgetragen ist
Mindestens einmal täglich eine warme Mahlzeit haben
Ausreichende Winterkleidung

43 Vgl. Deutscher Bundestag (2010).

44 Das PASS wird in Bönke et al. (2020) wie folgt beschrieben: „Jährlich werden im PASS 15.000 Personen in rund 10.000 Haushalten befragt. Der Datensatz besteht aus Haushalten, in denen mindestens ein Mitglied ALG II bezieht, und aus einer weiteren Stichprobe, in der Haushalte mit niedrigem sozioökonomischen Status überrepräsentiert sind.“

45 Vgl. Christoph et al. (2016).

Tabelle 4 (fortgesetzt)

Konsumgüter
Eine Waschmaschine
Ein Fernseher
Ein Auto
Ein Computer mit Internetanschluss
Ein Videorekorder oder DVD-Player
Finanzielle Möglichkeiten
Die Miete für die Wohnung bzw. die Zinsen für das Wohneigentum immer pünktlich zahlen können
Die Gas-, Wasser-, Heizungs- und Stromrechnung immer pünktlich zahlen können
Einen festen Betrag im Monat sparen können
Behandlungen in Anspruch nehmen können, die von der Krankenkasse nicht vollständig bezahlt werden, wie z. B. Zahnersatz oder Brille
Unerwartet anfallende Ausgaben mit eigenem Geld bezahlen können, z. B. eine kaputte Waschmaschine ersetzen
Abgenutzte, aber sonst noch brauchbare Möbel durch neue ersetzen
Soziale und kulturelle Teilhabe
Einmal im Monat Freunde zum Essen zu sich nach Hause einladen können
Einmal im Monat zum Essen in ein Restaurant gehen können
Mindestens einmal im Monat ins Kino, Theater oder Konzert gehen können
Eine mindestens einwöchige Urlaubsreise pro Jahr

Quelle: Christoph et al. (2016).

Dazu gehören Wohnung, Nahrung und Kleidung, Konsumgüter sowie finanzielle Möglichkeiten. Der so definierte Bedarf für eine gesellschaftliche Teilhabe (23 Konsumgüter) können Langzeitarbeitslose nur in 6 Prozent der Fälle erfüllen, während die Referenzgruppe[46] zu 65 Prozent alle Konsumbedürfnisse als erfüllt erachtet. Grundbedürfnisse werden durch SGB II-Leistungen demnach zwar befriedigt, von Zugang zu höherwertigen Konsumgütern und Gütern aus den Bereichen sozialer und kultureller Teilhabe sind Langzeitarbeitslose nach dem PASS jedoch aus finanziellen Gründen ausgeschlossen.[47]

Das IAB stellt nach den Kategorisierungen des PASS demnach eine erhebliche Deprivation der Leistungsbezieher fest. Gegenüber der allgemeinen Wohnbevölkerung

46 Zur Referenzgruppe wird in Bönke et al. (2020) beschrieben: „Vergleich zu normal erwerbstätigen Personen mit oder ohne früheren Leistungsbezug in den fünf Bereichen, Wohnung, Nahrung und Kleidung, Konsum, Finanzen und soziale und kulturelle Teilhabe."

47 Vgl. Bönke et al. (2020).

Tabelle 5: Signifikanztabelle soziokulturelle Teilhabe nach PASS.

Merkmale/Kategorien	ALG II-Bezieher	Nichtbezieher	Differenz
Armutsrisikoquote (weniger als 60 % des Medianeinkommens)	76,9	12,3	64,6***
Ersparnisse			
keine Ersparnisse	61,0	12,8	48,2***
Ersparnisse unter 5.000 Euro	37,7	40,5	−2,8
Ersparnisse in Höhe von 5.001 bis 20.000 Euro	1,2	22,9	−21,7***
Ersparnisse über 20.000 Euro	0,1	23,8	−23,7***
Schulden			
keine Schulden	49,8	55,1	−5,3
Schulden unter 5.000 Euro	28,4	22,4	6,0**
Schulden in Höhe von 5.001 bis 20.000 Euro	14,4	14,1	0,3
Schulden über 20.000 Euro	7,4	8,4	−1,0
Art der Schulden und Kredite (Anteil an Personen mit Schulden und Krediten)			
Konsumkredit: Haben Sie zurzeit Anschaffungen, z. B. Möbel oder ein Auto, über einen Kredit, einen Leasingvertrag oder über Ratenzahlungen finanziert? Bitte nennen Sie hier keine Kredite für Immobilien.	40,0	62,7	−22,7***
Geschäftskredite: Haben Sie zurzeit Geschäftskredite oder Schulden aus einer Insolvenz oder früherer Selbständigkeit?	19,9	10,9	9,0**
Privatkredit: Haben Sie zurzeit einen anderen Bankkredit oder private Schulden bei Verwandten oder Freunden?	48,3	31,3	17,0***
Dispositionskredit: Ist ein Konto eines oder mehrerer Haushaltsmitglieder zurzeit um mehr als 1.000 Euro im Minus oder haben Sie einen entsprechenden Dispokredit in Anspruch genommen?	16,3	21,6	5,3*
Sonstige Schulden: Haben Sie sonstige Schulden oder Kredite? Bitte nennen Sie hier keine Kredite für eine selbst genutzte Wohnung oder ein selbst genutztes Haus.	33,1	16,9	16,2***
Wohnverhältnisse			
Mietverhältnis	92,8	47,1	45,7***
selbst genutztes Wohneigentum	7,2	52,9	−45,7***
Zufriedenheit mit dem Lebensstandard (Skala 0–10) arithmetisches Mittel	5,5	7,6	−2,1***

Tabelle 5 (fortgesetzt)

Merkmale/Kategorien	ALG II-Bezieher	Nichtbezieher	Differenz
Zufriedenheit mit der Wohnung (Skala 0–10) arithmetisches Mittel	6,6	8,0	−1,4***
Deprivationswert (Index 0–23) arithmetisches Mittel	6,2	1,4	4,8***

Signifikanztests (t-Tests): * = p < 0,05; ** = p < 0,01; *** = p < 0,001.
Anteile in Prozent und Differenz in Prozentpunkten
Quelle: Beste, Bethmann und Gundert (2016).

können sich Langzeitarbeitslose in vielen Kategorien Güter des soziokulturellen Bedarfs nicht leisten. Das IAB erhebt einen Index der Deprivation, der theoretisch zwischen 0 und 23 liegen kann. Bei 23 geht man von vollkommener Deprivation aus, einer vollständigen Entbehrung bei allen gesellschaftlichen Grundbedürfnissen. Bei einem Indexwert von 0 liegen keinerlei Entbehrungen bei der soziokulturellen Existenz vor. Auf dieser Skala erreicht die Kontrollgruppe im PASS einen niedrigen Wert von 1,4. Fast alle Güter des Kataloges sind demnach vorhanden. Die Gruppe der Leistungsbezieher muss in immerhin 6,2 Güterkategorien passen. Auch wenn dieser Wert auf einem niedrigen Niveau liegt, zeigt sich doch ein signifikanter Unterschied. Es deutet sich in dieser Erhebung bereits an, dass der Leistungsbezug mit Entbehrungen verbunden ist.[48]

48 Vgl. Beste/Bethmann/Gundert (2016).

3 Leitmotiv: Inklusion und Arbeit

Die vorliegende Arbeit untersucht die sozialen Wirkungen von Langleistungsbezug und geht insbesondere der Frage nach, ob verfestigte Arbeitslosigkeit gesellschaftliche Exklusion in Deutschland zur Folge hat. Es geht um die Frage, inwieweit eine privilegien- und darüber hinaus diskriminierungsfreie Wettbewerbsordnung vorliegt, die geeignet ist, soziale Inklusion zu ermöglichen. Dafür soll von einem sozialpolitisch-normativen Inklusionsverständnis ausgegangen werden.[49]

Dabei wird Arbeit als Lohnarbeit angenommen, wenngleich insbesondere die soziologische Literatur seit den 80er-Jahren die Frage „Was ist Arbeit" breiter diskutiert. Soziologisch gesehen handelt es sich hier schon um eine erste Eingrenzung, weil Care-Arbeit und zumeist auch Schwarzarbeit von diesen Betrachtungen ausgeschlossen wird. Diese Eingrenzung ist eine kurze Reflektion wert, wie das folgende Beispiel illustriert: Man stelle ich eine Person vor, die keine Arbeit findet, weil sie einfach nicht täglich pünktlich erscheinen kann, und einen Hausmann der Kinder pflegt. In der Interaktion mit der arbeitenden Bevölkerung könnte letztere weniger ausgegrenzt sein, weil er „Care-Arbeit" ausübt, die erste Person jedoch nicht. Im Zuge der Digitalisierung wird gegenwärtig ebenso diskutiert, ob neue Arbeitsformen Anerkennung als Arbeit finden, bspw. durch eine Erstreckung von Sozialversicherungspflichten für solche Gruppen. Die Frage, was ist Arbeit, ist wissenschaftlich und politisch durchaus umstritten.[50]

Die vorliegende Arbeit untersucht, inwieweit neben der Einkommensgewinnung die Lohnarbeit weitere Funktionen für die gesellschaftliche Teilhabe hat.[51] Die Überprüfung diese Funktionen in Befragungen von Langleistungsbeziehern hätte gleichwohl auch zeigen können, dass andere Arbeitsformen[52] diese inklusive Funktion ebenfalls herstellen können. Inwieweit schafft der Sozialstaat in ausreichendem Maße Inklusion: „Vollwertiges Mitglied der Gesellschaft zu sein, bedeutet dann aber auch bis zu einem

---

49 Vgl. Goldschmidt/Lenger (2011). Diese führen als Grundlage für ein solches sozialpolitisch-normatives Inklusionsverständnis bespielhaft Sen (2002), Kaufmann (2009) oder die Sammelbände von Bude/Willisch (2006) und Bude/Willisch (2008) an.

50 Vgl. Voß (2010) und Köster (2017b).

51 Siehe dazu in der sozialwissenschaftlichen Literatur insbesondere Kronauer (2002), der das Problem von Exklusion durch marktwirtschaftliche Systeme diskutiert, oder Castel (2000), der sich mit den Wirkungen des Wandels am Arbeitsmarkt und später kritisch mit den Folgen von Abstieg, Ausgrenzung und Präkariat in modernen Gesellschaften beschäftigt Castel/Dörre (2009). Bude/Lantermann (2006) beschrieben Exklusion und Exklusionsempfingen und Bude/Willisch (2008) konkretisieren dies an der Frage von breiten Gesellschaftsschichten, die als Verlierer des wirtschaftlichen und sozialen Wandels seit den 90er-Jahren den Anschluss verpasst (die „Überflüssigen") haben.

52 Solche Arbeitsformen werden seit den 80er-Jahren als Care-Arbeit diskutiert. So widmet sich Bahrdt (1983) weiblicher Reproduktionsarbeit (Care-Arbeit) oder die 21. Soziologentagung insgesamt, die sich mit der „Krise der Arbeitsgesellschaft" auseinandergesetzt hatte (Matthes 1983). Das Thema Schattenwirtschaft diskutieren Niessen/Ollmann (1987) oder Schäfer (1984).

https://doi.org/10.1515/9783110795639-003

hohen Grad Teil des Systems des Marktes zu sein. Wo dies nicht gelingt, steht es prinzipiell in Frage ein gelingendes, selbstbestimmtes Leben führen zu können."[53]

3.1 Rewarding Work und die Arbeitsmarktökonomik

Die ökonomische Grundlagentheorie hat die Bedeutung von Arbeit jenseits der reinen Einkommensgewinnung lange vernachlässigt. In der Modellwelt der Marginalanalyse existiert schlichtweg keine unfreiwillige Arbeitslosigkeit. Der Markt pendelt sich zwischen Angebot und Nachfrage auf einem gleichgewichtigen Lohnniveau ein: „Der Arbeitslohn ist gleich dem Mehrerzeugnis, was durch den, in einem großen Betrieb, zuletzt angestellten Arbeiter hervorgebracht wird."[54] Das heißt, die Nachfrage nach Arbeit richtet sich nach dem Grenzertrag der Produktion, bzw. der geleisteten Arbeit. Das Arbeitsangebot wiederum ergibt sich in dieser Modellwelt aus einer Optimierungsabwägung des Arbeitnehmers. Grundsätzlich besteht seine Abwägung darin, den Arbeitslohn und Arbeitsleid, bzw. den Verzicht auf Freizeit, in ein individuell optimales Verhältnis zu bringen. „Die Größe eines und desselben Genusses nimmt, wenn wir mit Bereitung des Genusses ununterbrochen fortfahren, fortwährend ab, bis zuletzt Sättigung eintritt".[55] Durch den abnehmenden Grenznutzen des Geldes ergibt sich daraus ein individuelles Arbeitsangebot.[56]

Diese grundlegende Marginalanalyse ist der Ausgangspunkt in der arbeitsökonomischen Standartliteratur[57] für das Grundmodell des Arbeitsmarktes. Das gesamtwirtschaftliche Arbeitsangebot ist positiv mit dem Lohn korreliert. Je höher der Lohn, desto mehr Arbeitskraft wird von den Erwerbsfähigen am Markt angeboten. Die Nachfrage nach Arbeit korreliert negativ mit dem Lohn. Je niedriger der Lohn ist, desto mehr Arbeitskraft wird durch die Unternehmen nachgefragt. Daraus ergibt sich ein Modell (siehe Abbildung 9), bei dem der Markt ein Preissignal (markträumender Lohn) für Beschäftigte und Unternehmen liefert, zu dem Angebot und Nachfrage sich zum Ausgleich einpendeln.[58]

Es gibt in der Literatur einige Ansätze, die rationale Erklärungen für solche nicht-markträumenden Löhne oberhalb des Gleichgewichtslohnes liefern. Darunter Effizienzlöhne, Markt-Segmentierung, Fairness, Transaktionskosten, Reservationslöhne durch soziale Absicherung usw.

53 Vgl. Fuchs-Goldschmidt/Goldschmidt (2010, 66).

54 Siehe v. Thünen (1850 [1966], 569 f.).

55 Siehe Gossen (1854 [1967], 4 f.).

56 Vgl. Reiß (1998).

57 In dieser Form ist die Einführung in die Arbeitsökonomie beschrieben in Ashenfelder/Card (1999), Borjas (2012), Cahuc/Carcillo/Zylberberg (2014), Ehrenberg/Smith (2009) oder Franz (2009).

58 Vgl. Ehrenberg/Smith (2009).

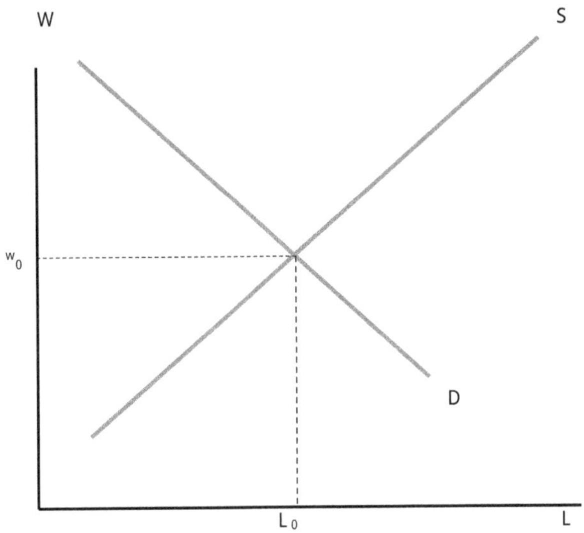

W	Lohn
L	Arbeit
S	Angebotskurve
D	Nachfragekurve
w_0	Gleichgewichtslohn
L_0	Gleichgewichtsmenge an Beschäftigung

Abbildung 9: Klassisches Modell des Arbeitsmarktes.
Quelle: Verändert nach Varian (2006).

Reservationslohn: Solange ein Mehrertrag für das Unternehmen durch zusätzliche Arbeit realisiert werden kann, wird Arbeit nachgefragt. Erst wenn die Produktivität der Arbeit und das Lohnniveau identisch sind, entsteht ein Gleichgewicht. Bei diesem Gleichgewichtspreis ist auch die Abwägung der Arbeiter zwischen Erwerbstätigkeit und Freizeit durch den Lohn kompensiert. Das Wechselspiel von Angebot und Nachfrage führt also auch in diesem Markt zu einem markträumenden Ergebnis. Der Faktorpreis im Gleichgewicht ist der markträumende Lohn. Ist der Lohn jedoch durch einen garantierten Sozialtransfer nach unten hin begrenzt, kann – sofern der gleichgewichtige Lohn unterhalb liegt –Arbeitsangebot und Arbeitsnachfrage, nicht ins Gleichgewicht pendeln. Ein Arbeitsangebot unterhalb Transferleistungssatzes kann sich nicht realisieren, weil der Arbeitnehmer immer die Wahl hat, ohne Erwerbstätigkeit ein höheres Einkommen ohne Arbeitsbelastung zu erzielen. Die hierzulande geltende gesellschaftliche Konvention, dass ein soziokulturelles Existenzminimum sichergestellt ist, begrenzt den Markt im unteren Lohnsegment. Die Lohnhöhe w_T ist dabei derjenige Lohn zu dem ein Arbeitnehmer erst bereit ist, Arbeit am Markt anzubieten. Diese Lohnhöhe wird auch als Reservationslohn bezeichnet, der Effekt wird auch unter dem Begriff „impliziter Mindestlohn“ debattiert.[59]

Effizienzlöhne: Ein Lohn auch oberhalb des Marktlohnes kann unter bestimmten Annahmen eine stabile Marktlösung sein. Dieser dient als Anreiz, sich mehr anzustrengen

59 Vgl. Franz (2009).

und dem Unternehmen treu zu bleiben (Anreizlöhne). Begründet wird diese Effizienzlohntheorie mit der Annahme, dass Arbeitskräfte die Entlohnung – ohne den Markt genau zu überblicken – unterschiedlich gerecht empfinden. Weniger die Entlohnung selbst als das Empfinden der subjektiven Gerechtigkeit der Entlohnung bestimmen also die Arbeitsanstrengungen des Einzelnen. Einer der ersten Beiträge zum Effizienzlohn und der Wechselwirkung von Entlohnung und Arbeitseinsatz stammt von Robert M. Solow (1979). Laut Solow sind Löhne nicht vollkommen flexibel, da Lohnkürzungen die Arbeitsmoral direkt beeinflussen. Im neoklassischen Modell führt eine Lohnkürzung nur zur Fluktuation von Arbeitskräften. Solow weist darauf hin, dass Lohnkürzungen auch die Produktivität der verbleibenden Arbeitnehmer beeinflussen. Ähnlich argumentieren auch Raff/Summers (1987) am Beispiel der drastischen Lohnerhöhung von Henry Ford aus dem Jahr 1914, die sie unter den Gesichtspunkten eines Effizienzlohnes untersuchten. Henry Ford verdoppelte 1914 die Löhne für Arbeiter, die über 22 Jahre alt waren und mindestens ein halbes Jahr dem Betrieb angehörten. Gleichzeitig wurde die tägliche Arbeitszeit um eine Stunde verkürzt. Die Zuwächse an Produktivität und die Verringerung der Fluktuation brachten Henry Ford 1922 zu der Aussage: „The payment of five dollars a day for an eight hour day was one of the finest cost cutting moves we ever made, and the six-dollar day wage is cheaper than the five."[60]

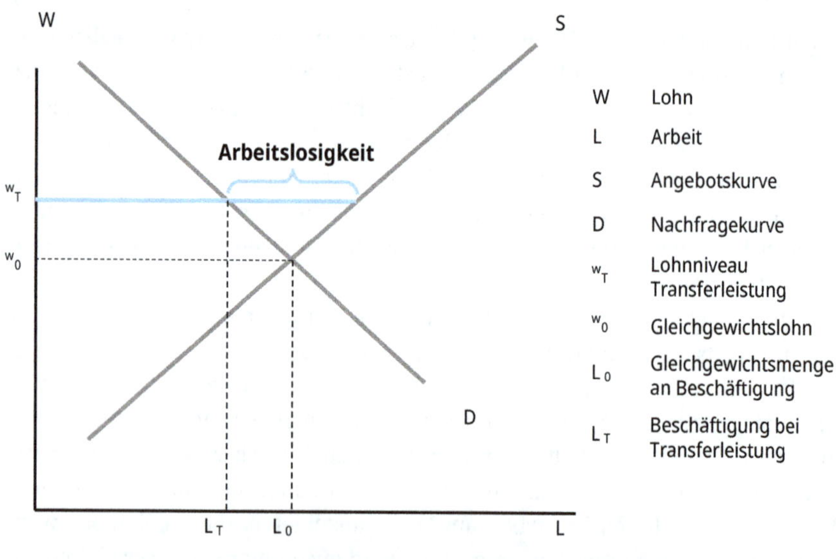

Abbildung 10: Modell des Arbeitsmarktes mit Sozialtransfer – Reservationslohn.
Quelle: Verändert nach Varian (2006)

60 Siehe Ford/Crowther (1922 [2006], 126 f.).

Segmentierung, collective bargaining: Einen frühen Beleg für sehr differierende Entlohnungen gleicher Arbeit in unterschiedlichen Branchen liefert Dunlop 1957 (siehe Tabelle 6). Er vergleicht die Stundenlöhne gewerkschaftlich organisierter Lastkraftwagenfahrer verschiedener Branchen. Dunlops Zusammenstellung ist ein frühes Indiz dafür, dass das Gerechtigkeitsempfinden der Arbeiter bei gleichen Qualifikationen zu unterschiedlichen Löhnen führt. Dunlop sieht diese Unterschiede in der Entlohnung nicht etwa in unterschiedlichen Wochenarbeitszeiten, Arbeitsvertragslaufzeiten oder ungleichen Qualifikationsgraden begründet. Die Tätigkeit eines Lastkraftwagenfahrers ist seiner Meinung nach in allen Branchen recht ähnlich, unabhängig, ob man Wäsche, Schrott oder Lebensmittel geladen hat. Für ihn resultieren die Unterschiede aus branchenabhängigen Ergebnissen gewerkschaftlicher Tarifverhandlungen. Das Lohnniveau innerhalb einer Branche wirkt sich demnach auf alle Berufsgruppen aus. In einer Hochlohnbranche wird eine sehr geringe Bezahlung einfacher Tätigkeiten weniger toleriert als in der Niedriglohnbranche. Auch wenn Dunlops Erklärung nicht auf individuell empfundene Fairness der Entlohnung abzielt, sondern auf die kollektiv tolerierten Lohnunterschiede innerhalb der einzelnen Gewerkschaften, ist seine Tabelle ein früher Beleg für die Inflexibilität von Löhnen aufgrund Fairness-Gedanken.[61]

Fairness: Die experimentelle Wirtschaftsforschung leistet einen Beitrag, die ökonomischen Zusammenhänge weniger abstrakt und anhand konkreten menschlichen Verhaltens zu analysieren. Bei den Versuchen zeigt sich ein starker und stabiler Zusammenhang von Fairness und Vergütung. Auch die dargestellten Effizienzlöhne werden in dieser Forschung immer wieder nachgewiesen. Obwohl die experimentelle Wirtschaftsforschung die Übertragung der Ergebnisse auf die reale Welt nicht leisten kann, also keine repräsentativen Ergebnisse erzeugt, wird doch weitreichende Evidenz für Fairness-Erwägungen in der Entlohnung, insbesondere von Vergütungen oberhalb des Gleichgewichtslohnes im effizienten Markt, geliefert. Die Laborexperimente sind nicht direkt auf den Arbeitsmarkt übertragbar, weil sie die langfristigen Folgen der Fairness nicht beschreiben können. Der Arbeitsmarkt ist ein sich stetig wiederholender Prozess, der akkurat nur in einem sich immer wiederholenden Experiment-Design abgebbildet werden kann. Dennoch zeigen die Ergebnisse eindrucksvoll, dass Gerechtigkeitsüberlegungen ein wesentlicher Faktor für die Lohnhöhe sind.[62]

Insider/Outsider-Modell: Lindbeck/Snower (1988) legen eine Sichtweise auf den Arbeitsmarkt vor, bei der die Beschäftigten im Unternehmen (Insider) einen strategischen Verhandlungsvorteil gegenüber Bewerbern (Outsidern) innehaben. Dabei speist sich der Vorteil aus zwei Effekten. Zum einen haben Beschäftigte einen Vorteil gegenüber Externen,

61 Vgl. Varian (2006).
62 Vgl. Gächtens/Fehr (2002).

Tabelle 6: Stundenlöhne von Lastwagenfahrern nach Branchen (Boston 1951).

Zeitschriften	2,25	$
Tageszeitungen	2,16	$
Benzin	1,985	$
Baumaterial	1,85	$
Papierverarbeitung, Zeitungen	1,832	$
Bier, Flaschen und Fässer	1,775	$
Lebensmittel, Kette	1,679	$
Fleischverpackung, 3–5 Tonnen	1,64	$
Bäckerei (hebräisch)	1,595	$
Großhandel	1,57	$
Abdeckerei	1,55	$
Kohle	1,518	$
Müllabfuhr	1,50	$
Allgemeine Spedition	1,50	$
Nahrungsmittel, Einzelhandel	1,475	$
Eis	1,45	$
Gepanzerte Fahrzeuge	1,405	$
Kohlensäurehaltige Getränke	1,38$	$
Altpapier	1,38	$
Auslieferung von Wäsche	1,342	$
Umzüge, Klaviere und Haushalte	1,30	$
Schrott, Eisen und andere Metalle	1,20	$
Großwäscherei	1,20	$

Quelle: Dunlop (1957).

weil sie über spezifisches Wissen verfügen. Externe verursachen Kosten bei der Einarbeitung. Hinzu kommt, dass sie als Stakeholder im Unternehmen eine Verhandlungsmacht gegenüber dem Unternehmen ausüben können. Das Eigeninteresse der Belegschaften ist die eigene Lohnhöhe und nicht die zusätzliche Beschäftigung von Außenstehenden. Dieses homogene Eigeninteresse der Belegschaften erstreckt sich auch auf den Fall einer schlechteren wirtschaftlichen Lage im Unternehmen. Denn das Interesse der Belegschaft ist der Erhalt der Arbeitsplätze. Deshalb sind Insider eher bereit Lohnkürzungen hinzunehmen, statt Entlassungen zu tolerieren. Auch das nimmt Outsidern die Möglichkeit, in besseren wirtschaftlichen Zeiten Arbeitsplätze zu besetzen (Insidereffekt). Zum anderen haben Outsider strategische Nachteile. Bei Arbeitslosen wird angenommen, dass mit der Zeit der Arbeitslosigkeit das Humankapital leidet. Spezifische Fähigkeiten und Fertigkeiten müssen dauerhaft trainiert werden. Dazu haben Arbeitslose kaum Gelegenheit. Auch soziale Kompetenzen können ohne Arbeitsalltag abnehmen. Die Bewerber entsprechen zudem nicht den eingearbeiteten Beschäftigten im Unternehmen, weil spezifische unternehmensinterne Kompetenzen außerhalb des Unternehmens nicht erlernt werden können. Es besteht für das Unternehmen auch ein Informationsnachteil, weil Kompetenzen ohne die konkrete Arbeitssituation nicht vollständig beobachtbar sind (Outsidereffekt).

3.2 Arbeit und Arbeitsmarkt in der Theorie von Edmund Phelps

Die modellhafte Sichtweise auf den Arbeitsmarkt wurde unter anderem durch den Ökonomen Phelps herausgefordert. Dieser erhielt 2006 den Alfred-Nobel-Gedächtnispreis für Wirtschaftswissenschaften „for his analysis of intertemporal tradeoffs in macroeconomic policy“.[63] Nicht nur im Bereich des Arbeitsmarktes hatten seine Arbeiten weitreichende Konsequenzen. Die große Klammer um sein ökonomisches Lebenswerk könnte mit „Mikrofundierung der Makroökonomie“[64] zusammengefasst werden. Dieser Ansatz eröffnete auch für die Analyse des Arbeitsmarktes ganz neue Herangehensweisen. Denn es gibt durchaus rationale Erwägungen für Unternehmen, einen höheren Lohn als den markträumenden Gleichgewichtspreis zu zahlen und damit auch modelltheoretisch Arbeitslosigkeit hervorzurufen (Pies 2012).

Bis zu den Arbeiten von Phelps (1968) und auch Friedman (1968) war die Makroökonomie jedoch von einem stabilen Zusammenhang von Inflation und Arbeitslosigkeit ausgegangen, der sogenannten Phillips-Kurve.

Die Philips-Kurve beschreibt den Zusammenhang von Inflation und Arbeitslosigkeit und wurde vom englischen Ökonomen Phillips (1958) zuerst beschrieben. Bei einer hohen Inflation, versuchen die Beschäftigten hohe Lohnanpassungen durchzusetzen. Während bei niedriger Inflation Unternehmen eher in der Lage sind, ihre Marge zu erhöhen. Das Modell führt damit zu hoher Inflation oder hoher Arbeitslosigkeit. Diesen Zusammenhang von Inflation und Arbeitslosigkeit konnte Phillips empirisch nachweisen. Tatsächlich entsprach Inflation und Arbeitslosigkeit für die Jahre 1861 bis 1957 im Vereinigten Königreich dem hergeleiteten Schema. Später übertrugen Samuelson und Solow (1960) die Erkenntnisse in den US-amerikanischen Raum und konnten den Zusammenhang für die Jahre 1900 bis 1960 für die US-Wirtschaft nachweisen. Noch bevor die tatsächlichen Raten in den USA und anderen Industrienationen nicht mehr diesen theoretischen Zusammenhang folgten, kritisierten Friedman

63 Siehe The Royal Swedish Academy of Sciences (2006, 1).

64 Steglitz (2008, 1) beschrieb Phelps' Leistungen im Bereich der Mikrofundierung in einer Laudatio im Rahmen der Jahrestagung der American Economic Association in New Orleans: „Of Ned's rich and diverse contributions, there are three that I would like to highlight. First, his work in macroeconomics: by the 60s, it was clear that a major task facing the economics profession was the reconciliation of macroeconomics and micro-economics, providing micro-foundations to macroeconomics. There were two routes: one to scale up the perfect markets, perfect information, competitive equilibrium mode – a model whose limitations had already been identified in the work of Arrow and others, and which would shortly be questioned further as the consequences of information asymmetries, imperfect competition, and incomplete risk markets became better understood. The other route, both more ambitious and more fundamental: to reinvent micro-economics.“ Blackhouse/Baianovsky (2013) sehen in dem als Phelps Volume berühmt gewordenen Werk (Phelps/Alchian/Holt 1970) eine Initialzündung für eine Mikrofundierung der Makroökonomie.

und Phelps das Modell. Seit den 1970er-Jahren stimmt der Zusammenhang für die meisten OECD-Staaten nicht mehr.[65]

Das Modell der Phillips-Kurve musste erweitert werden. Lohnverhandlungen – und die daraus gegebenenfalls resultierende Arbeitslosigkeit – basieren nicht auf offiziellen Inflationsstatistiken, sondern vielmehr auf den Inflationserwartungen. Der berühmte Satz, der Bundeskanzler Helmut Schmidt zugerechnet wird, „mir sind fünf Prozent Inflation lieber, als fünf Prozent Arbeitslosigkeit",[66] deutet auf die damals politisch noch verbreitete Sichtweise hin. Staatliche Steuerung funktioniert nicht nach diesem Prinzip. Unabhängig, aber etwa zeitgleich, forderte auch Milton Friedman die bis dato verbreitete Sichtweise vom Zusammenhang von Inflation und Arbeitslosigkeit heraus. Während Friedman den Zusammenhang sprachlich verständlicher formulierte, lieferte Phelps (1967, 1968) die modelltheoretische Fundierung einer strukturellen Arbeitslosigkeit. (Horn 2012).

„To state this conclusion differently, there is always a temporary trade-off between inflation and unemployment; there is no permanent trade-off. The temporary trade-off comes not from inflation per se, but from unanticipated inflation, which generally means, from a rising rate of inflation. The widespread belief that there is a permanent trade-off is a sophisticated version of the confusion between ‚high' and ‚rising' that we all recognize in simpler forms. A rising rate of inflation may reduce unemployment, a high rate will not."[67]

Hinzu kommen schwierige Grundannahmen des Modells, bei dem die Geldmenge konstant und Zentralbanken Zinspolitik, der Taylor-Regel[68] folgend betreiben. Beide Annahmen wurden in den Folgejahren nicht bestätigt.[69]

Die beschriebenen mikroökonomischen Wirkzusammenhänge von unternehmensinternen Überlegungen zur Lohnfestsetzung setzt Phelps (1985) in einem Modell der strukturellen (unfreiwilligen) Arbeitslosigkeit um. In der Tradition seiner Mikrofundierung der Makroökonomie überträgt er diese Mechanismen zu einem Makromodell. Demnach setzt sich Arbeitslosigkeit aus einem strukturellen und konjunkturellen Teil zur Gesamtarbeitslosigkeit zusammen (Ages = Astrukt + Akonj). Abbildung 11 zeigt die Lohnhöhe als Funktion von Arbeitsangebot und Nachfrage je Unternehmen in Konsumgütereinheiten (Brot bei

65 Vgl. Blanchard (2003).

66 Das Zitat wird an verschiedenen Stellen Helmut Schmidt bspw. bei einer Rede 1972 vor Bergleuten in den Dortmunder Westfalenhallen zugeschrieben.

67 Vgl. Friedman (1968, 11).

68 Die Taylor-Regel ist eine Formel zur Bestimmung eines optimalen Leitzinses der Zentralbank für ein Inflationsziel (hier 2 Prozent). Wobei r den kurzfristigen Leitzins, p die Inflationsrate der vergangen vier Quartale (BIP-Deflator) und y die Produktionslücke (Differenz des realen BIP zum Produktionspotenzial) ist: $r = p + 0.5y + 0.5(p - 2) + 2$. Die Taylor Regel gilt nach wie vor als Leitlinie für eine optimale Leitzinsbestimmung, allerdings zeigte ich in der Historie, dass die Entscheider der Zentralbanken durchaus andere Ziele verfolgen können und sich nicht an die Taylor-Regel halten. (Makiw/Taylor 2014)

69 Vgl. Mankiw/Taylor (2014).

Phelps) und der Beschäftigung in Vollzeitstellen. Die Arbeitsnachfrage durch das Unternehmen wird, der neoklassischen Theorie folgend, als abnehmender Grenznutzen jeder zusätzlichen Arbeitskraft dargestellt. Die Grenzproduktivität der Arbeit entspricht hier der Nachfrage nach Arbeitskräften im linearen Zusammenhang. Es wird vollständige Konkurrenz im Arbeits- und Gütermarkt unterstellt. Im neoklassischen Modell pendelt sich ein Gleichgewichtspreis ein, bei dem Lohnhöhe und Grenzproduktivität identisch sind. Die zuvor beschriebenen mikroökonomischen Zusammenhänge sollten jedoch zu einem höheren Lohnniveau führen. Damit entsteht strukturelle (unfreiwillige) Arbeitslosigkeit im Gleichgewicht. Nach Phelps macht es dabei keinen Unterschied, ob sich der Blick auf ein einzelnes Unternehmen oder auf die Volkswirtschaft insgesamt richtet.

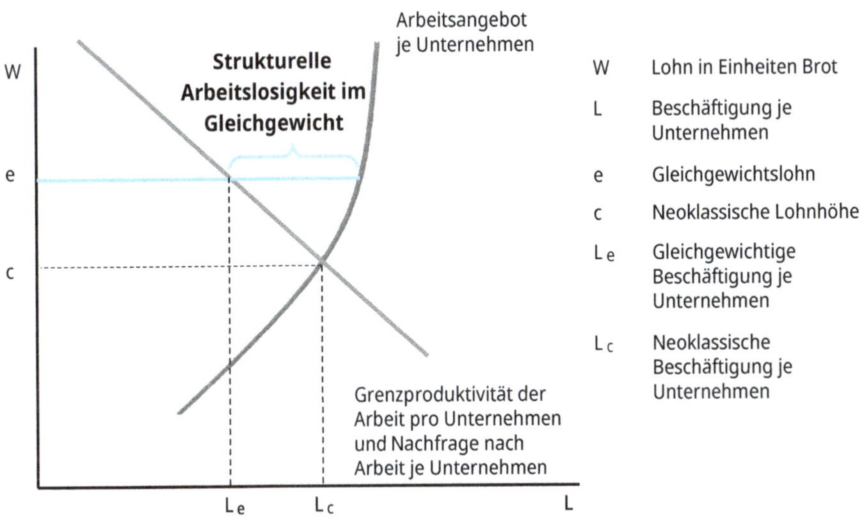

Abbildung 11: Gleichgewicht mit Effizienzlohn nach Phelps.
Quelle: Verändert nach Phelps (1985).

3.3 Wohlfahrtstheoretische Auswirkungen

Es kann also durchaus eine stabile Marktsituation entstehen, bei der dennoch Arbeitslosigkeit vorherrscht. Eine solche Sockelarbeitslosigkeit beschreibt Phelps (1997). Sein Modell der „strukturellen Arbeitslosigkeit" ist mittlerweile anerkannt. Phelps' Arbeit ist in diesem Zusammenhang aber gerade deswegen interessant, weil er bei dieser ökonomischen Analyse nicht Halt macht, sondern eine normative Analyse folgen lässt.

Um zu verstehen, warum Phelps die Inklusion durch Arbeit so wichtig ist, muss man sein zentrales Wertegerüst nachvollziehen. Wenn Edmund Phelps über die Wirtschaftsverfassung spricht, dann spielt Dynamik in seinem Gedankengerüst immer eine große Rolle.[70] Die Phelps'sche Dynamik darf jedoch nicht mit wirtschaftlichem Wachstum gleichgesetzt werden. Nominelles BIP-Wachstum ist damit nicht gemeint, wie er selbst in Horn (2012) betont. Auch sozialistische Wirtschaftsverfassungen seien in der Lage, kurz- und mittelfristig Wachstum zu erzeugen. Sein Begriff der wirtschaftlichen Dynamik zielt vielmehr auf die Innovationskraft einer Wirtschaftsverfassung ab. Damit ist die Verarbeitung von Wissen im Hayek'schen Sinne gemeint: „Capitalism is a Hayek country".[71] Im Kapitalismus schafft der Markt eine effiziente Verarbeitung von Wissen eines jeden Marktteilnehmers, befördert deren Ideen und macht diese durch andauerndes Probieren und Scheitern gesamtgesellschaftlich nutzbar.[72]

„In the theoretical framework that Friedrich Hayek started, capitalism is the premiere economic system for dynamism – theoretically. Capitalism is all about innovation in commercial ideas – their birth, development and, finally, their "discovery," or adoption, in the marketplace."[73]

Phelps stellt in seinem Gedankengerüst um wirtschaftliche Dynamik aber eine andere Gerechtigkeitsdimension in den Mittelpunkt. Er betont weniger als Hayek die individuelle Freiheit, sondern bezieht sich auf eine einen Utilitarismus nach Rawls, indem er die Kategorie eines individuellen Wohlergehens einführt. Er verknüpft an dieser Stelle eine Überlegung der Ausgangsgerechtigkeit nach Hayek (Freiheit) mit der Idee einer Ergebnisgerechtigkeit nach Rawls. Eine Wirtschaftsordnung, die wirtschaftliche Dynamik erzeugt, die den schlechter gestellten Schichten jedoch nicht zu Gute kommt, lehnt er ab.[74]

Phelps kritisiert ein marktwirtschaftliches System, dass einzig auf individuelle Freiheit und Wohlstand rekurriert: „Friedrich Nietzsche and Frank Knight suggested, trying to make a fortune is like participating in a sport. Yet social observers are right to question whether people find significant satisfaction from increased relative wealth beyond a certain point. After you have won the game, what point is there in winning by a bigger point spread? Many entrepreneurs speak of the wealth received as a by-product of what they sought to do or achieve rather than as the goal. In any case, an increase in some people's relative wealth means a decrease in some others' relative wealth. There is no reason for the government of a society to promote that sort of sport."[75]

Diese beiden Leitgedanken sind nun entscheidend, um zu verstehen, warum Phelps seinen eigenen Beitrag zur Mikrofundierung der Makroökonomie auch norma-

70 Zur Rolle von Staat, Kapitalismus und einer Wirtschaftsordnung die Dynamik erzeugt, äußert sich Phelps selbst in deiner Nobel-Preis-Vorlesung (Phelps 2006). Ausführlicher beschreibt er dieses Gedankengerüst in Phelps (2009a) und Phelps (2009b).

71 Vgl. Phelps (2006).

72 Vgl. Goldschmidt (2012).

73 Siehe Phelps (2007).

74 Vgl. Goldschmidt (2012).

75 Siehe Phelps (2009a).

tiv bearbeitet. Wenn es eine stabile Arbeitsmarktsituation gibt, bei der „Equilibrium Unemployment“ vorherrscht, dann sind beide Leitideen von Phelps betroffen. Phelps betont die Bedeutung von Arbeit. Es ist für Phelps nicht nur Versagen auf irgendeinem Markt, sondern in dem für das Miteinander entscheidenden. Die Exklusion vom Arbeitsmarkt ist für ihn gleichbedeutend mit gesellschaftlicher Exklusion. Eine solche Wirtschafts- und Gesellschaftsordnung ist mit Phelps' utilitaristischem Verständnis eigentlich nicht zu vereinbaren. Ordnungslogisch ließe sich überdies ergänzen, dass damit der Produktionsfaktor Arbeit nicht effizient ausgeschöpft wird. Damit wäre die strukturelle Arbeitslosigkeit auch ein Problem für die wirtschaftliche Dynamik selbst.

„In short, a good economy also promotes inclusion“.[76] Aus Sicht des Nobelpreisträgers ist es also keine gute oder faire Wirtschaftsordnung, wenn sie ausschließlich auf wirtschaftliche Prosperität abzielt. Gut ist sie nur, wenn sie eine Dynamik entfaltet, damit diese auch zum Wohle aller Teilnehmer wirkt. Wirtschaftliche Dynamik ist eine notwendige, aber nicht hinreichende Bedingung für eine gute Wirtschaftsverfassung. Wenn eine innovative Wirtschaftsordnung aus sich selbst heraus nicht alle Akteure teilhaben lässt, kann dies auch staatliche Maßnahmen rechtfertigen, die geeignet sind, diese Inklusion herzustellen. Auch eine noch so effiziente Wirtschaftsordnung sollte keine Gruppe dauerhaft exkludieren und wäre keine anzustrebende Gesellschaftsordnung.[77]

Die Idee von Edmund Phelps, dass eine gute Wirtschaftsordnung auch für Inklusion sorgen müsste, begründet indes keine eigene Wohlfahrtstheorie. Sie entstanden aber in einem Umfeld, in dem Phelps bereits auf vielfältige wohlfahrtstheoretische Grundlagen zurückgreifen konnte. Die Ideen von Edmund Phelps liefern uns ebenso keinen inklusionstheoretischen Leitsatz, mit dem sich seine Vorstellungen auf eine kurze Definition zurückbinden ließen. Auch hier bedient er sich bereits vorhandener Vorstellungen. Dennoch liefert Phelps entscheidende wohlfahrtstheoretische Grundlagen für marktwirtschaftliche Systeme. Denn er verknüpft das Ziel wirtschaftlicher Dynamik direkt mit dem Gedanken der Teilhabe. Er definiert wirtschaftliche Dynamik eher als Mittel zum Zweck, denn Selbstzweck. Er erläutert, dass Prosperität nicht automatisch zum Nutzen aller ist, nicht als singuläre Wohlfahrtskennziffer herhalten kann: „to obtain rewarding work in the formal economy and to earn enough in such jobs to be self-sufficient.“[78] Nur wenn diese Dynamik auch allen Gesellschaftsmitgliedern in ausreichendem Maße zu Gute kommt, darf sie eine konstituierende Rolle einnehmen. Phelps selbst spricht dabei von „economic inclusion“. Diese ist seiner Einschätzung nach nur zu erreichen, wenn Erwerbsfähige nicht nur finanziell auskömmliche, sondern auch erfüllende Arbeit haben.[79]

---

76 Siehe Phelps (2006).

77 Vgl. Goldschmidt (2012).

78 Siehe Phelps (2000a, 86).

79 Vgl. Golschmidt (2012) und Pies (2012).

3.4 Struktur des Inklusionsbegriffs nach Phelps

Phelps beschreibt mehrere Funktionen von Arbeit, die unabhängig vom resultierenden Einkommen wichtig sind, ohne dass sie ohne ein auskömmliches Einkommen darstellbar wären. Zur persönlichen Entwicklung zählt er das Ausleben der eigenen Talente, etwas zu erreichen, und die sozialen Kontakte. Die soziale Komponente geht für ihn aber über die direkten persönlichen Kontakte hinaus. Die Teilhabe am Erwerbsleben bedeutet für Phelps eben auch, mit der Arbeitsleistung etwas zum gesellschaftlichen Leben insgesamt beizutragen. Die Erfahrung, damit etwas Aktives zur wirtschaftlichen Entwicklung im Lande beigetragen zu haben und Teil der gesellschaftlichen Projekte zu sein, sieht er als die wichtigste Funktion von Arbeit an. Diese Überlegungen sind analog zu den Gedanken der Befähigungsgerechtigkeit in der Sozialen Marktwirtschaft: Die soziale Inklusion folgt der ökonomischen. Soziokulturelle Teilhabe kann nicht ausschließlich über Geldleistungen hergestellt werden, weil die Arbeitsmarktteilhabe selbst ein wesentlicher Kern von Inklusion ist. Inklusion kann nicht mit Teilhabe am Konsum hergestellt werden, wenn die Teilhabe an der Produktion fehlt. Arbeit und eine angemessene Entlohnung sind in diesem Wertegerüst zentrale Bausteine. Wert und Würde von Arbeit gehen zwar weit über die Einkommensgewinnung hinaus, sind ohne angemessene Vergütung jedoch schwer darstellbar. Diese Funktionen können nicht mit Transfers, ohne Gegenleistung des Empfängers, sei es ein Grundeinkommen oder eine Sozialleistung als Lohnersatz, hergestellt werden. Demnach kann man eben nicht am gesellschaftlichen Leben teilhaben, wenn man nur am Konsum- bzw. Gütermarkt teilnimmt, sondern man muss zwingend auch am Wirtschaftsleben teilhaben, um Inklusion zu erfahren. Arbeitseinkommen bedingt auch Zufriedenheit und wahrgenommene Inklusion.[80]

Die Bedeutung von Arbeit nach dem Phelps'schen Inklusionsbegriff, der im Verlauf der Arbeit auch empirisch nachvollzogen werden soll, geht also über die Lohnerzielung hinaus: „By its nature, then, the inclusion problem cannot be solved by ‚throwing money' in the form of transfer payments to those not included. Receiving income support from the state does not make one a contributor to society's economy and a member of society who works for what he has."[81] Eine Vergütung der Arbeit ist in diesem Wertegerüst zwar ein zentraler Baustein, aber eine angemessene Entlohnung lässt sich nicht von den anderen Dimensionen inklusiver Arbeit entkoppeln. Phelps erklärt deshalb immer wieder, bspw. im obigen Zitat, dass eine Transferleistung kein Substitut für diese innere Bedeutung von Arbeit sein kann. Einkommen ist demnach notwendige, aber nicht hinreichende Bedingung für Inklusion.

Insbesondere die späteren Werke von Phelps leisten einen Beitrag zu solchen normativen Fragen: „Finally, Phelps work has reminded us that the job of the economist is not just to describe the world, but to work to improve it; that if we are to do this well,

80 Vgl. Goldschmidt (2012).
81 Siehe Phelps (2003).

we must have a grounding in basic principles of social justice, including intertemporal equity – hence Phelps's important contributions in this area".[82] Phelps widmet auch große Teile seiner Nobelpreis-Vorlesung dem Thema Inklusion: „There are also the claims of justice. The disadvantaged have a right to inclusion in the economy and thus also in society".[83] Er setzt damit fort, was er in dem Buch Rewarding Work (Phelps, 1997) angelegt und in zahlreichen späteren Aufsätzen und Vorträgen (Phelps 2000a, 200b, 2002 oder 2003) weiterentwickelt hatte. In Phelps (2007, 2009a und 2009b) bettet er seine Überlegungen zur ökonomischen und damit gesellschaftlichen Inklusion ein in Gerechtigkeitsdiskurse um eine gute Wirtschaftsverfassung. Er geht der Frage nach, wie eine Wirtschaftsordnung aussehen kann, die einerseits eine hohe Innovationskraft und Wohlstand generiert (dynamism) und gleichsam inklusiv ist.

Um das Phelps'sche Verständnis der inklusiven Wirkung von Erwerbsarbeit nachzuvollziehen bietet Goldschmidt (2012) einen Ausgangspunkt. Dazu kommentiert Apolte (2012): „Goldschmidt zeigt sich indes sowohl mit der theoretischen Fundierung als auch mit dem praktischen Inklusionskonzept von Phelps nicht ganz zufrieden". In der Tat lassen sich an vielen Stellen in Phelps' Werken Beschreibungen der ökonomischen Inklusion finden (vgl. Tabelle 7). Doch um die von Phelps beschriebenen Wirkungen von Erwerbsarbeit für die Inklusion nachzuvollziehen muss zuerst sein Inklusionsbegriff „handhabbar" gemacht, somit interpretiert werden. Für die Untersuchung und Überprüfung des Inklusionskonzeptes in Interviews bedarf daher einer Konkretisierung und Strukturierung des Konzeptes. Um das Inklusionskonzept in der Realität im Rahmen von Interviews zu testen, muss nicht zuerst die Frage, „ob Arbeit notwendige Bedingung für Inklusion ist gestellt werden", sondern sich zunächst der Frage genähert werden, „wie ein Phelps'sche Inklusionskonzept wirkt". Dazu dient die sozialwissenschaftliche Literatur, in der sich Anlehnungen für den Phelps'schen Blick auf die Wirkungsdimensionen von Arbeit identifizieren lassen.

Die Argumente und Zitate, die sich im Gesamtwerk von Phelps zu diesem Themenkomplex finden lassen, können sortiert und Gruppiert werden, sodass sich schließlich eine Art Destillat mit den wichtigsten Feststellungen in einer überschaubaren Menge an Kategorien ergeben kann. Dazu bietet der Ansatz von Jahoda (1986, 1997) der manifesten und latenten Funktionen der Arbeit eine Anknüpfung. Neben der manifestierten Funktion der Einkommenserzielung werden der Arbeit dort weitere, latente Funktionen zugeordnet. Die fünf Funktionen sind Zeitstruktur, Sozialkontakte, Status und Identität, Teilhabe an kollektiven Zielen und Anstrengungen und regelmäßige Tätigkeit. Die Analyse der latenten Funktionen von Jahoda helfen, die Wirkungskanäle der Phelps'schen Inklusionskonzeption nachzuvollziehen. Diesen Übertragungsweg zeichnet Phelps selbst nicht nach. Phelps konzentriert sich bei seinen Erläuterungen eher darauf an welchen Stellen Erwerbsarbeit inklusive Funktionen hat. Das gibt den Rahmen für die in Tabelle 7

82 Siehe Stiglitz (2008).
83 Siehe Phelps (2006).

aufgeführten Kategorien. Um die inklusive Bedeutung von Erwerbstätigkeit nach Phelps anwendbar zu machen, werden nachfolgend verschiedene Funktionen in eine vierdimensionale Struktur gruppiert.

Die ersten drei Faktoren bilden das Sinnerleben von Arbeit aus. In der personellen Dimension geht es nicht nur darum, ein auskömmliches Einkommen für den Beschäftigten selbst, respektive seine Familie, zu erwirtschaften. In der personellen Dimension kommt weiteres, individuell wirksames Sinnerleben hinzu: Durch die Sozialisation im Betrieb erleben Beschäftigte Feedback und Ankerkennung, bspw. durch positive Rückmeldungen durch Kollegen, Kunden oder Vorgesetzte.

Die Trennung der Dimension „Entwicklung“ zur Dimension „Person“ ist nicht immer scharf, aber rechtfertigt doch eine eigene Betrachtung. Denn hier geht es vor allem um Wirksamkeit. Beschäftigte erleben Sinn ihrer Beschäftigung, wenn sie der Arbeit gewachsen sind. Wirksamkeit wird erlebt, wenn Beschäftigte in der Lage sind, qualitätsvolle Arbeitsergebnisse zu erzielen. Sich auszuprobieren und etwas zu erreichen, sind nach Phelps wichtige Meilensteine einer persönlichen Entwicklung.

Nicht zuletzt wird sinnstiftende Arbeit erlebt, wenn bestimmte Werte verfolgt werden. Wenn mit den Arbeitsergebnissen gemeinsame Ziele adressiert werden, kann darüber hinaus eine Identifikation mit der Arbeit erlebt werden. So ist der Beschäftigte mit seiner Arbeitskraft Teil eines größeren Ganzen.

Diese letzte Betrachtung leitet über in die gesellschaftliche Dimension. Menschen können nicht am gesellschaftlichen Leben teilhaben, wenn sie ausschließlich am Konsum- bzw. Gütermarkt wirken. Es braucht zwingend auch eine Teilhabe an den produktiven Kräften in der Gesellschaft, um Inklusion zu erfahren, um seinen Platz in der Gesellschaft zu finden: „Our jobs become a central part of who we are“.[84] Phelps meint, dass Teilhabe am Wirtschaftsleben sinnstiftend auf gesellschaftliche Teilhabe einzahlt, weil die Menschen den inneren Wunsch hegen, an den gesellschaftlichen Projekten mitzuwirken und damit positiv auf die gesellschaftliche Entwicklung einwirken zu können.

Auch intuitiv ist Arbeitsmarktteilhabe für viele Menschen positiv besetzt. Diesen Gedanken greift Edmund Phelps auf und vertieft dessen innere Struktur. Leider bleibt er eine griffige Inklusions-Definition schuldig. Dennoch kann man das Gedankengerüst von Phelps strukturieren. Aus dieser Struktur heraus lässt sich die These ableiten, dass soziale Inklusion ausschließlich über die Teilhabe am ökonomischen System erreicht werden kann. Dementsprechend formuliert der Nobelpreisträger seine Kritik an Sozialstaatsystemen nach kontinentaleuropäischem Vorbild (siehe Eingangszitat). Phelps glaubt, dass Sozialtransfers als Einkommenssubstitute ungeeignet sind, die inklusive Funktion von Arbeit zu ersetzen. Mehr noch: Diese Systeme neigen seiner Ansicht sogar dazu, eine Teilhabe am ökonomischen System zu behindern.

84 Siehe (Phelps 1997).

Diese Arbeit will einen Beitrag dazu leisten, diese Thesen empirisch zu untermauern. Denn demnach sollten Arbeitslose in Deutschland ein erhebliches Defizit soziokultureller Teilhabe erleben, sich exkludiert fühlen oder gar unglücklich sein.

Tabelle 7: Transfer der Dimensionen „Rewarding Work" nach Phelps (2000a) in die Ich-Perspektive.

KATEGORIE	PERSON	ENTWICKLUNG	ARBEITSUMFELD	GESELLSCHAFT
ORIGINAL-ZITATE	„self-sufficient work" „making enough to support one's self at a decent level by society's standards and to be part of community life is hugely important for people's self-respect"	„working with others is their main means to personal development" „for most people [...] having work is their main chance to exercise their abilities, to achieve something"	„Rewarding Work" „worthwhile inclusion requires jobs offering real engagement in firms [...] so there is serious involvement with the firm and it's workforce"	„for a great many people, participation in the economic mainstream adds to their sense of belonging to their society" „...to afford at least some basics of communal life on an equal footing: paying their own way and meeting their civic duties"**
TRANSFER IN DIE ICH-PERSPEKTIVE	Ich fühle mich nicht zurückgesetzt Ich werde nicht diskriminiert Ich kann teilhaben	Ich kann meine Fähigkeiten entfalten Ich kann mich weiterentwickeln	Ich kann mich mit der Arbeit identifizieren Ich kann mich bei der Arbeit einbringen und mitgestalten	Ich bin kann mich einbringen Ich bin Teil der Gesellschaft Ich bin finanziell unabhängig

Quellen: Phelps (2000a, 86, 90, 93 f, 102), **Phelps (2002, 2), eigene Darstellung.

3.5 Exkurs: Phelps und das bedingungslose Grundeinkommen

In Deutschland werden die materiellen Lebensverhältnisse der Gesellschaft im unteren Einkommensbereich als statistischer Referenzwert für die Sozialleistungshöhe erhoben. Diese materiellen Ausstattungen werden anschließend auf politischem Wege sozial ausbalanciert, Mehr- und Minderbedarfe identifiziert. Der Gesetzgeber möchte so bestimmte Bedarfe, die er für eine soziokulturelle Teilhabe als wichtig erachtet, sicherstellen. Das daraus resultierende soziokulturelle Existenzminimum wird zudem um individuelle Mehrbedarfe ergänzt (vgl. Kap 2.4).

In einem System von „Fördern und Fordern" werden vom Leistungsempfänger allerdings auch Mitwirkungspflichten erwartet. Jeder Leistungsbezieher unterschreibt eine Eingliederungsvereinbarung mit dem Jobcenter, in der bestimmte soziale, persönliche und qualifikatorische Entwicklungen vereinbart werden. Pflichtverletzungen können zu einer Reduzierung der Leistungen führen.

In Deutschland existiert also bereits ein soziales Netz, das die Existenz sichert und jeden Bürger vor Verarmung schützt. Dieses „Grundeinkommen" ist aber nicht „bedingungslos".

Das bedingungslose Grundeinkommen hingegen ist eine garantierte Zahlung an jeden Bürger, unabhängig von seiner beruflichen Situation oder seinem Familienstand. Es richtet sich ebenso wenig nach dem Arbeitseinsatz, -willen oder -fähigkeit. Es soll bestehende Sozialsysteme vereinfachen und ersetzen. Die zu Grunde liegende Idee ist es, Menschen aus der Arbeitslosigkeits-Falle zu befreien und mehr Arbeitsmarktflexibilität zu erreichen. So könnten Tätigkeiten im Niedriglohnbereich oder im informellen Sektor aufgewertet werden.[85]

Die Diskussion um ein Grundeinkommen hat bereits eine lange Tradition. In den frühen Erwähnungen wurde das bedingungslose Grundeinkommen allerdings eher in Form einer Grundausstattung gedacht, die einmalig, etwa als Starthilfe bei Volljährigkeit, zur Verfügung gestellt wird. So beschrieb es Thomas Paine (1796) und in der Neuzeit wurde diese Form von Ackerman und Alstott (1999) oder Cunliffe und Erreygers (2003) befürwortet.

Van Parijs (2003) argumentiert, dass durch eine Diskontierung der Grundausstattung als Rente diese Modelle mit einem regelmäßigen Einkommen gleichgesetzt werden können. Er beschäftigt sich mit den Modellen nach einem liberalen Denkmuster. Nach seiner Argumentation ist das Modell mit den Vorstellungen von Rawls im Sinne einer Maximin-Regel vereinbar und gerecht.

In seinem Artikel „Why surfers should be fed"[86] skizziert er ein Fallbeispiel aus Hawaii aus dem Jahre 1971. Malibu erlebte einen starken Zuzug, von „welfare-hippies" war die Rede. Den jungen Menschen wurde unterstellt, sie wollten lediglich die Strände von Hawaii genießen. Sie nutzten das Sozialsystem mit dem Ziel aus, einfach eine gute Zeit zu haben und im Wesentlichen nur surfen zu wollen. Hawaii reglementierte deshalb den Zugang zu Sozialleistungen mit einer Mindestwohndauer. Nur wer mindestens ein Jahr in Hawaii gemeldet war, hatte Zugang zu Sozialleistungen. Van Parijs hält das für unvereinbar mit der Ralws'schen Maximin-Regel. Eine Gesellschaftsordnung sei dann gerecht, wenn sie dem am schlechtesten gestellten Gesellschaftsmitglied mehr von den Grundausstattungen („income and wealth, powers and prerogatives, the social basis of self-respect"[87]) biete als in einer anderen Wirtschafts- und Gesellschaftsordnung. Die Reglementierung in Hawaii verstoße gegen zwei der genannten Kriterien. Zu-

85 Vgl. Van Parijs (1991).

86 Siehe ebd.

87 Van Parijs (1991, 104) bezieht sich bei den Grundausstattungen auf Rawls (1988, 257) und zählt die genannten Güter auf. Im Original sind es bei Rawls fünf Gütergruppen: „The basic list of primary goods (to which we may add should it prove necessary) has five headings: (i) basic rights and liberties, of which a list may also be given; (ii) freedom of movement and free choice of occupation against a background of diverse opportunities; (iii) powers and prerogatives of offices and positions of responsi-

nächst hat Rawls selbst spezifiziert, dass ein individuelles Maß an Freizeit Teil des Kriterienkatalogs der Grundausstattungen sein sollte. Weil Menschen die Abwägung zwischen Freizeit und Arbeitszeit unterschiedlich bewerten, sollte ein „Freizeit-Kalkül" mitberücksichtigt sein: „Twenty-four hours less a standard working day might be included in the index as leisure. Those who are unwilling to work would have a standard working day of extra leisure, and this extra leisure itself would be stipulated as equivalent to the index of primary goods of the least advantaged".[88]

Die zweite Verletzung der Rawls'schen Kriterien identifiziert Van Parijs (1991) in den „sozialen Voraussetzungen für Selbstzufriedenheit". Ein Transfersystem, das an Bedingungen geknüpft ist und diese Bedingungen auch überprüft, verstoße in seinen Augen gegen ein solches Kriterium. Bei Menschen, die sich nicht diesen Bedingungen unterwerfen, bestünde die Gefahr einer Stigmatisierung. Das System wäre darauf ausgelegt, solche Menschen zu demütigen und ihren Selbstwert zu gefährden. Aus liberaler Sicht müsste man deshalb ein bedingungsloses Grundeinkommen befürworten.

Nun hat die Diskussion bereits viele überlegenswerte Kritikpunkte am Konzept hervorgebracht.[89] So bei der Wirkung des bedingungslosen Grundeinkommens auf Arbeitsanreize, dessen Finanzierbarkeit, der mangelnden sozialpolitischen Steuerung, falls für die Umsetzung bestehende Hilfesysteme abgelöst werden müssten, und Gerechtigkeitserwägungen durch mangelnden Lohnabstand. Schwerwiegender scheint jedoch vor allem, dass ein bindungsloses Grundeinkommen die Funktionen von Arbeit missachtet.

Die Soziologie benennt diese weiteren Funktionen von Arbeit: Der Soziologe Jahoda (1997) misst der Arbeit neben der manifestierten Funktion des Einkommenserwerbs weitere latente Funktionen bei. Diese dienen der psychischen Gesundheit in einer Gesellschaft, die Erwerbseinkommen einen hohen Stellenwert einräumt. Im Einzelnen nennt Jahoda Zeitstruktur, Aktivität, sozialen Status, soziale Kontakte, die über die Kernfamilie hinaus reichen, und die Teilhabe an kollektiven, sinnhaften Zielen.[90]

Befürworter eines bedingungslosen Grundeinkommens würden wohl argumentieren, dass diese latenten Ziele auch mit freiwilliger Arbeit, bspw. im Ehrenamt oder durch Freizeitbeschäftigung erreicht werden könnten. Oder dass der Umfang der Erwerbsbeteiligung unabhängig davon gewählt werden sollte, ob das daraus resultierende Einkommen die materiellen Grundbedürfnisse befriedigen kann.

Phelps ist an dieser Stelle entscheidend: Wie in Tabelle 7 dargestellt, sind die Phelp'schen Dimensionen einer „Rewarding Work" vergleichbar mit den weiteren latenten Funktionen von Arbeit in der Soziologie. Doch Phelps hält diese Faktoren für die Selbstzufriedenheit für untrennbar mit Erwerbsarbeit verknüpft. Es gebe schlicht

---

bility in the political and economic institutions of the basic structure; (iv) income and wealth; and finally, (v) the social bases of self-respect."

88 Vgl. Rawls (1988, 257 [Fußnote]).

89 Eine gute Übersicht zu der Debatte und die Probleme der konkreten Umsetzung in vorhandene Wirtschafts- und Gesellschaftssysteme liefern Wispelaere/Stirton (2004).

90 Vgl. Kapitel 3.4.

keine Alternative zu einem selbst erwirtschafteten Einkommen, das ohne Unterstützung des Staates, der Familie oder Dritter vereinnahmt wird. Selbstversorgung, persönliche Entwicklung, Teilhabe und einen ökonomischen Beitrag zu leisten seien Dimensionen der Arbeit, die sich ohne „Rewarding Work“ nicht verwirklichen ließen: „I feel that many academics and others reared in relatively privileged circumstances cannot see how those working in a factory for forty hours a week could value it as a means to mix and interact with others, to gain a sense of belonging in the community, and to have a sense of contributing something to the country's collective project, which is business“.[91]

Phelps kritisiert deshalb ganz generell das Weltbild der Befürworter eines bedingungslosen Grundeinkommens. Er bringt wenig Verständnis für ein Gesellschaftsbild auf, das nach seiner Einschätzung Individualismus und Unabhängigkeit überbetone, und unterstellt einigen Vorkämpfern des bedingungslosen Grundeinkommens eine Verherrlichung dieser gesellschaftlichen Ziele. Auch mit der Gerechtigkeitsdefinition nach Rawls sei diese Weltsicht unvereinbar, schließlich gelte das Rawls'sche Minimax-Prinzip nur für diejenigen, die bereit seien, sich selbst aktiv in die gesellschaftlichen Projekte einzubringen und einen ökonomischen Beitrag[92] zu leisten.[93]

3.6 Politische Bedeutung des Ansatzes

Arbeit hat einen besonderen gesellschaftlichen und politischen Stellenwert. Dabei richtet sich der Blick auf Arbeit nicht ausschließlich auf die Einkommensgewinnung. Das Zitat des ehemaligen US-Präsidenten zeigt die Bedeutung, die Politiker der Arbeit zumessen: „I think if everybody's got a decent job and something to look forward to in the morning, about 90% of the other Problems go away. [...] It will all become less significant if people think they can start a business and keep a job and educate their kids. Then families are stable, communities are more stable and all the other problems get smaller“.[94]

Auch in Deutschland gibt es zum Thema Arbeit oder Arbeitslosigkeit einen breiten politischen Diskurs. Insbesondere die Hartz-Reformen haben Mitte der 2000er-Jahre eine breite gesellschaftliche Debatte ausgelöst. Das neue SGB II beinhaltete vor allem Reformen auf der Angebotsseite („Fördern und Fordern“). Das Fordern betrifft die Verbindlichkeit von Mitwirkungspflichten bei der Jobsuche und Qualifikation, unter anderem durch Eingliederungsvereinbarungen zwischen Leistungsempfänger und der Sozialbehörde

91 Siehe Phelps (2000b, 1).

92 Leider liefert Phelps an dieser Stelle keinen Beleg für seine Interpretation von Rawls. Er verweist lediglich darauf, dass Rawls in seinen persönlichen Gesprächen und Korrespondenzen mit ihm dieser Sicht auf die Theorie der Gerechtigkeit niemals widersprochen hätte (vgl. Horn 2012).

93 Siehe Phelps (2000b).

94 Siehe Clinton (2017).

sowie Sanktionen, durch die Leistungen bei mangelnder Mitwirkung gekürzt werden können. Das Fördern besteht vor allem darin, dass durch Aufstockung von selbst erwirtschaftetem Einkommen mit Transferleistungen die Arbeitsaufnahme attraktiver wurde.[95] Auf der Nachfrageseite wurde vor allem Kündigungsschutzvorschriften bei Neueinstellungen gelockert, während der hohe Sozialschutz bestehender Arbeitsverträge erhalten blieb.[96]

Es liegen bereits viele arbeitsökonomische Untersuchungen mit dem Fokus der Grundsicherung für Arbeitssuchende vor.[97] In der arbeitsökonomischen Literatur wird der Zusammenhang von Erwerbstätigkeit und Leistungsbezug zumeist mit Blick auf den Eingliederungserfolg betrachtet. In der Tat haben Leistungsempfänger, die neben der Transferleitung eigenes Einkommen erzielen einen zweieinhalb Mal größere Chance, in einkommenssichernde Erwerbstätigkeit zu finden.[98]

Doch eine solche Betrachtung zielt eher auf die Effizienz der Unterstützungssysteme ab. Darin liegt die Annahme zu Grunde, dass SGB II-Leistungen ein soziokulturelles Existenzminium sichern. Doch die Fokussierung auf passive Transferleistungen und aktiver Arbeitsmarktpolitik mit dem Ziel der Vermittlung in Arbeit vernachlässigt die weiteren Funktionen von Arbeit. Kann ein soziokulturelles Existenzminimum überhaupt durch passive Transferleitungen erbracht werden, wenn die von Phelps beschriebenen weiteren Funktionen von Arbeit für die Teilhabe dadurch nicht erfüllt werden?

Der politische Diskurs um Arbeitslosigkeit und Hartz-Reformen beschäftigt sich eher mit der Frage von Armut. Das Grundsicherungssystem hat dabei einen schlechten Ruf. Obschon es dafür konzipiert ist, Armut zu verhindern und nach höchstrichterlicher Rechtsprechung[99] mit Bezug zu Artikel 1 des Grundgesetzes eine ganz zentrale politische Bedeutung hat, gilt es selbst als Armutsindikator. Hartz IV ist zum Januswort geworden, weil das System sowohl der Armutsbekämpfung dient, die Inanspruchnahme aber mit Armut gleichgesetzt wird. Deshalb ist es notwendig die Armutsdebatte breiter zu fassen. Gerechtigkeitskonzepte die Befähigungsgerechtigkeit stärker in den Blick nehmen, bieten einen solchen breiteren Zugang zur politischen Debatte um Hartz IV. Ein solches Befähigungskonzept, wie es Amartya Sen postuliert, will reale Freiheiten erweitern. Armut ist hier ein Mangel an Verwirklichungsmöglichkeiten. Dabei müssen solche Befähigungs- und Teilhabechancen, die der Einzelne nicht selbst aus eigener Kraft erreichen kann, durch die Gesellschaft ermöglicht werden.[100]

Aus dieser Gerechtigkeitserwägung heraus kann eine ordnungsökonomisch fundierte Sozialpolitik abgeleitet werden: „Es muss deshalb Zielpunkt einer Sozialpolitik sein, dem einzelnen Gesellschaftsmitglied eine sinnvolle Lebensführung zu ermögli-

95 Vgl Kapitel 3.1, Reservationslohn, impliziter Mindestlohn.
96 Vgl. Bönke et al. (2020).
97 Ein Literaturüberblick findet sich in Bönke et al. (2020).
98 Vgl. Bönke et al. (2020).
99 Vgl. Kapitel 2.4, Ausführungen zu BVerG (2010).
100 Vgl. Cremer (2017).

chen, die auf Teilhabe an den ökonomischen und kulturellen Errungenschaften der Gesellschaft zielt".[101] Armut kann aus ordnungsökonomischer Sicht deshalb nicht monetär, als fehlende materielle Ausstattung verstanden werden, sondern muss breiter gedacht werden. Wenn Verwirklichungschancen durch das marktwirtschaftliche System nicht bereitgestellt werden können oder einzelne Gesellschaftsmitglieder systemisch exkludiert werden, verliert es seine gesellschaftliche Akzeptanz. „Was eine marktliche Wettbewerbsordnung in diesem Sinne legitimiert, sind nicht die von ihren Befürwortern zu Recht betonten positiven Funktionseigenschaften, sondern die freiwillige Zustimmung, die sie von den unter ihr lebenden Menschen erfahrt".[102] Wenn Befähigungsgerechtigkeit unabhängig von der individuellen Stellung in einer Gesellschaft erreicht werden kann, wird eine Gesellschaftsordnung, Inklusion als Gesellschaftsziel herausbilden.[103]

Politisch würde das bedeuten, einen anderen Schwerpunk bei der Arbeitsmarktpolitik zu finden. Es ginge dann weniger um die Alimentierung von Arbeitslosen als die gesellschaftliche Inklusion der Betroffenen. Der Transfer von passiven Geldleistungen in aktive Arbeitsmarktpolitik kann so begründet werden. Auch Phelps (1997) hatte die Lohnsubvention in seinem Werk „Rewarding Work" gefordert. Eine auskömmliche Beschäftigung kann jedoch nicht ausschließlich durch einen Passiv-Aktiv-Transfer realisiert werden. Die Kosten des Arbeitsplatzes übersteigen die Kosten für die Transferleistungen ganz automatisch, weil Lohnnebenkosten, die Kosten des Arbeitsplatzes oder Anleitung, sozialpädagogische Begleitung und Training zu einer Mehrbelastung der öffentlichen Kassen führen würden. Ein sozialer Arbeitsmarkt (öffentlich geförderte Beschäftigung) ist deshalb teuer und hat in den bisher erprobten Formen schwierige Folgen für die Maßnahmenteilnehmer und Verzerrungseffekte auf dem Arbeitsmarkt zur Folge gehabt. Auch rechtlich sind dem sozialen Arbeitsmarkt in Deutschland enge Grenzen gesetzt. Die Kriterien sind Wettbewerbsneutralität, Zusätzlichkeit und öffentliches Interesse der einzelnen Maßnahme sollen Wettbewerbsverzerrungen für private Unternehmen, die auf den gleichen Märkten tätig sind, vermeiden und den Einsatz der öffentlichen Mittel begrenzen.[104]

Die Kosten und Wettbewerbsverzerrungen, die ein sozialer Arbeitsmarkt hervorrufen könnte, sind gewichtige Kritiken an einer flächendeckenden Einführung solche Konzepte. Deshalb wäre es denkbar, ein solches Vorhaben zunächst bei besonders betroffen Gruppen umzusetzen. Wenn Arbeit tatsächlich neben der Einkommensgewinnung eine so zentrale Bedeutung für die Inklusion hat, dann wäre Arbeitslosigkeit, insbesondere aber auch Langzeitarbeitslosigkeit ohne Beschäftigungsperspektive,

101 Siehe Fuchs-Goldschmidt/Goldschmidt (2010, 68).

102 Siehe Vanberg (2001, 57).

103 Vgl. Fuchs-Goldschmidt/ Goldschmidt (2010).

104 Vgl. Cremer/Goldschmidt (2012) für die Forderung nach einem sozialen Arbeitsmarkt, der den Wettbewerbskriterien für eine Soziale Marktwirtschaft kritisch hinterfragt, Cremer (2017), der die Forderung des nach dem sozialen Arbeitsmarkt aus der Forderung nach einer anderen Armutsdebatte ableitet oder Köster (2017a, 2018) zur politischen Umsetzung einer solchen Forderung.

schwerwiegende Störungen einer inklusiven Gesellschaft. In Deutschland konnte ein verfestigter Kern der Langzeitarbeitslosen bisher durch die Arbeitsmarktpolitik kaum erreicht werden. Es ist davon auszugehen, dass diese Gruppe auch weiterhin kein Profiteur der guten Verfassung des deutschen Arbeitsmarktes ist. Der Schaden für die Betroffenen, der durch dauerhaften Ausschluss vom Arbeitsmarkt entsteht, beschränkt sich demnach nur auf seine materiellen Folgen. Wenn Arbeit ein essentieller Bestandteil für die Inklusion ist, weil eine Beschäftigung dem Wunsch vieler Menschen dient, Verantwortung zu übernehmen und aktiv am Erwerbsleben teilzunehmen, dann drohen Langzeitarbeitslose dauerhaft exkludiert zu sein. Wenn Arbeit einen geregelten Tagesablauf und soziale Kontakte bietet, dann stiftet sie Lebenssinn und Wertschätzung. Anerkennung ließe sich durch Arbeit und die eigenverantwortliche Bestreitung des eigenen Lebens erfahren. Zusätzlich könnten der Wunsch und das Bedürfnis, sein Leben über Erwerbstätigkeit selbst zu gestalten, innerer Antrieb und somit intrinsische Motivation der Menschen sein.[105]

105 Vgl. Köster (2017a).

4 Qualitatives Verfahren

Die Ausgangsfrage dieser Arbeit lautet: Fühlen sich langzeitarbeitslose Menschen in Deutschland exkludiert? In der vorliegenden Arbeit wird die Phelp'sche Inklusion durch Arbeit entlang der vier Dimensionen (Person, Entwicklung, Arbeitsumfeld und Gesellschaft) definiert. Wenn diese Dimensionen als Kategorien einer qualitativen Analyse deduktiv angewendet werden, lautet die Frage, die sich aus der theoretischen Grundlage nach Phelps ergibt: Empfinden langzeitarbeitslose Menschen Inklusion entlang dieser Phelps`schen Dimensionen? Gesellschaftliche Inklusion erwerbsfähiger Personen ist ohne eine „Rewarding Work" für Phelps nicht vorstellbar. Folgt man dieser Argumentation, müssten sich im Umkehrschluss Langzeitarbeitslose dauerhaft exkludiert erleben. Die Fallauswahl (theoretical sampling) von besonders arbeitsmarktfernen Arbeitslosen folgt dem Konzept einer theoriekonstitutiven Entscheidungskette.[106] Die vorliegende Arbeit untersucht deshalb das subjektive Teilhabeempfinden langzeitarbeitsloser Menschen. Es geht eben nicht nur um die monetäre Ausstattung von Erwerbslosen (finanzielle Deprivation), weil diese nach Phelps nicht hinreichend für gesellschaftliche Inklusion ist.[107]

Um der Frage nach der Phelps'schen Inklusion nachzugehen, ist es deshalb notwendig, ein tieferes Verständnis für die Lebenssituation und die subjektiven Empfindungen von Langzeitarbeitslosen zu entwickeln. Es geht darum, Deutungen und den latenten Sinn der sozialen Wirklichkeit von Langzeitarbeitslosen zu erfahren. In der direkten Kommunikation mit Betroffenen sollen Wirkzusammenhängen der Phelp'schen Gedankenwelt nachverfolgt werden. Denn die soziale Wirklichkeit, so die Grundposition der qualitativen Methode, liegt bereits als durch das Individuum gedeutete und interpretierte Wirklichkeit vor. Sie ist damit untrennbar mit der Person und ihrer Biografie verbunden.[108]

Zugang zu dieser Lebenswirklichkeit kann besonders gut in der Interaktion mit den Betroffenen selbst hergestellt werden, weil die biografischen und lebensweltlichen Erfahrungen der Langzeitarbeitslosen und deren Verhalten im Interview selbst miteinander korrespondieren. Mit anderen Worten: Die Erzählungen stehen immer im Kontext mit der Person und der Umgebung, in der sie ausgesprochen werden. Diesen Sinn oder die subjektiven Sichtweisen zu rekonstruieren, ist der Ausgangspunkt der qualitativen Herangehensweise. Ausgewertet werden verbalisierte Erfahrungen als subjektiver Sinn, Alltagstheorien und latente Sinnstruktur. Genauso sind Deutungsmuster oder auch subjektive Theorien relevant. Wirklichkeitskonzepte und Bewältigungsmuster sowie eine narrative Identität können abgeleitet werden.[109]

106 Vgl. Strauss/Corbin (1996).
107 Vgl. Kap. 3.4.
108 Vgl. Rosenthal (1995).
109 Vgl. Denzin/Lincoln (2005) oder Helfferich (2009).

https://doi.org/10.1515/9783110795639-004

Der Gegenstand kann gerade nicht über das Messen, sondern nur über ein Verstehen als methodischen Zugang, erfasst werden. Das Ziel ist, aus Einzeläußerungen ein schlüssiges Konzept oder Muster herauszuarbeiten.[110]

Während in anderen Wissenschaftsdisziplinen qualitative Forschung etabliert ist, bleibt diesem Forschungsstrang in den Wirtschaftswissenschaften, insbesondere der Arbeitsökonomie, gegenüber quantitativen Arbeiten vergleichsweise wenig Raum.[111] In der Psychologie, den Kommunikationswissenschaften, den Geschichtswissenschaften oder den weiteren Sozialwissenschaften werden Lebensgeschichten seit vielen Jahren analysiert und es liegt ein reichhaltiger Erfahrungsschatz mit subjektiven Erfahrungswelten vor. So ist bspw. in der sozialen Arbeit die Biografiearbeit fester Bestandteil der Forschung.[112]

Genau dieser biografische, kulturelle oder soziale Kontext kann in der klassischen ökonomischen Methodik, bspw. durch eine Modellbildung und Regressionsanalyse, nicht abgebildet werden. Deshalb sind qualitative Methoden eine sinnvolle Ergänzung zu quantitativer Empirie oder Modellierung.[113] Die Bedeutung qualitativer Methoden in den Wirtschaftswissenschaften nimmt allerdings zu, weil der Kontext auf analytisch angemessene Weise einbezogen werden kann und bisherige Forschung sinnvoll ergänzt. Dabei gilt es zu beachten, dass qualitative Forschung verbalisierte Ergebnisse generiert, die anders als quantitative Daten keinen mathematisierten Zugang erlauben. Damit müssen ebenso qualitative Forschungsmethoden den ökonometrischen Analysen in den Wirtschaftswissenschaften zur Seite gestellt werden.[114]

In der speziellen Forschung zur Langzeitarbeitslosigkeit in Deutschland dominieren weiterhin die quantitativen Analysen der Daten der Arbeitsverwaltung. Zu Selbsteinschätzung der betroffenen finden sich vergleichsweise wenig Arbeiten.[115]

Doch das hier zu untersuchende subjektive Teilhabeempfinden der Langzeitarbeitslosen spielt sich in der eigenen Gedankenwelt, die für Außenstehende kaum beobachtbar ist, ab. Die Gruppe der Langzeitarbeitslosen ist zudem keinesfalls homogen. Gerade die persönliche Lebensbiografie, die eigene Vita, hat Einfluss auf die Selbsteinschätzung der aktuellen Lebenssituation. Die Frage der subjektiv empfundenen Exklusion kann deshalb nicht generell durch von außen beobachtbare Lebensumstände beantwortet werden. Im Gegenteil: Sie ist komplex und individuell, weil das Teilhabeempfinden in einer identischen Lebensphase von Person zu Person unterschiedlich wahrgenommen wird. Zur Erfassung der Lebensumstände und deren individueller Ein-

110 Vgl. Helfferich (2009), Baur (2012) oder Kuckartz (2016), Flick (2016).

111 Vgl. Kruse/Lenger (2013) und Lenger (2019).

112 Vgl. Kuckartz (2016) und Miethe (2017).

113 Vgl. Kruse/Lenger (2013) und Lenger (2019).

114 Vgl. Piore (2006) oder Radović-Marković/Avolio Alecchi (2017).

115 Siehe Mehlich (2005), Schulz (2008), Bude/Medicus/Willisch (2011), Scherschel/Streckeisen/Krenn (2012), Dörre et al. (2013), Obermeier/Schultheis/Sell (2013), Rogge (2013), Schütt (2014), Wyer (2014), Jenichen (2015), Bednarek-Gilland (2015).

ordnung eignet sich deshalb das halboffene Verfahren der qualitativen Methode, bei dem das strukturierte Gespräch mit den Personen im Mittelpunkt steht. Damit kann jeder einzelne Fall in seinem Kontext beleuchtet und berücksichtigt werden. Das halboffene Verfahren hat in diesem Fall viele Vorteile, die im Vergleich mit standardisierten Fragen noch deutlicher werden. Geschlossene Fragen können von Befragten aufgrund unterschiedlicher Biografien unterschiedlich verstanden und aufgefasst werden. Beispielsweise kann „Reichtum“ nur als finanzieller Reichtum aufgefasst werden, aber auch als reich an Bildung. Des Weiteren können Antworten auf standardisierte Fragen durch die soziale Erwünschtheit verzerrt werden. Dies bedeutet, dass Befragte entsprechend der antizipierten Erwartung der Befragenden versuchen zu antworten. In Interviewsituationen kann dies einfacher aufgedeckt werden, da durch den Erzählzwang und den Kontext von Erzählungen in der Analyse Widersprüche identifiziert werden können.[116]

Gesellschaftliche Exklusion ist eine sensible, subjektive Erfahrung. Die offenen Fragen des leitfadengestützten Interviews erlauben es, zuvor nicht hergeleitete Faktoren zu ermitteln und so zu vermeiden, dass für die Befragten essentielle Tatsachen außer Acht gelassen werden. Aus diesem Grund wurde allen Interviewpartnern die Möglichkeit gegeben, am Ende des Interviews eigene Themen hinzuzufügen. Die Beantwortung der Forschungsfrage ist damit hinreichend komplex, abstrakt und individuell, so dass die qualitative Methodik sehr gut geeignet ist, möglichst viele relevante Facetten einzufangen und zu interpretieren. Unter Abwägung dieser Vorteile wurden zur empirischen Betrachtung des Phänomens leitfadengestützte Interviews inhaltsanalytisch strukturiert.[117]

4.1 Herangehensweise

Die Auswahl der Zielgruppe besteht aus Personen, die aktuell im Langleistungsbezug sind und keine Arbeitserfahrungen sammeln, aber grundsätzlich erwerbsfähig sind: Menschen, die sich selbst, unabhängig von der statistisch-rechtlichen Setzung, als langzeitarbeitslos oder von Langzeitarbeitslosigkeit bedroht sehen. Dabei sollte keine Rolle spielen, ob eine Arbeitsaufnahme für die Personen aufgrund bestimmter soziodemografischer oder institutionell festgestellter Vermittlungshemmnisse unrealistisch erscheint. Damit unterscheidet sich die Zielgruppe von den Kategorisierungen „langzeitarbeitslos“ oder „Langleistungsbezieher“ der Arbeitsvermittlung. Wie in Kapitel 2.1 beschrieben, ist die Kategorisierung der Bundesagentur für Arbeit für die Auswahl der Zielgruppe nur bedingt geeignet. Es kommen Interviewpartner in Betracht, die lange ohne Arbeitserfahrung sind und den Wunsch nach Arbeit haben, aber recht-

116 Vgl. Flick (2016), Simon (1992), Bewley (2002), Piore (2006), Helfferich (2009), Baur (2012).
117 Dafür wurde nach der Strukturierung nach Mayring, P. (2015) verfahren.

lich-statistisch nicht als langzeitarbeitslos geführt werden, weil sie beispielsweise aufgrund von Pflege, Krankheit oder Statuswechseln nicht als langzeitarbeitslos gelten. Es müssten aber wiederum „Langleistungsbezieher“ ausgeschlossen werden, die der Arbeitsvermittlung kurz- und mittelfristig nicht zur Verfügung stehen, weil sie bspw. einer nicht bedarfsdeckenden Erwerbstätigkeit nachgehen oder in Ausbildung sind.

Der Erwerbstatus und die persönlichen Lebensumstände der möglichen Interviewpartner sind private Informationen, die öffentlich nicht einsehbar sind und allenfalls dem Jobcenter vor Ort zur Verfügung stehen. Die Ansprache Interviewpartner kann deshalb nur mit einigem Vorwissen über die Leistungsempfänger erfolgen. Eine direkte Ansprache ist nicht möglich. Deshalb ist das Forschungsvorhaben bei der Auswahl der Interviewpartner auf die Unterstützung der örtlichen Jobcenter angewiesen.

Durch ein vorangegangenes Publikationsprojekt bestanden bereits unterschiedliche Kontakte zu Jobcenter-Geschäftsführern in verschiedenen Regionen Deutschlands. Bei der Publikation „Langzeitarbeitslos im Beschäftigungsboom“ (Köster 2017a) wurde aufbauend auf den Vorarbeiten von Cremer/Goldschmidt (2012) und Cremer/Goldschmidt/Höfer (2013) das institutionelle Umfeld bei der Integrationsarbeit von Langzeitarbeitslosen diskutiert, Probleme bei der aktiven Arbeitsmarktpolitik aufgedeckt und Politikimplikationen vorgestellt. Die Politikberatung auf Grundlage der Publikation mündete schließlich in einem Baustein für das Wahlprogramm von CDU/CSU, später in einer Vereinbarung im Koalitionsvertrag von CDU/CSU und SPD im Jahr 2018. Diese Vereinbarung war die Grundlage für das Teilhabechancengesetz das im November 2018 durch den Deutschen Bundestag beschlossen und durch das BMAS zum 01. Januar 2019 umgesetzt wurde. Dort wurde ein neues Förderregime für Langzeitarbeitslose geschaffen, bei dem Integration durch Arbeit, stärker betont wird, als die Integration in Arbeit.[118]

Aufbauend auf diese Kontakte konnten drei Geschäftsführer der Jobcenter in Höxter, Paderborn und Berlin (JC Mitte, Standort Wedding) direkt angesprochen und um Unterstützung für das Projekt gewonnen werden. Die Auswahl der Regionen folgte einem klaren Muster: Abbildung 5 in Kapitel 2.3 zeigt regionale Unterschiede bei der Langzeitarbeitslosigkeit. Bauer et al. (2016) finden regionale Unterschiede bei der Langzeitarbeitslosigkeit nach Kreisgrößenklassen. Diese Unterschiede werden auf unterschiedliche Arbeitsmarktsituationen zurückgeführt.[119] Um auszuschließen, dass sol-

118 Die Forderung wurde durch Peter Altmaier für das Wahlprogramm der CDU (CDU, 2017, S. 12) vorgeschlagen und 3. Juli 2017 in einer gemeinsamen Sitzung der Vorstände von CDU und CSU beschlossen. Am Morgen des 11. Januars 2018 wurde die entsprechende Passage zunächst in einer Arbeitsgruppenbesprechung von Carsten Linnemann und Andrea Nahles im Rahmen der Regierungsbildung verhandelt. Diese fand Eingang in den Ergebnisbericht der Sondierungsgespräche von CDU, CSU und SPD am Tage darauf (CDU/CDU und SPD, 2018a, S. 8) sowie unverändert in den Koalitionsvertrag (CDU/CSU und SPD, 2018b, S. 50) für die 19. Legislaturperiode. Das Teilhabechancengesetz (Deutscher Bundestag 2018b) führt daraufhin den Paragrafen 16i SGB II neu ein, auf dessen Grundlage die Jobcenter langfristige Lohnkostenzuschüsse und sozialpädagogische Begleitung für Arbeitslose, die länger als zwei Jahre ohne Arbeitserfahrung waren, gewähren können.

119 Vgl. Bauer et al. (2016).

che Unterschiede auch die hier aufgegriffene Forschungsfrage beeinflussen und um das subjektive Teilhabeempfinden unabhängig vom siedlungsstrukturellen Kreistyp zu beleuchten, wurden Interviewpartner aus allen drei Typenklassen gewählt. Die Auswahl der zugehörigen Kreise der Jobcenter folgt der Kategorisierung in Tabelle 8 des Bundesinstituts für Bau-, Stadt- und Raumforschung (BBSR), nach der auch die Untersuchung von Bauer et al. aufgebaut ist. Demnach werden Kreise in kreisfreie Großstädte, städtische Kreise und ländliche Kreise mit Verdichtungsansätzen aufgegliedert.[120] In der Untersuchung werden diese Größenklassen Großstadt, Mittelzentrum und ländlicher Raum genannt.

Tabelle 8: Kreisgrößenklassen nach BBSR.

Kreisname	Fläche in km² 2015	Bevölkerung 2015	Siedlungsstruktureller Kreistyp nach BBSR
Höxter	1 201,42	144 010	3 Ländlicher Kreis mit Verdichtungsansätzen
Paderborn	1 246,79	304 332	2 Städtischer Kreis
Berlin, Stadt	891,69	3 520 031	1 Kreisfreie Großstadt

Quelle: BBSR (2012).

In den Experteninterviews mit den Geschäftsführern der Jobcenter Paderborn und Höxter zeigte sich, dass die Zielgruppe der vorliegenden Untersuchung recht genau den Auswahlkriterien für ein aktuelles Bundesprogramm entspricht. Beide Jobcenter haben besondere Projektgruppen für Menschen, die langzeitarbeitslos oder von Langzeitarbeitslosigkeit bedroht sind, eingerichtet. Die Gruppen sind auf Grundlage des Bundesprogramms „Netzwerk ABC" zur Bekämpfung der Langzeitarbeitslosigkeit entstanden. In Paderborn wurde das Projekt „JobBegleiter" (Abbildung 12) aufgesetzt, in Höxter ein „Projekt Netzwerk" (Abbildung 13–14). In beiden Kreisen sind diese Projekte mit eigenen Räumlichkeiten ausgestattet. Das Bundesprojekt erlaubt für bestimmte Fallgruppen eine höhere Betreuungsintensität (besserer Betreuungsschlüssel) im Vergleich zu regulären Leistungsempfängern. Dem Jobcenter werden dafür eigene Personal- und Verwaltungsmittel bereitgestellt. Darüber hinaus werden Kosten für die Einrichtung sogenannter Aktivierungszentren erstattet. Die Zielgruppe des Programms sind Leistungsbezieher mit allgemeinen Grundbildungsdefiziten oder ohne qualifizierten Berufs- oder Schulabschluss. Daneben werden gesundheitliche, soziale oder psychische Vermittlungshemmnisse adressiert. Sucht- und Schuldnerberatungsstellen werden eingebunden

120 „Kreisfreie Großstädte" sind Kreisfreie Städte mit mind. 100.000 Einwohnern. „Städtische Kreise" sind Kreise mit einem Bevölkerungsanteil in Groß- und Mittelstädten von mind. 50 % und einer Einwohnerdichte von mind. 150 E./km²; sowie Kreise mit einer Einwohnerdichte ohne Groß- und Mittelstädte von mind. 150 E./km². „Ländliche Kreise mit Verdichtungsansätzen" sind Kreise mit einem Bevölkerungsanteil in Groß- und Mittelstädten von mind. 50 %, aber einer Einwohnerdichte unter 150 E./km², sowie Kreise mit einem Bevölkerungsanteil in Groß- und Mittelstädten unter 50 % mit einer Einwohnerdichte ohne Groß- und Mittelstädte von mind. 100 E./km². (BBSR 2012, 1)

sowie Pflege- und Kinderbetreuungsstellen. Das Netzwerk ABC zielt aber auf solche Personen, die grundsätzlich erwerbsfähig sind oder bei denen die Erwerbsfähigkeit durch gezielte Unterstützung kurzfristig herstellbar erscheint. Deshalb soll gezielt auf Kompetenzentwicklung für eine bessere Alltagsbewältigung hingearbeitet werden und die individuelle Motivation gestärkt werden.[121]

Abbildung 12: Werbeflyer des Projekts Netzwerk ABC im JC Paderborn.
Quelle: Jobcenter Paderborn (2016).

In den Jobcentern Paderborn und Höxter wurde deshalb mit den Geschäftsführungen vereinbart, dass die Fallmanager im Rahmen der Workshops auf das Forschungsvorhaben hinweisen. Rückmeldemöglichkeiten wurden auf direktem Wege per E-Mail und Telefon, aber auch durch Eintragung in einen bereitgestellten Zeitplan über die Jobcenter eingerichtet. Es wurde angeboten, die Interviews im privaten Umfeld, in der Öffentlichkeit oder direkt in den vorhandenen Räumlichkeiten der Aktivierungszentren durchzuführen (Anlage 1 und Anlage 2). Ohne diese Erleichterungen bei der Vorauswahl, Ansprache und die organisatorische Unterstützung wäre eine Realisierung des Forschungsvorhabens in dieser Form nicht möglich gewesen.

Das Jobcenter Berlin Mitte nimmt nicht am Bundesprogramm teil. Hier wurde mit der Geschäftsleitung besprochen, die Hinweise auf die Untersuchung am Standort Wedding über die Fallmanager in den normalen Beratungsgesprächen weiterzugeben. Die Auswahl der Interviewpartner erfolge über Mitarbeiter des Schwerpunktteams „Langzeitarbeitslose". Rückmeldungen waren über den Fallmanager selbst, den Standortleiter der Abteilung „Markt und Integration" des Jobcenters, aber auch auf

121 Vgl. BMAS (2015).

Abbildung 13: Werbeflyer des Projekts Netzwerk ABC im JC Höxter S. 1.
Quelle: Jobcenter Höxter (2016).

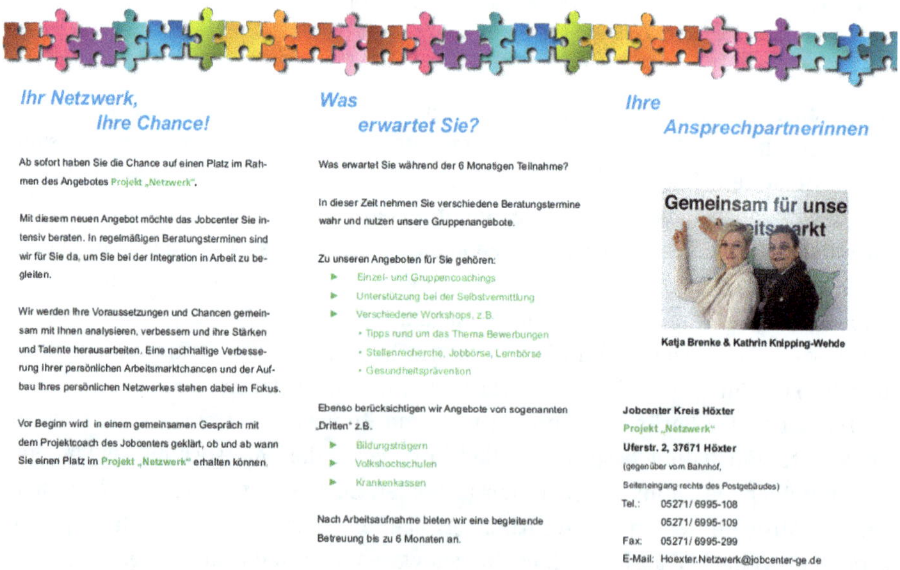

Abbildung 14: Werbeflyer des Projekts Netzwerk ABC im JC Höxter S. 2.
Quelle: Jobcenter Höxter (2016).

direktem Wege ohne Beteiligung des Jobcenters per Email und Telefon möglich. Es wurde angeboten, die Interviews im privaten Umfeld, in der Öffentlichkeit oder direkt in den vorhandenen Räumlichkeiten der Aktivierungszentren durchzuführen (Anlage 3). Die Mitwirkung des Schwerpunktteams Langzeitarbeitslose im Jobcenter Wedding war essentiell für die Umsetzung der vorliegenden Untersuchung.

Neben der Ansprache der richtigen Zielgruppe mithilfe der in den Behörden vorhandenen Expertise ist es wichtig, dass die Interviews nicht unter dem Eindruck entstehen, es handle sich um eine Befragung der Jobcenter selbst. Die Jobcenter waren deshalb kein institutioneller Kooperationspartner, sondern traten lediglich als Vermittler auf.

4.2 Methodik

Die eigene Exklusionserfahrung ist ein höchst subjektives Empfinden. Ähnliche Lebenssituationen können von verschiedenen Menschen unterschiedlich ausgrenzend erlebt werden. Ziel der vorliegenden Untersuchung ist indes nicht, allgemeine Kennzahlen der Deprivation zu erheben. Vielmehr sollen Wirkzusammenhänge und ein tieferes Verständnis für möglicherweise erfahrende Exklusion erschlossen werden. Dabei spielt die Arbeitserfahrung nach der Phelps'schen Inklusion die zentrale Rolle. Diese Arbeitserfahrungen selbst sind in einer Gesellschaft so heterogen, dass es schwerfällt, allgemeingültige Schlussfolgerungen zu ziehen. Arbeit kommt in einer Gesellschaft in völlig unterschiedlichen Betätigungsfeldern und -arten vor, deren subjektive Sinnzuschreibung eine quantitative Studie kaum erfassen, geschweige denn auswerten, könnte. Um gegenüber diesen vielfältigen und unterschiedlichen Alltagserfahrungen und Bedeutungszuweisungen offen sein zu können, braucht es eine qualitative Befragung, die auch erfassen kann, was der Forschende sich vorher nicht herleiten konnte. Exklusionserfahrungen können überdies erlebt werden, ohne diese selbst als solche benennen zu können. Es geht darum, Deutungsmuster und Alltagstheorien von Langzeitarbeitslosen in Bezug auf ihre eigene gesellschaftliche Verortung kennenzulernen und nachzuvollziehen. Welche Lebensentwürfe und Normen liegen diesen zu Grunde?

Ziel der Untersuchung ist es herauszufinden, wie die Befragten ihre eigene Situation subjektiv einschätzen. Sie sind Experten in eigener Sache, deshalb müssen sie in einem offenen Verfahren selbst zu Wort kommen. Gleichwohl sollen die unterschiedlichen Fallkonstellationen auf den Themenbereich Inklusion und Arbeit ausgerichtet sein, damit sich gemeinsame Deutungen und ein tieferes Verständnis der Wirkzusammenhänge zusammentragen lässt. Es wurde deshalb die Form eines leitfadengestützten Interviews gewählt. Im Mittelpunkt steht das persönliche Gespräch, bei dem der Befragte möglichst frei über seine Erfahrungen berichtet und das anders als ein Alltagsgespräch weniger dialogisch ist. Das bedeutet vor allem, dass das Gespräch auf das Forschungsthema ausgerichtet ist und in der Tendenz vom Befragten aus reguliert wird.[122]

Insgesamt wurden 26 Interviews geführt. Nach den ersten drei Interviews wurde der Leitfaden analysiert, redaktionell überarbeitet und die Reihenfolge der Abfragen etwas verändert. Alle Änderungen dienten eher der Gesprächsatmosphäre und dem Gesprächsfluss. Die Interviews dauerten zwischen 80 und 14 Minuten und im Schnitt gut 30 Minuten. Insgesamt wurden in 26 Interviews wurden etwa 15 Stunden Gespräch mitgeschnitten und auf gut 550 Seiten transkribiert.

Über die eigene Lebenssituation und die eigenen Empfindungen zu sprechen dringt tief in die Privatsphäre der Betroffen hinein. Alle Interviews sind vom Autor dieser Arbeit selbst geführt worden. Möglicherweise konnten dadurch bestimmte Details nicht in Erfahrung gebracht werden, weil sich die Befragten gegenüber einem erwerbstätigen Mann mit akademischem Hintergrund, aber ohne Langzeitarbeitslosigkeitserfahrung, der Mitte 30 Jahre alt ist, nicht vollständig öffnen konnten oder wollten. Der Vorteil der persönlichen Betreuung aller Interviews überwiegt aber diese Gefahren. Denn um ein umfassendes Bild von der Befragung und den Befragten zu erhalten, müssen auch alle audiovisuellen Signale, wie Gesten oder Gesichtsausdrücke, die Umgebung oder andere Einflussfaktoren, wie besondere Ereignisse mit dem räumlichen oder zeitlichen Bezug in die Analyse einfließen. Um in dieser Konstellation Interviewfehler möglichst auszuschließen, sind fünf Aspekte zu beachten. Erstens: ein gutes Verständnis und Erfahrungen über die leitfadengestützte Interviewsituation und ihre Interaktionsdynamik (Wissen). Zweitens: eine Sensibilisierung und Empathie für die Interviewpartner, deren Erzählposition und eine Einordnung der Situation in den Kontext eines Interaktions- und Kommunikationsprozess (Sensibilisierung). Drittens: eine bewusste Kontrolle über die eigene Körpersprache, Fähigkeit zu einer situationsadäquaten Kommunikation sowie Aufmerksamkeit (Selbstreflektion). Viertens: das Zurückstellen eigener Ansichten und die Fähigkeit sich in den Gegenüber hineinversetzten zu können und wollen (Offenheit). Und nicht zuletzt: die kommunikativen Kompetenzen, ein aktives Zuhören zu dokumentieren, das Nutzen angemessener Gesten oder angemessener Sprache zur Kontrolle über die Interviewdynamik (angemessenes Handeln).[123]

Es lässt sich nicht völlig ausschließen, dass die Interviewpartner die Befragung als Teil der Jobcenter-Betreuung empfinden. Zur Abgrenzung vom Jobcenter und generell zur Motivation der Interviewpartner wurde im Rahmen des Forschungsvorhabens eine Aufwandsentschädigung in Höhe von 30 Euro ausgezahlt. Bei einem Regelsatz von etwa 400 Euro sind 30 Euro ein durchaus relevantes Einkommen. Nur über eine vom Jobcenter unabhängigen Vergütung konnte es gelingen, eine so große Zahl an Interviewpartnern für die Gespräche zu motivieren. Denn damit wurde die Wertigkeit der Befragung und das Interesse an den Antworten dokumentiert. Die Interviewpartner werden so in

122 Vgl. Denzin/Lincoln (2005), Helfferich (2009) oder Baur/Kelle/Kuckartz (2017).
123 Vgl. Helfferich (2009).

gewisser Weise zu „Mitarbeitern" des Forschungsprojekts und bekommen ein Signal, dass ihre aktive Teilnahme das Projekt bereichert.

Die Befragungen fanden immer unter vier Augen statt. Nur zwei der Befragten wollten das Interview an einem öffentlichen Ort führen. Das erste wurde im Separee eines Eiscafés, das andere an einem abgeschiedenen Tisch eines Imbisses geführt. Alle anderen Interviews wurden im Besprechungsraum der jeweiligen Projekte (in Höxter und Paderborn) sowie in Berlin in einem abgeschlossenen Nebenraum durchgeführt. Zu jedem Interview lag der Leitfaden in gedruckter Form bereit, damit der Interviewer situative Besonderheiten notieren oder nonverbale Eindrücke dokumentieren konnte. Das gesamte Interview wurde audio-digital mitgeschnitten und anschließend in die Schriftform transkribiert. Nach der Transkription wurden die Interviews pseudonymisiert. Aus Gründen der Lesbarkeit treten die Befragten im gesamten Werk unter den dort gewählten Pseudonymen auf. Durch die Löschung der Mitschnitte sind die Pseudonyme nicht mehr zurückzuverfolgen. Damit sind alle Angaben auch anonymisiert.

Der Befragungsgegenstand ist komplex und die Lebensentwürfe sind heterogen. Dennoch mag es bestimmte ausschlaggebende Lebensbereiche und biografische Lebensphasen geben, die bei vielen Menschen prägend sind, so dass ein geringer Grad an Standardisierung sinnvoll erscheint, um wichtige Lebensbereiche nicht auszuschließen. Möglicherweise lassen sich bestimmte Lebensbereiche und Problemstellungen der Interviewpartner vergleichen, so dass sich auch unter diesem Aspekt ein halbstandardisiertes Verfahren als leitfadengestütztes Interview mit einigen anbietet. Der Leitfaden dient der Unterstützung des Gesprächs. Es sollen relevante Aspekte der Biografie mit Blick auf den Mangel an Arbeitserfahrungen gesammelt werden. Die Leitfragen sind möglichst offener Natur, weil der Leitfaden das Gespräch möglichst nicht dominieren soll. Es handelt sich gerade nicht um einen Fragebogen, bei denen standardisierte Antwortmöglichkeiten gegeben wären. Der Sinn des halbstandardisierten Verfahrens lag im vorliegenden Forschungsprojekt gerade darin, trotz biografischer Besonderheiten Deutungsmuster kennenzulernen und zu vergleichen. Das leitfadengestützte Interview hat sich als sehr nützlich erwiesen, die wichtigen Erfahrungen der Betroffenen einzusammeln und dennoch einen roten Faden im Gesprächsverlauf zu haben. (Loosen 2016)

Es sollten Aussagen gesammelt werden, die etwas zu den inklusionstheoretischen Ideen von Phelps beitragen. Die Freiheit des Gesprächs zu erhalten und gleichzeitig einer bestimmten Forschungsfrage treu zu bleiben, war die Herausforderung für den Leitfaden. Der Leitfaden gliedert sich in vier Abschnitte und folgt der Methode nach Mayring (2015), indem die vier zuvor beschriebenen inklusionstheoretischen Dimensionen nach Phelps im Verlaufe des Gesprächs angesprochen werden sollen.[124]

124 Er profitiert zudem von Hospitationen bei Forschungsprojekten des Teams Empirische Sozialforschung der Konrad-Adenauer-Stiftung e. V. In dieser Zeit wurde die Erhebung zu Konrad-Adenauer-Stiftung (2017): „Aufstieg heute – mehr als Arbeit und Einkommen. Studie zur Selbstwahrnehmung der sozialen Mobilität im Vergleich der Generationen" konzipiert und beauftragt. Die Hospitationen bei der Durchführung der qualitativen Erhebung durch die USUMA GmbH in Berlin, Institut für

Potenzielle Fehlerquellen durch gefälliges Antworten, Antworttendenzen (mild, hart oder Mitte) oder andere Faktoren der konkreten Befragungssituation sollten möglichst reduziert werden.[125]

Es wird zunächst auf die Biografie und die persönlichen Lebensumstände abgezielt. Auch hier soll immer wieder der Bezug zur Erwerbsarbeit, bzw. dem fehlenden Arbeitsplatz, thematisiert werden. Der Bezug zur eigenen Entwicklung und die Auseinandersetzung mit dem Lebensweg spielen danach eine übergeordnete Rolle. Das erlebte oder erhoffte Arbeitsumfeld wird genauso besprochen wie monetäre Aspekte sowie die gesellschaftliche Teilhabe. Die vier Phelp'schen Dimensionen dienen als Oberkategorien. Diesen Kategorien soll auch die Inhaltsanalyse folgen, um zu beurteilen, inwieweit der zuvor entwickelte Phelp'sche Inklusionsbegriff real eine Rolle spielt. Zeigen sich Hinweise der Exklusion in diesen Kategorien und in welcher Form offenbaren sie sich bei den befragten Langzeitarbeitslosen?

Marktforschung und Sozialforschung, befruchten dieses Forschungsprojekt. Der an den Wirkdimensionen von Phelps ausgerichtete Leitfaden wurde im Rahmen dieser Hospitation in drei Pretests mit dem genannten Team getestet und überarbeitet. Schließlich wurde er im Workshop „Erhebung qualitativer Daten (I) Forschungsprojektplanung und Interviewleitfadenentwicklung" im Rahmen des Weiterbildungsangebots der FU Berlin unter Leitung von Dr. Sarah Weber weiterentwickelt.

125 Vgl. Helfferich (2009), (Bogner/Landrock 2015) oder Loosen (2016).

5 Portraits

Der Analyse-Teil der vorliegenden Arbeit versucht die Phelp'schen Dimensionen des Inklusionsbegriffes nachzuverfolgen. Dafür bietet es sich an, die Dimensionen sowie weitere relevante Erkenntnisse aus den Befragungen thematisch durchzugehen. Um dennoch eine Auswertung der Lebensgeschichten in ihrem jeweiligen Kontext nachverfolgen zu können, folgt an dieser Stelle ein biografischer Lektüreführer. Hier werden der persönliche Hintergrund und wesentliche Erzählungen jedes einzelnen Befragten (anonymisiert) portraitiert. Aus Gründen der Lesbarkeit sind alle Portraits im Präsens gehalten und die Befragten treten im gesamten Werk unter den hier gewählten Pseudonymen auf. Das Vorgehen orientiert sich damit an Kaufmann (1994).

5.1 Jonas Trabelsi: „Momentan bin ich Hartz IV."

Der 49-jährige Tunesier ist seit mehr als 25 Jahren verheiratet. Er hat sieben Kinder. Seit etwa 15 Jahren lebt er in Paderborn und fühlt sich absolut akzeptiert in der Stadt. Priorität habe für ihn die Gesundheit und das Glück der Familie. Das deutsche Sozialsystem sei dabei eine gute Hilfe. Er hofft, dass seine Kinder eine erfolgreiche berufliche Zukunft haben werden.

Er hat in der Heimat eine Ausbildung zum Autoschlosser – in Deutschland mit dem Berufsabschluss Industriemechaniker vergleichbar – gemacht, aber seine Qualifikation wurde in Deutschland nicht anerkannt. Dennoch war er in verschiedenen Unternehmen vor Ort im Bereich der Industrie beschäftigt. Zunächst war er im Bereich der Zeitarbeit, später in einem befristeten Arbeitsverhältnis beschäftigt. Danach folgten diverse Tätigkeiten auf Montage. Nach einigen Monaten ohne Job fand er sich im Hartz IV-System wieder.

Sein Wunsch für die Zukunft sei lediglich ein guter Beruf „von neun bis fünf" und der Zusammenhalt der Familie. Darüber hinaus habe er keine Wünsche. Frieden und ein ordentliches Auskommen seien völlig ausreichend, denn er habe keine besonderen materiellen Ansprüche. Das, was die Familie tatsächlich braucht, das habe er. Hunger, Krieg und die Geldgier der Nationen machten die Welt kaputt: „Leben und leben lassen, deine Freiheit hat die Grenze da, wo du einen anderen beeinflusst."

Der Wunsch nach Arbeit sei bei ihm „tot". Ihm fehle die körperliche Fitness, um die schwere Industriearbeit nochmals zu schaffen. Außerdem wolle er gern für die Kinder da sein. Doch wenn er im Café gefragt werde, was er mache, ist es ihm peinlich sagen zu müssen: „Momentan bin ich Hartz IV." Aber es ließe sich nicht ändern.

https://doi.org/10.1515/9783110795639-005

5.2 Alfred Grazer: „Das ist für mich Volksverblödung bis zum Gehtnichtmehr."

Der Biker ist 54 Jahre alt. Vor vier Jahren hatte er einen schweren Arbeitsunfall, dessen Behandlung fast zweieinhalb Jahre gedauert hat. Zunächst bezog er Kranken- und Arbeitslosengeld. Vor drei Jahren kam er in den Leistungsbezug. Die Familie stehe bei ihm an erster Stelle: Er hat eine Partnerin und einen erwachsenen Sohn aus einer früheren Beziehung. Sein eigener Vater ist kürzlich verstorben. Er fühlt sich durch die Bürokratie der Behörden benachteiligt und zurückgesetzt: „Man kriegt zu viele Steine da rein geworfen zwischen die Beine, das geht gar nicht."

Er hat eine bewegte berufliche Karriere. Nach der Schule und der Handelsschule hat er eine Ausbildung bei der Post abgeschlossen. Dort wurde er auch verbeamtet. Diese Stellung hat er zu Gunsten einer Selbstständigkeit aufgegeben. Danach war er Berufskraftfahrer. Autos, LKW und Krafträder sind neben Kampfsport seine Leidenschaft. Derzeit bildet er sich auf einem Meisterlehrgang fort, um Fahrlehrer zu werden. Grundsätzlich ist er mit seiner Qualifikation zufrieden, auch wenn er merkt, dass er gegenüber den Jüngeren etwas aufholen muss: „Auf Computer und was ich mir alles im Moment selber ... Weil ich wusste, im Meisterlehrgang, da sollten wir eine PowerPoint-Präsentation, ich sage, was willst du von mir? Ich wusste noch nicht mal, was das ist." Er hat sich angestrengt und es nach und nach geschafft, eine Präsentation zu erstellen. Sein Credo ist, man müsse alles zumindest versuchen. Das zeuge von Durchsetzungsvermögen. Das sei in der Gesellschaft eine Schlüsseltugend. Deshalb möchte er seinen Meisterlehrgang abschließen, obwohl ihm aktuell ein Jobangebot vom Zoll vorliegt.

Arbeit habe in der Gesellschaft einen ganz geringen Stellenwert. Sein Gesellschaftsbild ist ohnehin nicht gut. „Wenn alle sich ein bisschen an die Regeln halten würden, hätten wir hier ein super Auskommen, 100-prozentig! Für mich gibt es zu viele, wie drücke ich das jetzt ganz ... Für mich gibt es zu viele Vollpfosten, die versuchen, anderen das, was sie sich aufgebaut haben, auf eine Art wegzunehmen." In seinem persönlichen Umfeld wäre das anders. In seinem Motorradclub hätten alle einen Job und wären in ihrer Freizeit auch fleißig: „Ich glaube, wir stehen ein bisschen mehr im Leben als manch anderer." Die Gesellschaft insgesamt sei geprägt von Materiellem und Neid: „Mein Nachbar hat einen Golf, ich muss einen BMW haben, der nächste Nachbar hat einen BMW, dann muss ich einen Mercedes haben."

Zu der Gruppe der Langzeitarbeitslosen zählt er sich selbst nicht. Er sei durch einen Unfall einfach durchs Raster gefallen. Die Maßnahmen, an denen er derzeit teilnimmt, hält er für Zeitverschwendung für sich selbst: „Das ist für mich Volksverblödung bis zum Gehtnichtmehr." Die anderen Teilnehmer hätten es aber mehr als nötig: „Jobbegleiter, für mich ein Witz, aber die, die hier waren, ich habe mich gefragt, ihr seid richtig hier. Das also war für mich dieses RTL 2-Klischee."

5.3 Jacqueline Schulte: „Ich habe Angst wieder zu versagen.“

Die 36-jährige Mutter von drei Kindern stammt aus Salzkotten im Kreis Paderborn. Seit über zehn Jahren bezieht sie SGB II-Leistungen und wurde zuvor immer wieder eng vom Kinder- und Jugendhilfesystem begleitet. Ihre letzte Arbeitserfahrung war zum Zeitpunkt des Interviews etwa 18 Monate her.

Die Kinder seien derzeit vom Jugendamt in Pflegefamilien untergebracht. Ihr vordringliches Ziel sei es deshalb, ihre persönliche Situation so zu stabilisieren, dass sie ihre Kinder wieder aufnehmen kann. Dazu hat sie eine stationäre Therapie in einer psychiatrischen Klinik absolviert und arbeitet weiter an ihrer psychischen Gesundheit.

Im Elternhaus lief es nicht gut, so dass sie bereits mit 13 Jahren zu Hause ausziehen musste. Sie ist dann in einem Kinderheim aufgewachsen und hat im Rahmen dieser Betreuung auch ihren Schulabschluss und ihre Ausbildung zur Arzthelferin angefangen. Doch nach dem Auszug aus dem Heim und ihren ersten beruflichen Erfahrungen in einer Arztpraxis hat sich ihre Lebenssituation nicht stabilisiert. Sie hat die Ausbildung nicht abgeschlossen, weil sie die Prüfungen nicht abgelegt hat. Die fehlende familiäre Unterstützung sieht sie als Hauptgrund dafür, dass sie schlecht mit Prüfungsstress umgehen kann. Aufgrund des fehlenden familiären Hintergrundes und ohne externe Unterstützung fällt es ihr auch generell schwer, eine selbständige Lebensführung zu organisieren. Deshalb ist sie nach kurzer Zeit in eine betreute Wohngemeinschaft gezogen. Dann begannen positive Zeiten für sie. Die erste Schwangerschaft und die Geburt der Kinder waren ihre bisher glücklichste Zeit. In diese Zeit fallen auch verschiedene Arbeitserfahrungen. Frau Schulte arbeitete über ein Leiharbeitsunternehmen als Kassiererin im Einzelhandel, hatte zwei geringfügige Beschäftigungen (Sonnenstudio und Spielothek) und hatte einige Putzstellen. Allerdings waren keine dieser Anstellungen von Dauer. Offenbar hat sie die Erziehungsarbeit sowohl mit dem Vater der Kinder („der war eher wie ein viertes Kind“) als auch als alleinerziehende Mutter schließlich überfordert. Obschon sie bereits einige negative Erfahrungen in ihrer Kindheit verkrafte musste, so war der Moment, an dem die eigenen Kinder aus der Familie genommen wurden, für sie die schlimmste und entscheidendste Erfahrung in ihrem Leben.

Derzeit versucht sie mit einer Umschulung ihre beruflichen Chancen zu verbessern und möglichst kooperativ mit den Behörden zusammenzuarbeiten. Die Maßnahme dient aus ihrer Sicht zuerst dem Ziel, die Kinder zurück zu bekommen. Die berufliche Perspektive ist für sie aktuell zweitrangig.

Sie hofft trotzdem, dass sie Arbeitgeber findet, die ihr eine Chance geben, sich beweisen zu können. Arbeit sei generell superwichtig für ihren Selbstwert und für die Anerkennung. Ein geregeltes Beschäftigungsverhältnis wäre deshalb auch für ihre psychische Gesundheit sehr wertvoll.

Sie wünscht sich die „kleinen normalen Dinge“ des Lebens. Dazu zählt, dass sie ihren Kindern ein stabiles Zuhause bieten kann und sie bei ihr aufwachsen können. Sie möchte auch mal einen Urlaub machen oder gelegentlich ins Kino gehen und „nicht dass der Partner immer bezahlen muss“. Sie hat große Angst, ihre Ziele nicht zu erreichen („ich habe Angst wieder zu versagen"), aber hofft, es mit der Unterstützung der Behörden zu schaffen.

5.4 Franz Paus: „Hab' keine Arbeit, kein Geld und bin krank."

Der 61-jährige Franz Paus ist in Ostenland (ein kleiner Ort im Kreis Paderborn) geboren. Eigentlich sei er immer topfit gewesen, aber seit er vor drei Jahren auf die Unterstützung des Jobcenters angewiesen ist, kamen nach und nach immer mehr gesundheitliche Probleme. Er hat Diabetes und einen empfindlichen Rücken. Früher konnte er das mit einer guten Ernährung und Sport ausgleichen, doch dafür fehlt es ihm heute an den finanziellen Mitteln: „Jetzt habe ich kein Geld mehr, um ins Fitnessstudio zu gehen."

Nach der Realschule besuchte Paus die höhere Handelsschule und absolvierte anschließend eine Ausbildung zum Groß- und Einzelhandelskaufmann. Zunächst fand er eine Anstellung im Großhandel, wechselte dann in den Einzelhandel. Dort fand er ein über viele Jahre stabiles Arbeitsumfeld, in dem er übertariflich bezahlt wurde. In diese Zeit fällt auch seine Ehe. Paus heiratete mit 25, ein Jahr später kam seine Tochter zur Welt. Die Ehe hielt einige Jahre bis er sich mit 38 hat scheiden lassen. Nach mehr als 20 Jahren Tätigkeit geriet das Unternehmen in finanzielle Schwierigkeiten. Mitarbeiter wurden teils entlassen, teils ausgetauscht: „Ich habe da meinen eigenen Nachfolger eingearbeitet." 2009 folgte die erste Arbeitslosigkeitsphase. Für etwa zwei Jahre kehrte er auf den Arbeitsmarkt zurück und wurde für einen Baumarkt tätig. Der Zeitvertrag wurde allerdings nicht verlängert.

Früher war Paus gern feiern. Er ging ins Tanzlokal, aber „seit der Arbeitslosigkeit, seit ich kein Geld mehr habe, nicht mehr. Diese Dinge sind natürlich total eingeschlafen." Er wohnt in seinem Elternhaus. Offiziell gehört es ihm nicht, damit er es nicht beim Amt als Vermögen angeben muss. Er beschreibt seine Wohnsituation als gut, würde aber gern mal wieder etwas in die Einrichtung investieren.

„Ich habe im Grunde nur noch Kontakt zu einer einzigen Person", sagt Paus und meint damit seine 35-jährige Tochter. Die finanziellen Sorgen und seine ohnehin zurückhaltende Art machen es ihm schwer, soziale Kontakte zu pflegen. Sein Vater ist früh verstorben, die Mutter vor einigen Jahren. „Meine eigene Familie war weniger gut. Ich bin wahrscheinlich kein Familienmensch." Um Kontakte zu pflegen, bräuchte er wieder einen Job. Das Auto muss gewartet werden und zu einer Feier müsse man schließlich auch ein Geschenk mitbringen. Es gäbe viele Menschen, die sich nicht nur ausgeschlossen fühlten, sondern es tatsächlich sind. Dazu zähle er auch sich selbst. Gerade im Alter käme die Vereinsamung. In seiner Nachbarschaft wären etwa zehn Leute in seinem Alter, die seit mehr als zehn Jahren zu Hause hockten. „Und was machen die? Ja, im Sommer ein bisschen den Vorgarten, das war's!" Arbeit sei deshalb ein guter Ausgleich zur Freizeit. Von den Frühverrentungsregelungen bei Hartz IV hält Paus wenig. Er wolle arbeiten, weil es einfach zum Leben dazu gehöre: „Also wegen mir braucht es die Rente gar nicht zu geben. Können die von mir aus abschaffen.“

Er hat weiterhin die Hoffnung, irgendwann wieder eine Beschäftigung zu finden. Der Wunsch nach finanzieller Unabhängigkeit dominiert dabei für ihn. Er thematisiert aber auch weitere Dimensionen der Arbeit: „Arbeit braucht man, damit die Wirtschaftsleistung erbracht wird. Daran besteht ja gar kein Zweifel.“ Daran würde auch die Digitalisierung nichts ändern: „Wir können uns ja nicht alle einfach auf die Straße stellen, und dann? Das kann dann ja unsere Arbeit sein: Rumstehen. Nein, das wäre ja geisteskrank. Also Arbeit gehört dazu. Also Arbeit muss sinnvoll sein für die Gesellschaft, erfüllend für den Einzelnen.“ Arbeit sei für ihn beides: zunächst das Finanzielle, aber auch die Anerkennung.

5.5 Sven Olafson: „Also gut lebt man nicht davon.“

Der gebürtige Däne ist 51 Jahre alt und ist seit sieben Jahren auf die Unterstützung des Jobcenters angewiesen. Hin und wieder kann er die Hartz IV-Leistungen mit einem Minijob aufbessern. Seine Wohnsituation sei „sozialer Wohnungsbau, das sind 44 qm. Mit neun Parteien.“

Nach der Realschule hat er eine Lehre als Maler und Lackierer abgeschlossen und in diesem Beruf lange gearbeitet. Seit einigen Jahren habe er aber Kreislaufprobleme und könne im gelernten Beruf nicht mehr arbeiten.

Eigentlich hatte er ein solides Leben. Doch nach der Trennung von seiner Frau („das war der größte Fehler“) bekam er auch beruflich Probleme und „kam mit der Arbeit nicht hinterher“. Die Firma hat seinen Lohn gekürzt und er konnte den Kredit der Eigentumswohnung nicht mehr bedienen. Die Bank habe die Wohnung dann unter Wert verkauft und ihm blieben nur noch die Schulden zurück. Er versuchte sich mit Schwarzarbeit über Wasser zu halten. Erst spät suchte er die Hilfe des Jobcenters. Auch dort fühlt er sich ungerecht behandelt. Man habe bei einer Kontoabfrage einen „liegengebliebenen Bausparvertrag“ entdeckt und die Leistungen daraufhin gekürzt. Er konnte seine Miete nicht mehr zahlen und muss noch immer an den Mietrückständen abbezahlen. Sein Widerspruchsverfahren zu dieser Sanktion wurde eingestellt und ein Beratungsschein für eine gerichtliche Auseinandersetzung wurde ihm verwehrt.

Die Langzeitarbeitslosigkeit führte auch dazu, dass die sozialen Kontakte abgebrochen seien. Nicht nur wegen der Schulden („dank der ARGE damals“), sondern auch weil die Gesellschaft ihn nicht mehr akzeptiere. Man gelte schlicht als faul, wenn man nicht arbeitet. Keiner würde etwas darauf geben, dass man „auch eingezahlt habe in das System.“ Der Umgang und die Ansprache in den Behörden würden ebenso dazu beitragen, dass man sich zurückgesetzt fühle: „Was die für einen Ton an den Tag legen, ist unglaublich“. Chancen bekäme man keine. Ihm würden nur befristete Jobs bei Leiharbeitsfirmen angeboten, aber das bringe „ja nichts, das weiß ja jeder.“

Es gäbe ein Machtgefälle zwischen Hilfesuchenden und Sachbearbeitern im Jobcenter. Sogar bei Falschberatungen würden die Mitarbeiter im Jobcenter schließlich nicht zur Verantwortung gezogen: „Die können schalten und walten, wie sie wollen. Als Überschrift steht dann immer: Das ist die Ermessensentscheidung des Sachbearbeiters." Er empfinde das System als extrem ungerecht. Andere würden sogar Darlehen vom Jobcenter bekommen, er jedoch nicht. Denen „passt meine Nase nicht. Das ist ja keine gesetzliche Sache, das hat mit den Leuten zu tun." Es sei in der Gesellschaft nun mal so, dass generell gelte, „haste-was-biste-was". Gleichzeitig möchte er aber auch selbst gern arbeiten und etwas machen, das ihn erfülle. Er würde gern einen Beitrag leisten. Das Sozialsystem würde durch die Gesetze und die Politik einen Zugang für Hilfesuchende gewähren. Als Langzeitarbeitsloser sei er „bei den ganz Schwachen angekommen". Das könne man auch bei Facebook nachvollziehen: Während Bänker verschont würden, würden SGB II-Leistungsbeziehern nicht einmal eine Brille oder Zahnarztbehandlungen zugestanden. Und dennoch hieße es immer: „Dir geht es doch gut, du musst nicht arbeiten, kriegst trotzdem Geld. Und indirekt muss ich sagen, haben die ja recht, ne! Bloß, wie man lebt, das ist eine andere Frage. Also gut lebt man nicht davon."

5.6 Peter Wassmuth: „Sie knallen komplett durch das Raster."

Herr Wassmuth ist ein fast 60-jähriger ehemalig selbstständiger Unternehmer, der seit einer Privatinsolvenz vor etwa 14 Jahren keine Anstellung mehr innehatte. Die Abwicklung seiner unternehmerischen Tätigkeiten und eines mittlerweile abgeschlossenen Privatinsolvenzverfahrens beschäftigten ihn seither. Seit etwa vier Jahren ist er auf Unterstützungsleistung nach SGB II angewiesen.

Nach dem Abitur und Wehrdienst machte der gebürtige Dortmunder eine Ausbildung zum Bankkaufmann. Nach der Lehre hat er ein Unternehmen in der Möbelindustrie gegründet und nebenbei BWL studiert. Er spricht Englisch und Italienisch. Die Insolvenz hat der Geschäftsmann in Frankreich angemeldet: „Der Vorteil ist, wenn man es in Frankreich macht, oder woanders im Ausland, dann erscheinen Sie nicht im Bundesanzeiger." Doch die finanziellen Sorgen sind geblieben, „dann fallen sie quasi vom Mercedes 500 oder 600 direkt dort unten rein". Alles Vermögen sei aufgezehrt, die Lebensversicherungen aufgelöst. Viele Faktoren, die insbesondere für Selbständige gelten, belasten ihn: „Wir haben diese Geschichte, dass wir, ich habe private Krankenversicherung." Aus dieser kann der 59-jährige nicht mehr raus, die hohen Sätze bei der Eigenbeteiligung kann er kaum finanzieren. Im Januar muss er 400 Euro Selbstbeteiligung bei einem Regelsatz von 404 Euro stemmen: „Sie knallen komplett durch das Raster."

Er beschreibt den sozialen Abstieg, den Vermögensverzehr, die Instabilität der familiären Verhältnisse und die mit all dem einher gehenden gesundheitlichen Probleme. Wie sich herausstellte, hatte er, psychisch bedingt, einen Ruhepuls zwischen

150 und 180 Schlägen. Durch eine Cardioversion, bei der das Herz künstlich angehalten und neu gestartet wurde, ist er heute wieder fit: „Osterlauf 10 km, die bin ich in einer Stunde-zehn gelaufen.“

Seine Exfrau habe „einen anderen gefunden, der sie dann sponsert“. Aus der Ehe sind drei Kinder hervorgegangen, die allesamt im Ausland studieren oder arbeiten. Das Verhältnis zu ihnen ist gut, aber er würde gern engeren Kontakt halten. Doch er lebt bei einer älteren Dame zur Untermiete. „Ich kann meine Kinder nicht einladen“, sagt er. Er habe kein Haus mehr, keine eigene Wohnung: „Also wenn Sie mit fünf Leuten, sechs Leuten grillen und Sie laden die ein, sage ich mal, jetzt trinke ich keinen Alkohol oder so was, aber 40 Euro sind weg. Kaufen Sie mal ein. Brauchen Sie Grillkohle, brauchen Sie einen Grill, brauchen Sie einen Anzünder und Getränke. Wie soll ich das machen?“

Diskriminierung finde nicht offen statt, doch fühle er sich ausgeschlossen. Die sozialen Kontakte seien eingebrochen: „Golfclub? Können Sie nicht rein, in einen Tennisclub können Sie nicht rein, in Sportclub, fängt es ja schon mit an. 80 Euro, 90 Euro Mitgliedsbeitrag.“

Arbeit sei ein Schlüssel. Auch um den Lebensrhythmus zu behalten. Das Finanzielle sei das eine, aber „wenn die Strukturen zusammenbrechen, also die Tagesstruktur, das ist das Schlimmste. [...] Deswegen ist Arbeit, sagen wir mal, meines Erachtens so extrem wichtig. Ich wäre persönlich so, ich würde die Leute zur Arbeit zwingen.“ Damit sollten die Netzwerke und Strukturen aufrechterhalten bleiben. Im Rahmen seines Insolvenzverfahrens in Frankreich sei Arbeit obligatorisch gewesen. Eine Art Sozialdienst habe er dort nachweisen müssen und fand das gut. Gemeinschaft sei gut für Menschen. Und alles, die ganze Gemeinschaft funktioniert nur, wenn alle zusammen wirken.

Er selbst sei leider für jede angebotene Arbeit „völlig überqualifiziert“. Er habe in verschiedenen Unternehmen die Geschäftsführung für bis zu 28 Betriebsteile inne gehabt. Dieser Gegensatz beschäftigt ihn: „Also das Elend fängt dann an, wenn die Situation offiziell wird. Also wenn Sie sagen, dass Sie Manager sind, und Sie sagen, egal aus welchen Gründen, entschuldigt oder nicht entschuldigt, Sie waren zwei Jahre von Hartz IV oder Grundsicherung abhängig, dann können Sie das abhaken auf einen höheren Job.“ Er sei jemand, der „sagen wir mal, der eigentlich gar nicht hier hingehört, wie auch viele meinen, dass sie nicht dahin gehören“.

5.7 Henning Gross: „Den ganzen Tag nur zu Hause, das ist auch nix.“

Der 50-jährige Paderborner hat einen Hauptschulabschluss gemacht und danach als Hilfsarbeiter gearbeitet. Er war dabei viel bei Montagearbeiten unterwegs. Eine Zeit war er im Bühnenbau tätig und hat dort auch exklusive Events betreut: „Und wenn man da dann so am keulen war. Und die ganzen Leute schauen dich dann an. Von oben bis unten. Das fühlt sich dann schon komisch an. So. Aber was willste machen. Ja und heute [...] ich weiß nicht, manche sehen mich heute wieder so an."

Danach folge eine Phase mit einer Anstellung über eine Zeitarbeitsfirma. Dort war er in einem Betrieb der Lebensmittelindustrie eingesetzt. Der Vater verlor in dieser Zeit beide Beine aufgrund einer Arterienverkalkung und wurde pflegebedürftig. Henning Gross hat diese Pflege übernommen. Seit dem Tod des Vaters vor etwa 15 Jahren hat er den Weg zurück in stabile Beschäftigung nicht mehr geschafft. Seit einem knappen Jahr ist er frühverrentet und erhält zusätzlich SGB II-Leistungen. Seine letzte Arbeitserfahrung geht auf verpflichtende Sozialstunden zurück. Dabei erledigte er Gartenpflege auf dem Friedhof. Das hat ihm eigentlich gut gefallen. Auch die Vorgesetzten haben seine Leistungen geschätzt, doch zu einer Anstellung über das zuständige Gartenbauamt kam es schließlich nicht.

Dabei wünscht er sich eine geregelte Arbeit, die ihm Tagesstruktur und Sinn stiftet: „Also den ganzen Tag nur zu Hause, das ist auch nix. Irgendwie macht das auch kein Spaß. Jetzt so langsam. Den ganzen Tag immer nur dasselbe machen, nur zu Hause rumhängen. Das ist, wenn man mal drüber nachdenkt, nicht das Sinnvollste." Ein „Grundgehalt und eine vernünftige Wohnung" würden ihm genügen. Darüber hinaus hat er keine großen Ansprüche.

Derzeit lebt er in einer Vierer-Wohngemeinschaft mit WG-Partnern, mit denen er sich recht gut versteht. Er lebt als Single und hat keine Kinder. Vor 25 Jahren war er mal verheiratet, aber das sei „ewig her".

Er ergänzt später resignierend: „Ich möchte so gern wieder arbeiten. Aber das geht ja nun mal nicht." Denn die Arbeitsmarktsituation sei schwierig. Bei den Zeitarbeitsfirmen bekäme man immer nur kurze Verträge für wenige Monate. „Das bringt's dann ja auch irgendwie nicht." Bei einem Angebot für einige Monate müsse er danach ohnehin wieder zum Jobcenter und erneut Unterstützung beantragen: „Das bringt mir nix. Das hilft dann ja nicht großartig. Mach ich nicht."

5.8 Michael Stahl: „Man weiß dann, dass man was dazu geleistet hat."

Der 33-jährige Garten- und Landschaftsbauer leidet an einer chronischen Darmentzündung: Morbus Crohn. Nach der Diagnose und einigen Behandlungen wollte er von dem eher körperlich belastenden Beruf in den IT-Bereich wechseln und hat die Abendrealschule besucht. Die mittlere Reife hat er bestanden, das Fachabitur aber nicht mehr. Seitdem bezieht Stahl „vor allem aufgrund der gesundheitlichen Situation" seit nunmehr acht Jahren SGB II-Leistungen.

Viele wissen nichts von seiner Krankheit, nur die Familie und der engere Freundeskreis. Er möchte damit auch Abweisungen aus dem Wege gehen. Solche hat der Paderborner vor allem bei den Institutionen erfahren, weil er aufgrund der Krankheit häufige Zuständigkeitswechsel erlebt. Einmal ist die Rentenversicherung zuständig, einiges wird über die Krankenversicherung verantwortet und schlussendlich springt das Jobcenter ein, wenn andere Sozialversicherungen nicht bezahlen oder die Zuwendungen nicht ausreichen, um den Lebensunterhalt zu bestreiten. Diese Situation in Kombination mit der Krankheit selbst empfindet er als „sozialen Abstieg. Also das ist schon so ein bisschen 'ne Scham. Also würd' ich schon sagen. Das ist schon schwierig. So gesellschaftlich. Also ich fühl mich gegenüber Leuten ... Also auch bei Ihnen jetzt sozusagen. Das ist schon unangenehm“.

Denn er glaubt, dass generell ein sehr negatives Bild von Hartz IV-Empfängern gezeichnet wird: „Ja, da denken die Leute bestimmt: Der ist Hartz IV, der hat kein Bock.“ Deshalb spielt die Familie jetzt eine noch größere Rolle für ihn als früher. Familie sei ihm heilig. Besonders zur Mutter hat er ein enges Verhältnis, zur Schwester in München regelmäßigen Kontakt.

Arbeit bedeutet für ihn, einen geregelten Tagesablauf zu haben und Selbstvertrauen daraus ziehen zu können. Denn man merke dann, dass man gebraucht würde. „Man weiß dann, dass man was dazu geleistet hat. Für die Arbeit und damit auch für die Gesellschaft. Man fühlt sich vollständiger. Vollständiger auch in die Gesellschaft integriert. Würde ich jetzt mal behaupten.“ Wenn man nicht erwerbstätig sei, dann würde man nicht als vollwertig angesehen, glaubt Stahl.

Eine gewisse finanzielle Absicherung würde er sich davon auch versprechen. Denn mit den Regelleistungen kommt er häufig nur bis zur Mitte des Monats. Eine finanzielle Unabhängigkeit würde ihm viele Sorgen nehmen. Er sucht nicht nach großem Reichtum, aber die Unabhängigkeit, bspw. bei Arzneien nicht um Sonderbedarfe beim Amt fragen zu müssen oder eine Vorabrechnung selbst vorstrecken zu können, die wünscht er sich.

5.9 Eva Peters: „Wenn mich jemand wertschätzen würde, das wäre gut.“

Eva Peters ist 46 Jahre alt, ledig und erst seit knapp einem Jahr im Leistungsbezug. Sie sei aber zwischendurch immer mal wieder arbeitslos gewesen: „Deshalb passe ich in das Bild der Langzeitarbeitslosen.“ Derzeit engagiert sie sich ehrenamtlich in der Obdachlosenhilfe, weil es ihr eine Tagesstruktur gibt und weil sie sich wünscht, im sozialen Bereich eine Anstellung zu finden. Dafür fehle ihr jedoch die entsprechende Ausbildung und sie bereut, in jungen Jahren nicht eine Ausbildung oder ein Studium in diesem Bereich absolviert zu haben.

Frau Peters ist gelernte Fleischerei-Fachverkäuferin. Ihre ersten Berufserfahrungen sammelte sie im industriellen Sektor. Dort absolvierte sie auch eine kaufmännische Weiterbildung und hat sich schließlich bis zur Abteilungsleiterin entwickeln können. Nach der Insolvenz des Unternehmens war sie etwa zehn Jahre als Zeitarbeiterin in verschiedenen Unternehmen als Helferin tätig. Nach einem Bandscheibenvorfall im Jahr 2013 bekam sie auch psychische Probleme, die stationär behandelt werden mussten. Auch eine langjährige Partnerschaft ging in dieser Zeit auseinander. Sie hat noch immer Probleme mit ihrem Selbstwertgefühl und kämpft mit einer Depression.

Finanziell hat ihr in dieser Phase ihre Familie geholfen. Es belastet sie, dass sie seither ihre berufliche Situation nicht stabilisieren konnte und die finanzielle Unterstützung ihrer Eltern nicht zurückgeben kann. Diese Situation deprimiere sie sehr: „Diese Wertigkeit, wenn man arbeitslos ist. Stellt sich, wag ich mal, schwierig dar. Man ist halt der ... wie sagt man das? Man ist halt am Rand der Gesellschaft. Das ist, das spielt ganz schön auf das Gemüt."

Der Wunsch nach Arbeit sei bei ihr sehr stark ausgeprägt, sagt Frau Peters. Sie wünscht sich eine Chance und hofft auf Anerkennung durch die Arbeit: „Wenn mich jemand wertschätzen würde, das wäre gut. Ich war immer jemand, der sehr stolz ist auf das, was er tut." Sie vermisst nicht nur die direkte Anerkennung durch Vorgesetzte, sondern auch eine gesellschaftliche Wertschätzung: „Wenn Sie keinen Vollzeitjob haben, dann sind sie irgendwie nichts wert. Das ist schon etwas, was mich immer wieder runter zieht. Wo ich denke, haben die recht? Darüber denke ich viel nach." Sie wolle einfach dazugehören, zur bürgerlichen Gesellschaft, zu den „Spießbürgern", die sie nicht im negativen Sinne so bezeichnet. Arbeit bedeute auch Status.

Freiheit sei noch ein wichtiger Punkt, ergänzt sie am Ende des Gesprächs. Es würde generell zu sehr auf das Finanzielle geschaut. Denn sie könne sich derzeit keine Auszeiten nehmen. Ihr Traum wäre es, im Lotto zu gewinnen und viel zu Reisen. Sie würde gerne andere motivieren: „Ich wäre gern jemand, der die Hand unterm Popo gibt, der motiviert und jemand sagt, Du schaffst das, du kannst das, du bist toll so wie du bist. Etwas, das ich nie erfahren habe."

5.10 Eduart Feyrer: „Man fühlt sich manchmal wie – ja wie – der Müll dieser Gesellschaft."

Als erstes einschneidendes Erlebnis in seinem Leben beschreibt Herr Feyrer die Flucht aus Polen. Seine Eltern hätten notgedrungen flüchten müssen: „Diese Busfahrt hierhin, das wird mir mein Leben lang in Erinnerung bleiben." Die Eltern seien schließlich froh gewesen, den deutschen Pass zu haben.

Der mittlerweile 39-jährige Paderborner verließ die Hauptschule nach der neunten Klasse ohne Abschluss. Eigentlich wollte er Kinderpfleger werden, aber aufgrund einer Regelung für ein Mindestalter konnte er diesen Weg zunächst nicht einschlagen. Stattdessen absolvierte er ein Berufsgrundschuljahr auf der kaufmännischen Handelsschule. Danach folgten die zweijährige Handelsschule und schließlich der Abschluss als Bürokaufmann. Während seiner Oberstufenzeit mit dem Ziel der allgemeinen Hochschulreife erkrankte sein Vater an Krebs und verstarb kurze Zeit später. Er konnte das Abitur deshalb nicht zu Ende machen. Er wollte dann möglichst schnell einen neuen Lebensabschnitt beginnen: „In einer Woche war ich dann raus."

Daraufhin hat er seinen Lebensmittelpunkt über Hannover nach Hamburg verlegt. Er hatte dort eine Freundin und arbeitete als Bürokaufmann. Nach einer Auseinandersetzung mit dem damaligen Chef folge die erste Phase seiner Arbeitslosigkeit: „Das hat mir dann einfach die Füße weggerissen.“ Hinzu kam die Nachricht, dass auch seine Mutter an Krebs erkrankte.

Die Pflege der Mutter wurde zunächst vom Amt jedoch nicht anerkannt, weil offenbar eine Kommunikationspanne vorlag. Er hat dann einen Arzt gebeten, ihn für die Pflegezeit krank zu schreiben, damit das Jobcenter keine Vermittlungsversuche unternehme. Diese Absprache flog auf und wurde vom Jobcenter sanktioniert: „Man fühlt sich manchmal wie – ja wie – der Müll dieser Gesellschaft.“ Danach habe er noch ein weiteres Jahr die Pflege der Mutter übernommen, die heute nicht mehr so viel Zuwendung benötige. Während der Pflege habe er häufig Diskriminierungen erlebt, die er auch auf kulturelle Unterschiede in den Regionen zurückführt: „Hamburg geht mit seinen Leuten anders um, Hamburg ist offener.“

Inklusive der Pflegezeit ist der gebürtige Oberschlesier seit nun vier Jahren im Leistungsbezug. Allein durch die Dauer der Arbeitslosigkeit hätte er schlechtere Chancen auf dem Arbeitsmarkt. Er glaubt, die potenziellen Arbeitgeber wären der Ansicht: „Gut, du hast vier Jahre nicht gearbeitet, das heißt: Du bist dumm.“ Er vermisst die Anerkennung durch die Arbeit. Er möchte einmal wieder erleben, dass jemand zu ihm sagt: „Du weißt was, du kannst das, das war super. Das wäre mal wieder toll.“ Arbeit sei der Werdegang des Menschen. Man lerne zuerst für die Arbeit und in der Arbeit. Er würde gern wieder arbeiten, auch um finanziell unabhängiger zu sein. Er würde sich wünschen, „einfach mal wieder Mensch zu sein“ und sich auch kulturelle Dinge leisten zu können. Er war vier Jahre nicht im Kino und würde sich gern wieder Bücher kaufen können. Er stößt sich an der Kategorisierung „langzeitarbeitslos“. Stattdessen solle man mehr auf die persönliche Situation jedes Einzelnen eingehen und fragen: „Was ist eigentlich los?“ Man solle besser verschiedene Arbeitslosigkeitsfälle differenzieren, um solche Fälle wie seinen, der eher Pech gehabt hätte, von anderen unterscheiden zu können: „Ich habe mir das nicht ausgesucht. Ich kann nichts dafür, dass meine Eltern so krank waren.“

5.11 Achim Sauber: „Wichtig ist, Arbeit muss da sein.“

Nach einem Unfall war der 44-jährige Lichtenauer (Kreis Paderborn) lange krank und bezog Krankengeld. Nach seiner ersten Handoperation vor etwa zweieinhalb Jahren ist er im Leistungsbezug. Die vorerst letzte Operation an der verletzten Hand ist nun gut ein Jahr her. Die Hand ist nicht wieder voll belastbar: Eine Schraube, die das Gelenk fixiert, wird immer bleiben müssen. Dennoch ist er arbeitsfähig.

Er wohnt gern in dem überschaubaren Ort. Eigene Familie hat er nicht, ist ledig und hat keine Kinder. Vor einiger Zeit ist seine Partnerin verstorben. Er kümmert sich allerdings um seine demente Mutter. Sein Freundes- und Bekanntenkreis stützt ihn, der Leistungsbezug ist dort eigentlich kein Thema.

Nach der Schule hat er eine Lehre zum Elektriker abgeschlossen, danach absolvierte er den Wehrdienst. Bis zum richtigen Berufseinstieg bei einem kleinen Unternehmen dauerte es etwa ein halbes Jahr. Dieser Zeitraum war bisher seine einzige Arbeitslosigkeitserfahrung. Er wechselte nach einiger Zeit über eine Leiharbeitsfirma zu einem großen Anlagenbauer, bei dem er viele Jahre bis zu seinem Unfall tätig war. Diskriminierung erlebt er nicht: „Wenn man die Hand kaputt hat, einen Gips darum hat, dann hat man ja immer ein Alibi." Er macht sich dennoch Gedanken, was die Leute vielleicht hinter vorgehaltener Hand über ihn sagen und ob sie ihm skeptisch gegenüber gestimmt sind, weil er derzeit arbeitslos ist. Normal wäre, wenn man morgens zur Arbeit gehe und abends heim käme. Das Feiern am Wochenende müsse man sich eigentlich erst durch Arbeit verdienen.

„Wenn ich morgens aufstehe, denke ich, könnte ich auch genauso gut arbeiten." Dabei stehen für ihn die „Kontakte auf Arbeit" im Mittelpunkt. Er wünscht sich ein ausgewogenes Leben, dazu gehöre auch Arbeit. Derzeit ist er in einem Minijob tätig und erhält viele Jobangebote, für die ein Führerschein nötig wäre. Deshalb macht er derzeit Prüfungen, um seinen Führerschein zurück zu bekommen. Denn er ist innerhalb einer zweimonatigen Sperre dennoch gefahren. Seine psychisch kranke Freundin hatte ihn angerufen, dass er kommen solle, obwohl sie wusste, dass er zu der Zeit keine Fahrerlaubnis hatte. Sie hat ihn dann bei der Polizei angeschwärzt. Auch das hatte mit ihrer Erkrankung zu tun: „Beim nächsten Mal bin ich nicht mehr gefahren, da ist es dann passiert."

5.12 Frederik Maas: „Man hat viel zu kämpfen."

Der 42-jährige gebürtige Rheinländer lebt seit fünf Jahren von Renten- bzw. SGB II-Leistungen. Er hat einen Sohn, der bei der Mutter in Ostdeutschland lebt. Vor kurzem ist sein Vater verstorben, zu dem er ein enges Verhältnis hatte. Bis heute lebt er in der gemeinsamen Wohnung in Höxter.

Etwa ein Jahr hatte er ein normales Familienleben mit dem Sohn und seiner Partnerin. Dann kam die Trennung von der Mutter, die mit der Familie in die Umgebung, später dann weiter weg („Wenn es gut läuft, brauche ich neun Stunden") gezogen ist. Das war ein Punkt in seinem Leben, der alles gravierend geändert habe: „Man steht machtlos daneben, man kann nichts machen." Die Sorge, seinen Sohn zu selten zu sehen, ihm nichts bieten zu können, ist sehr präsent bei Herrn Maas: „Man hat viel zu kämpfen."

Nach der Ausbildung zum KFZ-Mechaniker und dem Wehrdienst hatte er eine Anstellung im erlernten Beruf. Danach war er eine Zeit lang als Kaufhausdetektiv tätig. Seine als Übergangsjob geplante Tätigkeit als Kommissionierer behielt er dann doch für knapp elf Jahre. Dort erlitt er einen Arbeitsunfall, durch den er bis heute Probleme mit seinem Arm hat. Seither hat er den Wiedereinstieg in den Beruf nicht mehr geschafft.

Durch den Bezug von Hartz IV-Leistungen würde man in der Gesellschaft doch anders gesehen werden. Auch wenn er keine konkreten Situationen benennen kann, meint er doch die Ausgrenzung zu spüren. Nur wenn man Arbeit hätte, würde man richtig dazu gehören. Arbeit schaffe Tagesstruktur und Routine. Ein gewisses Gehalt sei auch einfach wichtig, um die alltäglichen Dinge zu bewältigen, bspw. zu einem Geburtstag ein Geschenk mitzubringen oder mal ins Kino zu gehen. Geld allein mache aber auch nicht glücklich.

5.13 Lars Reichelt: „Da wurde mir schon gut geholfen."

Der 31-jährige Lars Reichelt lebt noch bei seiner Mutter in Höxter und bezieht seit zwei Jahren Leistungen nach SGB II. Nach der Handelsschule hat er eine Lehre begonnen, diese aber schnell wieder abgebrochen: „Das war ein Loch." Danach kam die erste Arbeitslosigkeitserfahrung. Auf die Idee einer Umschulung zum Bürokaufmann kam das Jobcenter und hat ihn in dieser Zeit auch finanziell unterstützt: „Da wurde mir schon gut geholfen." In dem neu erlernten Job hat er dann etwa ein halbes Jahr gearbeitet. Seither ist er wieder arbeitslos.

Allerdings belastet ihn die Situation nicht allzu sehr. Diskriminierungserfahrungen kenne er nicht: „Ich habe nie etwas Negatives gehört, dass ich jetzt Hartz IV kriege oder so." Seine Freundin und seine Mutter sind für ihn sehr wichtig, er oder seine Freundin haben keinen Kinderwunsch.

Am Tag nach dem Interview hat er ein Vorstellungsgespräch in der Kundenbetreuung und ist deshalb sehr positiv gestimmt. Er hofft, dass er den Job bekommt und sich dann auch wieder mehr leisten kann. Ein geregelter Tagesablauf sei ein positiver Nebeneffekt der Arbeit. Eventuell mit der Freundin zusammenziehen zu können oder zu verreisen sind die aktuellen Wünsche und Hoffnungen von Herrn Reichelt. Darauf freue er sich.

5.14 Hertha Kahn: „Jobcenter ist das Letzte."

Frau Kahn ist eine 51 Jahre alte alleinerziehende Mutter von drei Kindern, die seit etwa zwei Jahren im Leistungsbezug lebt. Sie ist ausgebildete Verkäuferin und konnte in diesem Beruf zunächst auch arbeiten. Danach war sie Hilfsarbeiterin in einer Fabrik bis die Kinder vor 15 Jahren zur Welt kamen. Nach der Scheidung vom Ehemann, in dessen Unternehmen sie nach der Erziehungszeit der Kinder lange mitgearbeitet hat, konnte sie keine Anstellung mehr finden. Der Ehemann verließ sie und die Kinder für eine deutlich jüngere Frau und ist seither nicht mehr für die Familie erreichbar.

„Jetzt stehe ich ganz alleine da und das hat mich ziemlich runtergezogen“, sagt Frau Kahn. Die Zukunftsängste um die Familie und die Kinder kämen auch dazu. Für die Kinder findet sie Kraft.

„Das Jobcenter ist das Letzte“, die Regelungen seien zu streng und die Beratung sei schlecht. Man komme sich da sehr zurückgewiesen und nicht als vollwertiger Teil der Gesellschaft vor. Auch sonst seien Arbeitslose nicht in der Gesellschaft angenommen. Eigentlich sei sie verlässlich und pünktlich, habe manchmal eine „große Klappe“. Keine Arbeit zu haben sei ein Makel, weil man nur mit Arbeit zur „normalen Gesellschaft“ dazu gehöre.

5.15 Anne Pawelski: „Am Ende des Tages würde ich gern sehen, was ich geschafft habe.“

Die 39-jährige Warburgerin (Kreis Höxter) ist seit 2006 im Leistungsbezug und hat seither auch nicht gearbeitet. Vor 2006 hatte sie eine gefestigte Partnerschaft, aus der auch ihre Tochter hervorgegangen ist. Knie- und Rückenprobleme, eine Sonnenallergie und Asthma machen ihr zu schaffen. Vor allem das Knie mache Schwierigkeiten und schränke ihre Mobilität stark ein.

Nach der Berufsgrundschule hat sie eine zweijährige Ausbildung zur Kinderpflegerin angefangen. Sie entschied sich dann sehr kurzfristig in eine Kochlehre zu wechseln. Nach der Lehre war sie bei dem Arbeitgeber noch einige Wochen tätig. So recht hat sie diesen Beruf allerdings nie angestrebt und hat die Anstellung im Zuge eines Umzugs zum Partner in den Nachbarort aufgegeben. Seither bezieht sie Hartz IV. Etwa ein Jahr später kam ihre Tochter zur Welt. Erst seit einigen Monaten bemüht sie sich wieder intensiv um eine Stelle.

Pawelski geht offen mit dem Leistungsbezug um und fühlt sich vollständig inkludiert: „Für die meisten Menschen zählt das Menschliche und nicht das Finanzielle.“ Auch ihre Tochter verstehe das und würde ihre Ansprüche dementsprechend klein halten.

Wichtig ist ihr dennoch, ein besseres Vorbild für die Tochter zu sein. Die Tochter soll Abitur machen, bis dahin möchte sie auf jeden Fall wieder arbeiten, auch um den Wunsch der Tochter zu einer Ausbildung als Polizistin positiv zu beeinflussen. Sie wünscht sich einen Job und beschäftigt sich häufig damit, denn sie möchte der Tochter auch jetzt schon mehr bieten. Ein Wunsch wäre z. B. ein Urlaub mit der Tochter. Ein Mehr an Materiellem wäre „schon schön“, ein Auto wäre beispielsweise gut, um mobiler zu sein. Arbeit sei aber nicht nur auf das Materielle zurückzustufen. „Am Ende des Tages würde ich gern sehen, was ich geschafft habe“, sagt Frau Pawelski. Deshalb käme ein Bürojob für sie nicht in Frage.

5.16 Jan Trapp: „Wenn ich Arbeit hätte, wäre das Leben viel leichter.“

Herr Trapp hat durch eine Behinderung ein besonderes Vermittlungshemmnis. Insbesondere die Hörbehinderung macht es ihm manchmal schwer, Gespräche zu führen. Der 30-jährige Höxteraner bezieht seit 2013 Leitungen nach SGB II.

Zweimal hat er die Ausbildung zur Bürokraft angefangen. Beim zweiten Mal hat es dann mit dem Abschluss geklappt. Danach hat er auch eine Ausbildung zum Bürokaufmann in der Nähe von Dortmund absolviert. Allerdings ist ihm dann der Einstieg in den Job nicht geglückt. Durch die Behinderung bekomme er mehr Absagen als andere, so seine Einschätzung. Diese Benachteiligung spüre er am deutlichsten, auch wenn es ihm nicht offen gesagt wird. Es gäbe in der Region ohnehin kaum Arbeit für ihn.

Die Hörbehinderung mache es ihm auch schwer Freundschaften zu pflegen: „Familie ist eigentlich mein Leben. Ich wohne da, wir sind eng verbunden.“ Seine Schwester bezeichnet er als „richtig guten Freund“. Er sei aktuell mit seiner Lebenssituation nicht zufrieden, weil er keine Arbeit habe und keine Praxiserfahrung sammeln könne: „Wenn ich Arbeit hätte, wäre das Leben viel leichter.“

5.17 Jens Heber: „Arbeit erweitert meinen Horizont.“

Der Höxteraner hat seit etwa zehn Jahren mit einer psychischen Erkrankung zu kämpfen und arbeitet sich Stück für Stück in die Normalität zurück. Seit eineinhalb Jahren ist er wieder grundsätzlich erwerbsfähig und bezieht Leistungen nach SGB II. Der 41-jährige hat nach der Schule zunächst eine Ausbildung absolviert und war in einem international agierenden Unternehmen tätig. Diese Beschäftigung hat er aufgegeben, um als DJ sein Glück zu versuchen. Die Lebenserfahrung aus dieser Zeit will er zwar nicht missen, aber „finanziell bin ich damit voll auf die Nase gefallen“. Die psychische Erkrankung hat ihn dann „aus dem Gefecht gesetzt“. Sich wieder für das Umfeld und die Gesellschaft zu öffnen, musste er erst wieder lernen. Sport hat ihm dabei viel geholfen. Im Sport kann er loslassen und Frustrationen in Energie umwandeln. Er hat wenig Freunde, sondern nur eher Kontakt zur Familie. Denn die Freunde seien kritischer als die Familie.

Früher habe er immer gesagt, die Gesellschaft sei „doof“. Er habe sich nicht dazugehörig gefühlt, habe sich abgekapselt. Aber anders als früher nimmt sich Heber nun mit in diese Wertung ein. „Die Gesellschaft ist zwar immer noch doof, aber ich bin ein Teil davon.“ Er habe gelernt sich an positiven alltäglichen Erlebnissen zu orientieren. Eine nette Verkäuferin sei zum Beispiel auch ein Teil der Gesellschaft. Er versucht sein Umfeld nicht mehr so negativ wahrzunehmen. Das habe auch sein Krankheitsbild deutlich verbessert. Die Mitarbeiter im Jobcenter haben in ihm den Wunsch geweckt, wieder in ein Arbeitsverhältnis zu kommen. Seine letzte Bewerbung war bei einer Firma, bei der er den Geschäftsführer von einer früheren Tätigkeit noch kannte. Allerdings hat er nach einigen Tagen, noch im Bewerbungsverfahren, einen Rückzieher gemacht, weil er sich eine verantwortungsvolle Tätigkeit doch noch nicht zugetraut hat: „Ich kann derzeit nicht sagen, wie meine Leistungsbereitschaft ist." Eigentlich schätzt er die Erfahrungen, die er in seinen früheren Tätigkeiten gemacht hat. Gefordert zu sein und täglich etwas Neues zu lernen hat ihm damals Spaß gemacht: „Arbeit erweitert meinen Horizont." Er konnte sich beweisen und jeden Tag eine Leistung erbringen. Das war wichtig für seinen Selbstwert, gleichzeitig hatte er das Gefühl, einen Kampf gegen Windmühlen zu führen, weil jeden Tag neue Arbeit auf ihn wartete.

5.18 Nadja Tiefensee: „Mit Arbeit wäre ich glücklicher."

Seit mehr als sechs Jahren lebt Frau Tiefensee von Hartz IV. Die genaue Zeit kann sie gar nicht mehr rekonstruieren. Eigentlich kennt sie kein eigenständiges Leben ohne den Leistungsbezug. Die Schule hat sie ohne Abschluss abgebrochen und den Auszug bei den Eltern erst im Rahmen einer arbeitsmarktpolitischen Maßnahme vollzogen. Eine Berufsfindungsmaßnahme hat sie zwar begonnen, aber nicht zu Ende gebracht und eine Ausbildung zur Friseurin aus gesundheitlichen Gründen abgebrochen. Danach hat sie eine Lehre zur Hauswirtschaftshelferin bei einem Kolping Bildungsträger abgeschlossen und den Hauptschulabschluss nachgeholt.

Die 30-jährige beschäftigt sich regelmäßig mit ihrer Lebenssituation. Es gäbe einfach ein Vorurteil der Gesellschaft gegenüber Hartz IV-Empfängern: „Wenn die Leute wüssten, dass ich diese Leistungen beziehe, würden die mich in der Öffentlichkeit bestimmt blöd anschauen." Mit Hartz IV stehe man einfach sehr weit unten in der Gesellschaft.

Die Berufsförderungen haben jedoch bei der Höxteranerin bisher nicht zum Erfolg geführt, auch weil die Arbeitgeber meist gar kein Interesse an einer Übernahme hätten. Solche Zurückweisungen oder die vielen unbeantworteten Bewerbungen machen ihr zu schaffen. Deshalb versucht sie, es sich im Leistungsbezug einigermaßen einzurichten. Sie lebt in einer Wohngemeinschaft über einem Ladenlokal und sucht den Kontakt zu Freunden und der Familie. Die Freunde akzeptierten ihre Situation, weil sie sich schließlich bemühe und es man ihr nicht ansehe, dass sie Hartz IV bezieht. Natürlich glaube sie, dass Arbeit und Familie zu einem guten Leben dazu gehörten. Doch die Gier der Menschen nach mehr Materiellem höre nie auf. Deshalb sei ihr Reichtum die Familie und der Freundeskreis.

5.19 Eva Biermann: „Ich will nicht als falsches Vorbild dienen."

Die 32-jährige Höxteranerin lebt allein mit ihrem fünfjährigen Sohn seit 2011 im Leistungsbezug. Eine Selbständigkeit gab sie mit der Schwangerschaft auf. Sie beschreibt sich selbst als lebensfroh, ein „bisschen verrückt und durchgeknallt" sowie mitunter „chaotisch". Sie findet Halt durch ihre große Familie und einen stabilen Freundeskreis.

Nachdem sie die Fachoberschulreife abgeschlossen hatte, begann sie die Höhere Handelsschule mit dem Ziel der Fachhochschulreife. Nebenher war sie geringfügig beschäftigt bei einem Postunternehmen. Dort hat sie sich dann für eine Festanstellung und gegen das Fortsetzen der Ausbildung entschieden. Damals erschien ihr ein Verdienst von 1200 Euro netto erst einmal sehr zufriedenstellend, weil sie noch bei ihren Eltern lebte. Erst als das Unternehmen vier Jahre später schließen musste, wurde ihr deutlich, wie wichtig eine Ausbildung gewesen wäre: „Schule abbrechen war wohl doch nicht so schlau.“ Sie lebte danach von Gelegenheitsjobs bis zur Selbständigkeit mit einem Imbiss und Café. Diesen Betrieb konnte sie dank der Unterstützung der Schwester und Mutter, die regelmäßig geholfen haben, insgesamt vier Jahre lang erfolgreich führen. Mit der Schwangerschaft war diese berufliche Belastung aber nicht mehr zu bewältigen. Zumal der Vater des Kindes Soldat und deshalb oft nicht da war. Die Beziehung hat nicht gehalten, doch auch schon zuvor hat sie die Kinderbetreuung weitgehend allein verantwortet.

Sie hatte einige Diskriminierungserfahrungen. Viele Freunde kamen nicht mehr: „Ich glaube, die haben sich geschämt, dass ich gescheitert bin. Obwohl ich das nicht so empfinde, für mich war es eine Erfahrung und schöne Zeit.“ Freunde fragen sie manchmal um Hilfe, weil sie derzeit ja nichts zu tun habe. Auch das empfinde sie als diskriminierend. Viele Beraterwechsel beim Jobcenter machten es ihr auch schwer. Aber auch die Erfahrung, als Bewerber abgelehnt zu werden, wenn viele Arbeitgeber nicht einmal eine Absage schrieben, erlebt sie als Zurücksetzung. Ohne Arbeit könne man kein vollwertiger Teil der Gesellschaft sein. Ihr fehle die Anerkennung für etwas, was sie selbst geschafft habe. Die erlebe man in und durch die Arbeit. Denn ihre Leistungen als alleinerziehende Mutter fänden im Privaten statt, die wären für andere unsichtbar oder würden als selbstverständlich hingenommen. Das Wort „Maßnahme“ sei in sich selbst erniedrigend: „Wenn ich heute Nachmittag in die Stadt gehe und jemand würde mich fragen: Was hast du heue morgen gemacht? Dann würde ich ja nie sagen, Ich war bei einer Maßnahme.“ Das Wort müsse man ändern.

Inkludiert zu sein bedeute, an der Gesellschaft aktiv teilzuhaben. Egal in welcher Form, aber an erster Stelle stehe ja nun mal der Job. Zudem sorgt sie sich um ihre Vorbildfunktion für den Sohn: „Ich will nicht als falsches Vorbild dienen.“

5.20 Ursula Lausen: „Bin für den ersten Arbeitsmarkt ungeeignet.“

Die 46-jährige Mutter von zwei Söhnen lebt allein in Berlin: „Im tiefen Wedding, da gibt’s nicht viele deutsche Namen am Klingelschild.“ Frau Lausen würde man als besonders verhärtet langzeitarbeitslos definieren, denn seit 2005 ist ihre Lebensrealität das Hartz IV-System, seitdem es das System überhaupt gibt. Man erlebt sie resigniert, sie selbst bezieht sich auf ärztliche Gutachten, die ihr aufgrund der körperlichen und vor allem psychischen Situation eine Arbeitsfähigkeit von maximal sechs Stunden am

Tag bescheinigt haben: „Ich finde halt nichts. Es ist ganz klar, 100-prozentig: Bin für den ersten Arbeitsmarkt ungeeignet. Das wurde getestet, das ist hinterlegt."

Die Grundlagen für ihre Probleme am Arbeitsmarkt sieht sie bereits in der Kindheit und führt die Scheidung der Eltern und einen aggressiven Vater als frühe Weichenstellungen für ihr Leben an. Dort seien wahrscheinlich auch die Grundlagen für ihre Depressionen gelegt worden.

Erst spät beginnt sie eine Ausbildung zur Altenpflegerin. In dem Beruf konnte sie aber nur eineinhalb Jahre nach der Ausbildung weiterarbeiten: „Dann habe ich es psychisch nicht mehr gepackt." Später folgte noch eine Anstellung in der Hauspflege. Doch dort kam es zu Meinungsverschiedenheiten aufgrund ihrer psychischen Konstitution. Die Stelle endete mit einem Rechtsstreit um Lohnforderungen: „Damit bin ich nicht klar gekommen, hatte Burn-Out." Seither wechseln sich Leistungsbezug und Maßnahmen ab, die sie manchmal mit Gelegenheitsjobs wie Flyer- oder Prospekte-Verteilen und dergleichen unterbricht.

Die Hoffnung auf einen Job gibt sie dennoch nicht auf und wünscht sich einen Job, der zu ihr passt. Dabei spielt auch der Wunsch nach eigenem Einkommen eine Rolle. Um in der Gesellschaft anzukommen, brauche man Arbeit allerdings noch mehr als das Geld. Das gute Miteinander mit Kollegen sei wichtig für einen selbst. Morgens aufzustehen und abends müde nach Hause zu kommen sei mindestens so wichtig wie das Gehalt. Denn als Hartz IV- Empfänger sei man schon schlechter gestellt, das sei ein Etikett, das man trage. Deshalb sei sie aktuell mit ihrem Leben nicht zufrieden. Hinzu kämen Zukunftsängste, bspw. vor der Rente: „Was soll da kommen?".

5.21 Jacqueline Atkins: „Ich arbeite auch, um mich auszupowern."

Das Leben der 53-jährigen Berlinerin ist vor allem von dem traumatischen Ereignis, bei dem vor 15 Jahren in kurzer Abfolge erst ihre Mutter und dann der 19-jährige Sohn verstorben sind, geprägt. Das gab einen abrupten Bruch in der Biografie. Eine Partnerschaft, die 15 Jahre bestand, ging auch auseinander. Frau Atkins hat kaum weitere Familienmitglieder, lediglich einen Bruder, zu dem regelmäßiger telefonischer Kontakt besteht. Nach dem tödlichen Unfall des Sohnes hat sie sich zunächst abgekapselt und nur langsam ins Leben zurückgekämpft.

Frau Atkins macht einen rastlosen Eindruck. Auch in der Erwerbsbiografie setzt sich dieses Bild fort. Sie hat mehrere Ausbildungen, ist gelernte examinierte Krankenschwester. Danach absolvierte sie eine Maurerausbildung. Sie hat auch einige Zeit in dem Beruf gearbeitet und dann eine Umschulung zur Köchin absolviert. Auch in diesem Bereich hat sie einige Jahre gearbeitet. Die Anstellung in einem Ausflugsrestaurant verlor sie jedoch aufgrund der Betriebsaufgabe. Seit zwei Jahren wechselt sie zwischen Leistungsbezug, Maßnahmen und Trainings. Ein Praktikum als Tresenkraft führte zuletzt nicht zu einer regulären Beschäftigungsaufnahme. Der Arbeitgeber habe zurückgemeldet, sie sei zu klein und zu alt: „So läuft das im Leben." Solche Diskriminierungserfahrungen beschreibt Frau Atkins auch im Zusammenhang mit dem Jobcenter und fühlt sich vom Amt gegängelt.

Mit einer gewissen Ambivalenz beschreibt sie auch ihre soziale Stellung. Einerseits helfe sie gern „Leuten, die noch weiter unten hängen als ich". Sie fühlt sich generell inkludiert und sei „zufrieden, so wie es jetzt ist". Dennoch kommt Bitternis gegenüber der Gesellschaft im Interview immer wieder vor: „Die Menschen sind alle hinterhältig." Die Kinder heute könnten einem nur leidtun, meint die Berlinerin. „Die haben die Arschkarte", denn alles sei härter geworden: Sei es die Umwelt, der Arbeitsmarkt, die Lebensumstände, die Menschen würden immer aggressiver und fauler, weil sie kaum noch Perspektiven geboten bekämen. Die Politiker sollten sich einmal Gedanken machen über ihr eigenes Land: „Wir sind das Volk."

„Man arbeitet, um Geld zu verdienen. Wenn ich genug Geld hätte, würde ich trotzdem arbeiten. Vielleicht was anderes. Man arbeitet ja nicht nur um Geld zu verdienen – schon auch deswegen, klar –, aber ich arbeite auch, um mich auszupowern." Der Wunsch nach Beschäftigung und Veränderung im Leben ist gleichwohl vorhanden: „Gutes Essen, gefüllter Kühlschrank, kein Minus auf dem Konto, bringt 'nen ruhigen Schlaf in der Nacht." Deshalb beschäftige sie sich täglich mit dem Gedanken an Arbeit: „Denn dann weißt du, wenn der Tag rum ist, was du geleistet hast." Deshalb sei der Stellenwert der Arbeit auch so hoch in der Gesellschaft. Sonst sei man nicht ausgelastet. Nach der Arbeit sei man zufrieden, auch mit sich selbst im Reinen, wenn man dann ausgepowert heimkäme: „Und dann haste sogar dein Geld, mit ‚eigener Hände Arbeit' verdient."

5.22 Lisamarie Klagenfurt: „Jobcenter fühlt sich megascheiße an."

Mit 21 ist Frau Klagenfurt nach Berlin gekommen, um ihrer „Sturm- und Drangphase" nachzugeben. Eigentlich war ihr Ziel ein Studium, das sie allerdings nach gut einem Jahr abgebrochen hat. Sie wollte einfach alles ausprobieren. Sie reiste viel und driftete dabei immer tiefer in die alternative Szene ab, beteiligte sich sogar an Hausbesetzungen, war wohnungslos. Vor etwa vier Jahren war sie an einem Tiefpunkt angekommen und erlebte einen psychischen Zusammenbruch. Eine Ursache für ihre psychische Instabilität sieht sie in ihren Kindheitserfahrungen. Sie erlebte viele Einschnitte von außen, weil sie als Pflegekind „durch fünf verschiedene Familien gegangen" ist. Zu ihrer „Herkunftsfamilie" habe sie einen losen Kontakt. Heute lebt die aus Heidelberg stammende Berlinerin in einer Wohngemeinschaft. Die WG-Partner seien sehr ruhig und wirkten positiv auf ihre Lebensführung. Generell habe sie ihr Umfeld stark verändert. Sie habe nun einen stabilen, kleinen Freundeskreis und eine mütterliche Freundin.

Frau Klagenfurt beschreibt sich selbst als humorvoll, sie tanzt gern und bastelt. Sie gesteht allerdings ein, auch launisch und empfindlich aufgrund einer Depression zu sein: „Ich bleibe oft in meinen Gefühlen hängen." Aus diesem Grund erlebe sie häufig psychische Überforderungen.

Heute sei sie auf dem Weg ihr Leben zu stabilisieren. Nach einer Therapie hat sie sich an das Jobcenter gewendet und eine Wohnung vermittelt bekommen. Sie bezieht seit drei Jahren Leistungen und hat Arbeitserfahrungen nur im Bereich einer ehrenamtlichen Tätigkeit in der Nachtmission, der sie manchmal im Winter nachgeht. Sie habe lange gebraucht, die Hilfe des Jobcenters anzunehmen. Sie sei von ihrer Pflegefamilie, in der sie am längsten war, so geprägt, dass man zunächst sein Leben allein in den Griff bekommen müsse. Deshalb war sie lange zu stolz, das Jobcenter um Hilfe zu bitten. Das alles sei ein langwieriger Prozess. Es gäbe keine direkten Diskriminierungen. Es habe also noch niemand gesagt: „Du bist ein Parasit vom Staat, oder so. Ich glaube, da habe ich viel internalisiert, dass ich glaube, die denken so darüber. Ich merk' das oft, wenn ich gefragt werde: ‚Was machst Du?' Ich sage dann zwar, dass ich viele Interessen habe, aber wenn man schlussendlich sagt ‚Jobcenter': Das fühlt sich megascheiße an." Man müsse sich immer rechtfertigen, wenn man Leistungen beziehe: „Ich will das nicht ewig machen."

Sie möchte etwas Handfestes arbeiten. Sie hat den Wunsch etwas zu erschaffen, ein Arbeitsergebnis sehen zu können. Damit für sich selbst sorgen und sich selbst ernähren zu können wäre ideal. Es gehe nicht darum, mehr Geld vom Jobcenter zu bekommen, es gehe vielmehr darum, ein auskömmliches Einkommen selbst und eigenständig erarbeitet und verdient zu haben. Arbeit bedeute auch seine eigenen Talente entfalten zu können, seine Stärken einbringen zu können. Arbeit sei aber auch „empowernd", denn wenn man eine Arbeit habe, wisse man auch, dass man seinen Fähigkeiten vertrauen kann, wenn man dafür bezahlt würde. Das gäbe viel Selbstwert und würde sich auch sehr positiv auf ihre Depression auswirken. Man würde schlicht über die Arbeit „identifiziert".

5.23 Gregor Bauerfeind: „Ich will nicht bis 50 arbeitslos sein."

Nach der Schule und der Ausbildung als Maler und Lackierer hat Gregor Bauerfeind noch zwei Jahre im Ausbildungsbetrieb arbeiten können. Leider sei dieses Unternehmen dann in die Insolvenz gegangen und seither konnte er am Arbeitsmarkt nicht mehr richtig Fuß fassen. Seit einem Unfall hat er zudem Angst in ein Auto zu steigen, was seine berufliche Perspektive extrem beeinträchtigt. „Und dann hat es sich so langsam zu dem entwickelt, was es jetzt ist ... leider", meint der 34-jährige resignierend.

Die Arbeitgeber sind seiner Ansicht nach nicht fair, die Löhne zu niedrig und auch mit Mindestlohn habe sich wenig verändert. Er würde als Praktikant ausgenutzt und danach, wenn die Baustelle fertig sei, höre man nichts mehr von der in Aussicht gestellten Stelle. Viele, die arbeitslos seien, wollten das gar nicht sein. „Arbeit macht Spaß, wenn man seinen Job liebt! Und ich habe meinen Job immer gern gemacht", meint er. Es wäre aber einfach zu schwer der Spirale von Maßnahmen, Praktika und Arbeitslosigkeit zu entkommen. Vor vier Wochen hatte er gerade vier Wochen Praktikum absolviert: „Ich bin also jetzt wieder ganz frisch hier, immer das gleiche, macht echt keinen Spaß mehr." Den Stempel trage man einfach mit sich herum: „Die Firmen wissen doch, der war mal arbeitslos, den können wir ausnutzen!" Man könne schon das Gefühl bekommen, das habe System, dass man den Betroffenen einfach keine Chance mehr geben will.

Bauerfeind lebt in einem großen Haus mit 50 Nachbarn. Er kennt jeden im Haus persönlich, weil er ein offener und freundlicher Mensch sei. Eine fröhliche und gepflegte Erscheinung ist ihm wichtig. In der Freizeit ist er sehr aktiv, Pilze sammeln, in die Sauna gehen, Inline-Skates fahren oder sich mit Freunden treffen gehört zu seinen Hobbys. Sein Hund halte ihn auch auf Trapp: „Läuft alles gut, ich hätte gern mehr Geld, ein fester Job würde da helfen." Materielles wäre schon schön. Zunächst käme die Familie, aber danach ist Geld schon auch etwas sehr Wichtiges: „Familie ist natürlich das Wichtigste, das es gibt!"

Er fühlt sich manchmal zurückgesetzt, wenn er sparen muss und sieht, dass andere nicht so sehr auf das Geld schauen müssen. Die Selbstreflexion am Freundeskreis stimmt ihn aber auch über das Materielle hinaus traurig. Sowohl seine Freundin als auch alle im Bekanntenkreis haben einen festen Job. Das persönliche Umfeld habe sich seit der Arbeitslosigkeit zwar nicht verändert. Dennoch sei die Arbeitslosigkeit ein Thema dort: „Es ist traurig, dass ein Junge mit so viel Potential nicht arbeitet", meinen seine Freunde.

Er erinnert sich noch an Zeiten, zu denen die Gesellschaft einen besseren Zusammenhalt hatte. Weil vor dem Interview etwa 30 Polizeibeamte das Haus gestürmt hatten, um einen renitenten Leistungsbezieher festzunehmen, kommt Herr Bauerfeind auf das Thema Gewalt: „Ich wohne hier an der Straße in einer dieser großen Dinger, ich habe dort schon drei Morde gesehen. Live. Mit Waffengewalt." Früher war es seiner Meinung nach „normaler". Nach der Schule machte man seine Ausbildung und ging arbeiten, meint er. Leider sei sein Berufseinstieg genau in die Zeit der EU-Osterweiterung gefallen: „Wenn die Polen für die Hälfte arbeiten, dann bleibe ich natürlich auf der Strecke." Die Gesellschaft drifte leider immer weiter auseinander, die Deutschen würden das Land verlassen, Ausländer kämen hinzu, das sei alles nicht gut für den Zusammenhalt. Die, die jetzt noch hier sind, seien leider hochaggressiv.

5.24 Damian Märzen: „Arbeit? Muss ja!"

Der 29-jährige Berliner, Damian Märzen, ist eher resigniert und zurückhaltend. Seit seiner Volljährigkeit lebt er von SGB II-Leistungen, obwohl er eigentlich nicht so gern vom Staat abhängig sein möchte. Doch durch eine Krankheit seiner Mutter musste er in einem Kinderheim aufwachsen. Diese Krankheit macht er auch dafür verantwortlich, dass er die Schule nach dem erweiterten Hauptschulabschluss abgebrochen und darüber hinaus keine Ausbildungen absolviert hat. Berufliche Erfahrungen sammelte er hin und wieder bei gelegentlichen Berufsphasen als Hilfsarbeiter. So war er als Reinigungskraft beschäftigt, hat in einer Küche ausgeholfen und war in der Fleischindustrie tätig. In einer Schokoladenfabrik war er auch mal tätig. Seine letzte Arbeitserfahrung liegt allerdings schon zweieinhalb Jahre zurück. Er ist nun fast 30 und versucht über einen LKW-Führerschein beruflich Tritt zu fassen. Denn er „würde gern auf eigenen Füßen leben". Auf der einen Seite schämt er sich, dass er mit dem Jobcenter zu tun hat und seinen LKW-Führerschein-Kurs vom Amt finanziert bekommt, aber er ist auch stolz auf sich, den Führerschein jetzt machen zu können: „Da hab' ich lange für gearbeitet." Der Führerschein ist sein nächstes Ziel.

Man sähe es vielen Menschen schon an, wenn sie nicht arbeiten und nichts aus ihrem Leben machen. Mit dem Job sei „es so lala". Er sei wichtig, aber auf der anderen Seite auch manchmal schwer. Alkohol sei ein Thema bei ihm, für ausdauernd und je nach Situation auch zuverlässig hält er sich dennoch. Er hat ein wenig Kontakt zu den Nachbarn und sitzt gern am Computer. Mit der Arbeitslosigkeit kommt er gut zurecht. Teilweise fühlt er sich trotzdem schon als Teil der Gesellschaft. Nicht immer, gibt er zu, denn er fühlt sich oft zurückgelassen, aber „das ist wie es ist, es gibt mal Hochs und Tiefs". Die Gesellschaft erwarte einfach, dass man arbeiten geht: „Arbeit? Muss ja!"

Sein Wunsch wäre eine kleine Familie und noch zwei Kinder, denn zu seinem ersten Kind hat er keinen Kontakt. Er würde gern eine Zwei- bis Drei-Zimmer-Wohnung bewohnen und dort ein normales Familienleben führen, denn er hält sich selbst für einen Familienmenschen. Dazu sollte eine Arbeit mit einem Einkommen kommen. Das wären Grundvoraussetzungen, um vollständig in die Gesellschaft integriert zu sein. Dabei spielen die materiellen Dinge keine herausgehobene Bedeutung. Es muss nicht das neueste Handy oder der neueste Fernseher sein. Wenn der Zusammenhalt in der Familie stimme, dann käme der Rest von ganz allein.

5.25 Sabine Hamady: „Guter Job: gutes Leben: gute Gesellschaft."

Frau Hamady ist eine 31-jährige Mutter von drei Kindern, die sich in dieser ausschließlichen Rolle zunehmend eingeengt fühlt. Sie hatte nie eine reguläre Berufserfahrung. Lediglich über eine angefangene, aber nicht abgeschlossene Ausbildung zur Arzthelferin konnte sie eigene Erfahrungen in der Berufswelt sammeln. Sie heiratete früh in eine libanesische Familie ein. Ihr Mann arbeitet als Friseur, sie selbst nimmt, soweit es die Kinderbetreuung zulässt, an Maßnahmen und Trainings teil oder bestreitet Praktika. Die eigenen Kinder und die erweiterte Familie bestimmen ihren Tag.

Frau Hamady ist Deutsche und stammt aus Lörrach. Mit 14 ist sie mit ihrer ursprünglich dänischstämmigen Familie aus Süddeutschland nach Berlin gezogen. In der Schule hatte sie Probleme und nahm das Lernen nach eigener Aussage manchmal nicht so wichtig, wie es nötig gewesen wäre. In der Schule hatte sie wenig Kontakt zu Klassenkameraden: „Weil ich nicht immer einverstanden war mit den Aktivitäten der Mitschüler. Die waren viel auf der schiefen Bahn, das hat mir nicht gefallen, davon habe ich mich ferngehalten.“ Danach wollte sie Arzthelferin werden und ärgert sich bis heute, diese Ausbildung nicht abgeschlossen zu haben. Danach bekam sie das erste Kind. Um die Kinderbetreuung kümmert sie sich weitgehend allein, sodass die Kinder auch zu einem Bruch in der Erwerbsbiografie geführt haben.

Dennoch hat Frau Hamady den Wunsch zu arbeiten. Sie würde gern einen neuen Versuch starten, Arzthelferin zu werden. Sie glaubt, dass das Kopftuch dabei häufig ein Problem darstellt. „Ausländer raus“ höre die gebürtige Deutsche manchmal, berichtet sie und lacht. Dennoch: Die meisten Ärzte bevorzugten Bewerberinnen ohne Kopftuch. Eine Frage bei der Bewerbung sei regelmäßig, ob sie sich vorstellen könnte, das Kopftuch während der Arbeit nicht zu tragen. Aber auf ihre religiösen Symbole möchte die Konvertitin nicht verzichten. Gleichwohl ist sie davon überzeugt, dass ein gutes Leben nur mit einer Arbeit möglich ist. Sie träumt von Eigentum, einer Arbeit und einer eigenen Erfüllung neben der Familie.

Eng eingebunden in die Aufgaben als Hausfrau und Mutter hat sie wenig Kontakt außerhalb der Großfamilie. Die deutsche Nachbarin ist einer der wenigen regelmäßigen Kontakte außerhalb der Familie. Diese Nachbarin ist ihre sehr gute, aber auch einzige Freundin. Sie macht sich viele Gedanken darüber, dass sie ohne die Arbeit auch nicht unabhängig vom Einkommen des Mannes sein kann. Ihren Mangel an Unabhängigkeit betont sie im Gespräch an vielen Stellen. Für die Zukunft ist sie wenig optimistisch und hält ihre Träume von einem Eigenheim, einer Ausbildung und einem Job sowie einem unabhängigen Leben für eher unrealistisch.

„Die Wünsche der Kinder nicht erfüllen zu können tut mir manchmal weh.“ Sie wäre gern ein besseres Vorbild für die Kinder. Die eigene Null-Bock-Stimmung in der Schule beobachtet sie auch manchmal bei ihren Kindern. Aus ihrer jetzigen Sicht als Erwachsene versucht sie deshalb ihre Kinder vom Wiederholen ihrer Fehler zu bewahren: „Ich habe es nicht geschafft, und gerade deshalb würd’ ich es mir so sehr wünschen, dass sie es besser hinbekommen.“ Deshalb hat für sie der Satz „Die Kinder sollen es mal besser haben“ eine große Bedeutung. Für die Kinder ist es aus ihrer Sicht entscheidend, ein hohes Maß an Selbstbewusstsein zu entwickeln. Den Leuten sei es eigentlich egal, ob man Arbeit habe. Aber für einen selbst sei es „natürlich viel, viel besser, dass du ’ne Arbeit hast“. Die Gesellschaft sollte deshalb dafür sorgen, dass ihre Kinder irgendwann einen guten Job haben.

5.26 Amir Navid: „Arbeit brauchen wir einfach.“

Der Computer-Experte flüchtete vor einigen Jahren aus dem Iran und lebt mittlerweile als anerkannter Flüchtling mit seiner Frau und seiner Tochter in Berlin. Als politisch Verfolgter ist er über die Türkei, wo es ihm gelang seine Familie nachzuholen, und Finnland schließlich nach Deutschland gekommen. Seit 2013 bezieht er Leistungen, zunächst aus dem Asyl- und nun vom Hartz-System. Der Geflüchtete berichtet von Diskriminierungen in einem Flüchtlingsheim. Er berichtet, dass es für ihn schwierig war, an Informationen zu gelangen und kritisiert die Heimleitung und deren Mitarbeiter. Er hatte enorme Probleme sich im behördlichen System zurecht zu finden, das Antragswesen zu verstehen oder eine Wohnung vermittelt zu bekommen. Es zeigt sich auch in diesem Fall, dass verschiedene Lebensrisiken oder Vermittlungshemmnisse bei Langzeitarbeitslosigkeit auftreten.

Herr Navid arbeitet seit einiger Zeit an der Anerkennung seiner akademischen Qualifikationen aus der Heimat und besucht dafür verschiedene Schulungen. Die SGB II-Leistungen für die Familie stockt er mit regelmäßigen Kurierfahrten auf.

Er engagiert sich seit vielen Jahren im Bereich der Menschenrechte, worin auch seine Fluchtursache begründet liegt. Dieses Engagement konnte er in Deutschland nur in den ersten Monaten aufrechterhalten, denn nunmehr kollidieren seine Abendkurse und seine Tätigkeit als Fahrer mit den Treffen der Gruppen und Vereinen wie Amnesty International, wo er einige Zeit aktiv gewesen ist. Die Flucht- und Verfolgungserfahrungen prägen ihn und seine Familie weiterhin. Mit den Unsicherheiten und den Geldproblemen bei der Flucht und den behördlichen Schwierigkeiten nach der Ankunft in Deutschland ging eine noch engere Bindung der Familie einher.

Zu einem guten Leben gehört, „seine Position“ zu erreichen. Anerkennung und Respekt spielt dabei eine größere Rolle als das Geld. Offenbar fühlt er sich zurückgesetzt, weil er seinen (politischen) Interessen wegen der notwendigen Kurierfahrten nicht nachgehen kann. Der Job entspräche auch nicht seinen Qualifikationen. Er muss zudem viele Kurse und Prüfungen absolvieren, um seine Qualifikation anerkennen zu lassen. Auch dadurch fühlt er sich benachteiligt.

Priorität hat in seinem Leben ein guter Job, der seiner Qualifikation entspricht. Erst wenn er das erreicht habe, könne er sein soziales Engagement wieder intensiver betreiben. Eine auskömmliche Arbeit ist sein zentraler Punkt. Grundvoraussetzung für alles seien Job und Sprache. Erst wenn beides vorhanden sei, gingen „das Leben und alles andere erst richtig los“.

Der Tochter ein gutes Leben ermöglichen zu können, ist sein Antrieb. Sie soll Freundschaften haben und ein normales Leben führen können. Arbeit ist auch für seine Vorbildfunktion für die Tochter wichtig. Mit Arbeit können die Kinder später einen besseren Weg in der Gesellschaft finden.

Aus materieller Sicht sind nur „die Dinge, die ich echt und unbedingt brauche“ wichtig. Er wäre zufrieden, wenn er die Grundbedürfnisse der Familie mit seinem Gehalt bestreiten könnte. Er möchte nur nicht weniger haben als ein Kollege mit gleicher Qualifikation. Allerdings fühlt Herr Navid sich zurückgewiesen, weil er viele Absagen auf Bewerbungen erhält, obwohl aus seiner Sicht kein Problem mit der Qualifikation mehr vorliegt. Er wünscht sich eine Chance, sich beweisen und in die Gesellschaft integrieren zu können. Er beschäftigt sich täglich mit dem Gedanken, endlich Arbeit zu haben. Er hält Arbeit auch generell in der Gesellschaft für zentral.

Herr Navid sieht Arbeit auch als Mittel, einer gesellschaftlichen Verantwortung gerecht zu werden. Denn er habe Deutschland und dem UNHCR viel zu verdanken: „Die haben viel für uns gemacht, jetzt möchte ich auch etwas zurückgeben.“ Arbeit ist dabei sein Weg zurück in ein normales Leben: „Ich empfehle meiner Tochter: Such' Dir eine Arbeit, die Du gern machst. Denn es ist ein wichtiger Teil Deines Lebens. Schließlich verbringst Du dort acht Stunden am Tag. Und es ist Grundlage für alles Weitere.“

6 Zur konkreten Wirkung der vier Phelps'schen Dimensionen von Arbeit

Ausgangspunkt der Analyse des Materials sind Oberkategorien, die sich aus den vier identifizierten Wirkdimensionen von Arbeit nach Phelps ergeben haben.[126] Der Fragebogen ist so strukturiert, dass die Interviewpartner zu diesen vier Lebensbereichen ihre Erfahrungen berichten. Besondere nicht vertonbare Eindrücke von den Interviews wurden auf einem Fragebogen-Notizzettel protokolliert. Anschließend wurden alle Interviews transkribiert.[127] Sowohl die Schriftform als auch die Audiodateien sowie die weiteren Notizen zum Interview wurden in die Software MAXQDA 2018 geladen, um sie dort zentral auswerten zu können. Hier wurden die Interviews gesichtet. Ziel war es, besondere Eindrücke aus den Einlassungen und Biografien der Interviewpartner in Bezug auf die Frage, ob gesellschaftliche Inklusion vor allem durch Erwerbsarbeit ermöglicht wird, zu sammeln.

Zur weiteren Analyse wurde das Material nach Mayring (2013) strukturiert. Dazu wurde auch auf die Methodik Coding zurückgegriffen, bei der besondere Textstellen auf eine bestimmte Eigenschaft hin kategorisiert werden. Die Codes ergaben sich zunächst aus den in dieser Arbeit hergeleiteten Oberkategorien nach den Phepls'schen Inklusions-Dimensionen. Diese wurden auf Grundlage des Datenmaterials weiter strukturiert, kategorisiert und verfeinert. Nach vielen Durchläufen haben sich in Bezug auf die vier Phelp'schen Dimensionen der Inklusion die nachfolgend dargestellten Codings ergeben.

6.1 Die Persönliche Dimension

6.1.1 Diskussion der Argumente von Befragten, die sich nicht diskriminiert sehen

Die Inklusionserfahrung ist in der Befragung nicht nur implizit abgefragt worden oder erschließt sich nicht nur aus der Gesamtschau der Beschreibungen. Es wurde auch direkt gefragt: „Fühlen Sie sich inkludiert?" Dabei ist der technische Begriff der Inklusion nicht üblich im normalen Sprachgebrauch und dadurch auch nicht immer sofort verständlich. In vielen Fällen wurde deshalb der Begriff der Inklusion je nach Reaktion ausführlicher erklärt: „Fühlen Sie sich inkludiert, d. h., sehen Sie sich selbst im Großen und Ganzen als vollwertigen Teil der Gesellschaft angenommen?" Die Erläuterungen dazu waren vielfältig, von kurzen Bejagungen und Verneinungen bis hin

126 Vgl. Kapitel 3.4 für die Herleitung der vier Dimensionen und Kapitel 4 für die Überleitung dieser Dimensionen als Kategorien für die Befragung.
127 Nach GAT, vgl. Selting et al. (1998).

https://doi.org/10.1515/9783110795639-006

zu ausführlichen Beschreibungen. Der Zugang zum Themenkomplex über die Nachfrage nach konkreten Diskriminierungserfahrungen war durchweg ergiebiger. Hier kam es teilweise zu Wiederholungen, häufig aber zu noch deutlicheren Beschreibungen bzgl. der Inklusionserfahrung. Besonders interessant für die Analyse sind auch solche Antwortkonstellationen, bei der die Frage nach der Teilhabe an einer Diskriminierung verneint wurde, weil sich aus den weiteren Erfahrungsberichten ein differenziertes Bild ableiten lässt.

Abbildung 15 zeigt, in welchen der 26 Interviews die einzelnen Codings identifiziert werden konnten. In einigen Interviews wurden mehrere Codings identifiziert. Das ist besonders relevant bei den sechs Ausprägungspunkten in der ersten Zeile, die dokumentieren, dass die Interviewpartner auf die direkte Frage hin angeben, keine Diskriminierung zu erleben. In all jenen Spalten finden sich jedoch weitere Codings, die dennoch Diskriminierungen oder Zurücksetzungen beschreiben.

Abbildung 15: Verteilung der Diskriminierungskategorien in den einzelnen Interviews. Horizontale: Einzelnes Interview, Vertikale: Ausprägung, Punkt: Kategorie kommt im Interview mindestens einmal vor. Quelle: Eigene Darstellung, erstellt mit MAXQDA 2018.

Die Frage nach der Diskriminierungserfahrung wurde in der gesamten Erhebung nur in sechs Fällen verneint. Vom Erleben von konkreter Diskriminierung oder von der Erinnerung an eine bestimmte Situation kann keine generelle Exklusion abgeleitet werden. Viele Menschen werden sich also in ihrem Leben einmal diskriminiert oder zurückgesetzt gefühlt haben, ohne dass eine Exklusion vorläge. Das Erleben von Diskriminierungen kann deshalb nur eine hinreichende Bedingung für gesellschaftliche Exklusion ausmachen. Exklusion ist mithin keine absolute Kategorie, sondern bezieht sich immer auf etwas Bestimmtes. Im Kontext des Fragenblocks dient die Kontrollfrage ohnehin eher der beispielhaften Belegung der Inklusionserfahrung. Dennoch ist die seltene Verneinung in zweierlei Hinsicht von besonderer Bedeutung. Erstens liefert sie ein klares Indiz für die Wechselwirkung von Arbeit und Inklusion. Wäre die Häufung umgekehrt, wäre das problematisch mit Blick auf die Grundthese, dass Inklusion ohne Arbeit in der Regel unmöglich ist.

Um ein tieferes Verständnis des Zusammenhangs zu gewinnen, ist es notwendig, die sechs Fälle mit zur Grundüberlegung kontraintuitiven Antworten genauer zu betrachten. Die Analyse der Interviews, bei denen die Diskriminierungserfahrung verneint wurde, liefert wertvolle Hinweise auf das Verhältnis von Person und Gesellschaft sowie die eigene Verortung dieser sechs Langzeitarbeitslosen.

Bei Alfred Grazer zeigt sich, dass er sich ein Stück weit von der Gesellschaft abgenabelt hat und sich und sein Umfeld vermeintlich unabhängig eingerichtet hat. Er beschreibt sich weniger als Teil der gesamten Gesellschaft, sondern betont seine Zugehörigkeit zu bestimmten Gruppen, denn er sei „Biker und Rocker": „G: Wenn alle sich ein bisschen an die Regeln halten würden, hätten wir hier ein super Auskommen. 100%. Für mich gibt es zu viele, wie drücke ich das jetzt ganz – für mich gibt es zu viele Vollpfosten, die versuchen, anderen das, was sie sich aufgebaut haben, auf eine Art wegzunehmen. So diplomatisch jetzt gesagt. Ich könnte es auch direkt sagen, nur dann, ich glaube, dann wäre das Interview hier zu Ende! I: Nein, das glaube ich nicht. G: Doch, ich habe das schon mal gemacht. Ich hab' das schon mal gehabt beim Amt, da hatte ich dann das dann gesagt, was ich gedacht habe, und da hatte er mir dann gesagt, es wäre doch besser, wenn ich jetzt den Raum verlasse. I: Das wird hier nicht passieren. Wir sind hier ein geschützter Raum, und ich habe auch nichts mit dem Jobcenter zu tun. G: Nein, das hat auch jetzt nichts hier mit dem Jobcenter zu tun, sondern halt eben teilweise auch mit meiner politischen Einstellung."

Alfred Grazer beschreibt hier also im Kern eine Diskriminierungserfahrung. Er schließt sich selbst von seinem gesellschaftlichen Umfeld aus, weil er davon überzeugt ist, dass seine politische Meinung ihn zu einem „Outsider" macht. Im Ergebnis jedoch beschreibt er eine Erfahrung, bei der er sich selbst außerhalb der Gesellschaft verortet. Sogar auf Nachfrage und Bitten reagiert er zurückhaltend und vermutet, dass ein offenes Wort zu seiner politischen Gesinnung ihn sogar vom Interview ausschließen könnte. Die Abwertung der anderen („es gibt zu viele [...] Vollpfosten") deutet ebenso darauf hin, dass er sich einer eigenen Gruppe hinwendet und damit ein Stück von der Gesamtgesellschaft losgelöst hat. Seiner Gruppe schreibt Herr Grazer viele positive Erfahrungen zu: „Ich glaube, wir stehen ein bisschen mehr im Leben als manch anderer", sagt er über sein Umfeld im Motorradclub. Diese Ambivalenz zwischen eigenem Umfeld und Gesellschaft zieht sich durch das gesamte Interview. Er möchte arbeiten und zeigt viele Wege auf, wie er mit Leichtigkeit an Arbeit kommen könnte. So behauptet er ein offenes Angebot vom Zoll zu haben, zurück in den Beamtenstatus zu kommen oder über einen Lehrgang einen Job als LKW-Fahrlehrer in Aussicht zu haben. Dennoch lebt er seit drei Jahren im Leistungsbezug und nimmt das Intensiv-Programm der Jobperspektive im Jobcenter positiv an. Das „Wir und Die"-Weltbild ist ein schlechtes Signal für gesellschaftliche Inklusion. Die Verneinung einer Diskriminierungserfahrung kann deshalb auch bedeuten, dass er sich derart von der Gesellschaft abgekapselt hat, dass er Ablehnung der Gesellschaft eher als Bestätigung für sein Weltbild, als eine Zurücksetzung empfindet. Denn wie sollte eine Gesellschaft, die er in vielen Beriechen ablehnt, ihn in seinem positiven Umfeld, das ihm und seiner Lebensweise einen gewissen Schutzraum bietet, beeindrucken?

Anne Pawelski sagt, sie erlebe keine Diskriminierung. Dennoch beschreibt sie danach in einem anderen Zusammenhang sehr deutliche Diskriminierungserfahrungen aufgrund des Alleinerziehendenstatus und schränkt das Nein im Laufe der Befragung wieder ein: „I: Wie würden Sie denn konkret Ihre Zukunftserwartung beschreiben? Gibt es da Ängste, Vorfreude, Zuversicht? G: Nee, überhaupt nicht, überhaupt nicht. Nee! Da habe ich überhaupt keine Vorstellung von. Weil ich mich jetzt auch schon seit Jahren, okay jetzt seit Monaten, intensiv auch um eine Stelle bemühe und nichts kriege. Weil, sobald jemand alleinerziehend ist, ist das Thema gegessen für den Arbeitgeber. Was eigentlich traurig ist. I: Ist das auch eine Form der Diskriminierung? G: Das ja, klar. Also wenn es um den Job geht, ist das alleinerziehend sein echt vorm Eimer."

Frau Pawelski beschreibt die Schwierigkeit eines häufigen Vermittlungshemmnisses. Weil sie an ihrer familiären Situation schlechterdings wenig ändern kann, erlebt sie diese Schwierigkeit für den Einstieg in den Arbeitsmarkt als aktive Diskriminierung von Arbeitgebern und der Gesellschaft, die auf sie einwirkt. Sie wünscht sich insbesondere für ihre Tochter eine bessere Zukunft, eine gute Ausbildung und möchte dem Kind auch finanziell mehr bieten. Sie artikuliert den Wunsch nach einem gemeinsamen Urlaub und auch einem „Mehr an Materiellem".

Ein Erklärungsansatz für die Verneinung einer Diskriminierung auf die direkte Frage danach könnte in der langen Bezugsdauer von Leistungen bei der Familie liegen. Frau Pawelski hat nie eine längere Erwerbsphase über die Kochlehre hinaus erlebt. Seit zwölf Jahren erhält sie Leistungen nach SGB II. Auch hier könnte man unterstellen, dass über die lange Zeit eine Gewöhnung an die Lebensrealität im Leistungsbezug stattgefunden hat. Eine derart starke Abgrenzung von der Gesellschaft und Hinwendung zu einer bestimmten Gruppierung, wie im vorangegangenen Fall, lässt sich bei Frau Pawelski allerdings nicht feststellen. Dennoch zeichnet sich ab, dass sich ihre Lebensführung und ihr Umfeld sehr stark an die Situation des Leistungsbezugs angepasst haben. Deshalb vermag es auch nicht zu überraschen, dass die bekannte Situation, schlechte Jobperspektiven zu haben, nicht als Diskriminierung empfunden wird. Die weiteren Beschreibungen von Frau Pawelski in anderen Dimensionen machen sehr wohl deutlich, dass es Anzeichen für Exklusion gibt.[128]

Das gilt in ähnlicher Form auch für Nadja Tiefensee, die zunächst keine Diskriminierungen erlebt haben will, in der Folge allerdings das Gegenteil beschreibt: „Es wird ja allgemein schlecht über Hartz IV gesprochen. Das ist ja bekannt, und wenn die das wüssten, dann würde man auch im Laden bestimmt blöd angeguckt oder so, gehe ich mal von aus."

Hier zeigt sich, dass Frau Tiefensee ihre Identität als Hartz IV-Empfängerin „im Laden" verschleiert, um keinen negativen Reaktionen von „denen" zu bekommen. Damit macht sie eine Ich-Die-Trennung auf, grenzt sich also gegenüber anderen ab und zeigt damit an, dass sie sich eben nicht als einen integralen Bestandteil der Gesellschaft sieht.

---

128 In den Kapiteln 6.3.1 und 6.5.1 beschriebt Frau Pawelski Ausgrenzungserfahrungen. Sie fühlt sich von potenziellen Arbeitgebern zurückgesetzt. Sie sieht auch gesellschaftspolitische Mängel im Umgang mit Alleinerziehenden.

Die Verneinung von Diskriminierung bei Jens Heber und Jonas Trabelsi können im Erzählzusammenhang anders gedeutet werden. Denn Jens Heber hat ein ambivalentes Verhältnis zur Gesellschaft und problematisiert den Mangel an echter Zugehörigkeit sehr deutlich. Er beschreibt die Schwierigkeiten, die er im Umgang mit anderen Menschen hat und die es ihm erschweren, belastbare Bindungen aufzubauen oder sich im Umgang mit seiner Umgebung wohl zu fühlen. Er erläutert, welche Schwierigkeiten es ihm psychisch und schließlich physisch bereitet hat, sich von der Gesellschaft herauszuziehen. Seine frühere Strategie einer Abkehr von der Gesellschaft hat ihn vor unlösbare Probleme gestellt: „I: Wenn Sie jetzt darüber nachdenken, nicht nur in der Vergangenheit, sondern auch jetzt, sehen Sie sich da inkludiert, also als Teil der Gesellschaft angenommen im Großen und Ganzen? G: Ja, doch denke ich schon. Das liegt denke ich immer auch an jedem selbst, wie er sich halt sieht. Weil, was ich vor 20 Jahren z. B. als Fehler gemacht habe, ich habe dann Sachen aufgeschnappt, die halt um mich herum geschehen, und habe mich hingestellt und habe gesagt, habe halt kritisiert oder habe gesagt, das ist Mist. Für mich selbst habe ich immer beansprucht, wenn ich etwas sage und jemand kommt halt irgendwie und sagt, das ist Mist, dann soll er mir doch bitte sagen, wie es besser geht eben so. Das habe ich damals auch nicht gemacht. Aber so sollte man halt irgendwie damit umgehen. So sollte man das halt irgendwie machen und nicht Dinge sagen: Da ist jemand schuld dran, und usw. usf. Also ich habe mich auch, vor 20 Jahren war ich halt ein bisschen krasser unterwegs und habe gesagt, okay, die Gesellschaft ist doof. Und heutzutage denke ich so, die Gesellschaft ist zwar immer noch doof, aber ich bin Teil der Gesellschaft und nicht, da ist die Gesellschaft, da bin ich, sondern die Gesellschaft ist halt doof, okay, dann bin ich aber mit doof. Und wenn ich sage, die Gesellschaft ist gut, dann bin ich aber mit gut."

Auch hier scheint die intuitive Antwort auf die Frage einer erlebten Diskriminierung das Nein. Denn eine Bejahung würde ihn vor einen unmittelbaren Konflikt mit seiner neu gefundenen Lebensstrategie stellen. Vor dem Hintergrund, dass Herr Heber seit 10 Jahren mit einer psychischen Erkrankung zu kämpfen hat und sich schwertut, seinen Selbstwert zu erkennen, ist gesellschaftliche Inklusion für ihn schwer zu erreichen. Auch wenn Lebensentwürfe und Biografien schlecht vergleichbar sind, könnte man beispielhaft sagen, dass bei Herrn Heber die Exit-Strategie, sich in einer bestimmten Gruppe, einem geschlossenen Umfeld, einzurichten, immense Auswirkungen auf seine psychische Gesundheit hatte. Diese psychische Belastung, erschwert es Herrn Heber im Vergleich zu den anderen Interviewpartnern in diesem Kapitel zusätzlich, Anschluss an die bürgerliche Gesellschaft zu finden.

Jonas Trabelsi berichtet sehr ausführlich über den guten Zusammenhalt der Familie. Ihm ist das Materielle nicht wichtig. Er lobt das System, das ihm und seiner Familie ein Existenzminium ermöglicht: „Ich bin sehr zufrieden, Gott sei Dank, dass ich gesunde Kinder habe und meine Gesundheit und die Gesundheit von meiner Familie. Das ist wichtig für mich überall. Ja, da kannst du viele Sachen mit Geld kaufen, aber Gesundheit kannst du nicht mit Geld kaufen. Das ist wichtig, das macht mich richtig zufrieden. Ob ich arbeite oder nicht momentan, wir verdienen jetzt, wir haben Geld zum Leben, das ist gut in Deutschland, dass sie dieses Sozialleben oder so was, das ist gute Hilfe für die Leute, ja, wer keine Arbeit findet, der verhungert auch nicht."

Im gesamten Interview äußert er sich sehr positiv zur familiären Situation, der sozialen Absicherung und schein zufrieden mit seinem Leben. Erst als das Interview sich seinem persönlichen Wünschen und seinen Zukunftserwartungen hinwendet, bröckelt die positive Einstellung: „G: Also ich, ja, ist auch Stolz auf die Arbeit, was haben wir auch gemacht, diese Transportbänder und diese Arbeit, die wir in der großen Firma da und in Flughäfen oder so was, das ist auch wichtige Arbeit und gut, wenn jemand rein in die Sicherheit, dann wissen die, der Mann hat an unserem Flughafen gearbeitet und kennen ihn, und du weißt immer, dann sagst du zu deinen Kindern, hier, diese Abteilung habe ich gebaut und diese Rutsche habe ich gemacht und so und so. Das ist gut. Aber keine Kraft mehr dafür. I: Nein? Wie stark ist denn der Wunsch nach so einem Arbeitsplatz bei Ihnen? G: Nichts mehr. Ist tot."

Die positiven Ausführungen zu Beginn des Gesprächs sind Teil einer Fassade, denn im wieteren Gesprächsverlauf dominiert der Eindruck einer Resignation. Herr Trabelsi wird im weiteren Verlauf des Interviews auch konkreter. Er berichtet, dass ihm die Erfüllung fehle, die eine Tätigkeit mit sich brächte. Außerdem beschreibt er anschaulich den Stolz, den er in Bezug auf die Arbeitsergebnisse und deren Sichtbarkeit verspürt hat: „Manchmal sitzt man im Kaffee und es fragt jemand, was machst du, und du antwortest, ja momentan, dann fängt der an zu ja, momentan mache ich nicht, momentan bin ich Hartz IV, und ich bin am suchen. Das ist so peinlich. Ehrlich."

Anhand der fünf Fälle zeigt sich, dass Diskriminierungserfahrungen erst verneint wurden, im Verlaufe des Gesprächs aber doch Exklusionserfahrungen und Zurücksetzungen beschrieben wurden. Das zeugt von einem Widerspruch in der Selbstwahrnehmung der Personen. Der Status der Arbeitslosigkeit ist deswegen besonders, weil dieser im Gegensatz zu anderen persönlichen Merkmalen wie Hautfarbe oder Geschlecht der Personen nicht direkt angesehen werden kann (vgl. dazu auch Gurr/Jungbauer-Gans 2017). Die Interviewpartner bemühen sich auch aktiv darum, diesen Status zu verschleiern und ihn nicht anderen zu zeigen, so dass sie in der Konsequenz doch eine Diskriminierung vermuten.

Lars Reichelt hingegen zeigt keinerlei Anzeichen für eine Exklusion. Er problematisiert zwar seine momentane Situation, es scheint für ihn aber eher eine normale Entwicklungsphase zu sein. Herr Reichelt ist Anfang 30, lebt bei seiner Mutter und hat eine Freundin. Er scheint sich ganz gut zurechtzufinden. Er hat schon den Wunsch nach einer Arbeitsstelle und sieht mit seiner Ausbildung zum Bürokaufmann dafür auch eine sehr gute Perspektive. Er ist gesund und gut gelaunt. Er sagt, er sei glücklich und zufrieden. Nur an einer Stelle des Interviews spricht er über die mangelnden finanziellen Möglichkeiten. „Weil man will ja auch nicht immer sagen, hier, ich kann jetzt nicht. Ich kann das nicht bezahlen, ich kann mir das nicht leisten. Ja, das sind natürlich dann immer so Punkte, wo man dann auch mal vielleicht irgendwas nicht mitmachen kann."

6.1.2 Welche konkreten Diskriminierungserfahrungen wurden durchlebt

Die Frage nach Diskriminierung oder Exklusion haben die übrigen 20 Befragten bejaht. Darunter waren allerdings nur zwei Personen, die auf Nachfrage auch konkrete persönliche Diskriminierungssituationen beschreiben konnten. Jacqueline Atkins hatte eine Erfahrung bei einer geförderten Probebeschäftigung, die unter augenscheinlich diskriminierenden Angaben nicht in eine reguläre Beschäftigung weitergeführt wurde: „I: Das heißt, wenn ich Sie jetzt fragen würde, ob Sie sich in dieser Phase öfter mal zurückgesetzt oder diskriminiert gefühlt haben, würden Sie das bejahen? G: Ja! I: Ist das noch in anderen Zusammenhängen passiert als nur im Jobcenter, auch im Umfeld? G: Na klar! Hier bei der Tresenkraft, da wo ich das Praktikum gemacht habe, ein Statement vom Arbeitgeber mal einreichen, wie praktisch so ein Bericht. Da ist meine Arbeitsvermittlerin gleich mal aus allen Wolken gefallen. Da stand da drin, ich bin zu klein und zu alt."

Hier ist unstrittig eine Diskriminierung aufgrund von Äußerlichkeiten zu benennen. Auch wenn Frau Atkins diese Geschichte in einem fröhlichen Ton erzählt hat und über diese Situation heute lachen kann, so ist gerade im Umfeld der Arbeitsaufnahme eine solche Zurücksetzung schwerwiegend, weil gerade geweckte Hoffnungen wieder zerstört werden. Frau Atkins hat in kurzer Folge die Mutter und ihren Sohn bei Unfällen verloren und befindet sich in einer Phase, zurück in ein stabiles Lebensumfeld zu finden. Solche Zurücksetzungen tragen dazu bei, dass sie sich auch aus der Gesellschaft ausgegrenzt fühlt. „Die Menschen sind alle hinterhältig." Die Kinder heute könnten einem nur leidtun, meint die Berlinerin: „Die haben die Arschkarte".

Auch Sabina Hamdy berichtet von einer Diskriminierung, die mit Äußerlichkeiten zu tun hat. Die Islam-Konvertitin kämpft mit Vorurteilen, die ihr Kopftuch betreffen: „I: Ist das so? Merken Sie das richtig? G: Ja, und also bei den meisten Ärzten. Bei den meisten Ärzten, wo ich also hier mich beworben habe, meinten die, würdest du auch dein Kopftuch ausziehen und so, und da meinte ich nein, das gehört zu meiner Religion und!"

Auch in diesem Fall fand eine Diskriminierung um die Anbahnung eines Beschäftigungsverhältnisses statt. Frau Hamady möchte gern Arzthelferin werden und hat dafür bereits viele Praktika absolviert. Die Praktikumszeugnisse seien durchweg positiv und beschreiben sie als engagierte Mitarbeiterin. Zu einer Ausbildungsstelle kam es jedoch nie: „... ich habe auch Zertifikate bekommen von den Ärzten da, dass ich sehr engagiert bin und sehr hilfsbereit alles, und also jobmäßig war es halt so schwer, weil die mehr die bevorzugen, die kein Kopftuch tragen." Weil das Kopftuch in einem Beruf mit sehr viel Kundenkontakt schwierig für sie ist, wäre Frau Hamady auch bereit, eine Ausbildung in einem anderen Bereich zu beginnen. Doch mit drei Kindern käme für sie nur eine Stelle in Teilzeit mit viel Flexibilität in Frage. Denn die Betreuung der Kinder muss die 31-jährige allein schultern. Der Wunsch nach Arbeit und Veränderung äußert sie während des gesamten Interviews und beschreibt auch ein Gefühl des Zurückgesetztseins. Diese Diskriminierung findet zwar situativ auch in unmittelbarem Zusammenhang mit der Arbeitsanbahnung statt, aber hat den religiösen

Auslöser mit dem Kopftuch. Diese Diskriminierung ist wichtig für ein tieferes Verständnis der Lebensumstände von Frau Hamady, ist aber im Kern keine Diskriminierungserfahrung im Zusammenhang mit Arbeitslosigkeit.

6.1.3 Diskriminierungserfahrungen mit Behörden oder mangelnder Zugang zu gesellschaftlichem Leben

Zehn Befragte beschreiben Diskriminierungserfahrungen im Zusammenhang mit mangelndem Zugang zu gesellschaftlichem Leben oder mit behördlichen Vorgängen. Zwei Befragte davon reflektieren im Kontext der Diskriminierungserfahrung eine soziale Deprivation durch die finanziellen Engpässe im Leistungsbezug.

Gregor Bauerfeind meint: „Wenn die einen z. B. mehr Geld haben und du manchmal sparen musst. Das ist so das Blöde daran auch. Dann geht man natürlich auch nicht so oft mit den Leuten weg, weil sonst heißt, Gregor hat nicht so viel Geld, und die anderen haben dann wieder viel Geld, das ist immer so das Problem.“

Peter Wassmuth war erfolgreicher Unternehmer und tut sich nun schwer mit seiner finanziellen Situation: „Sie können nicht teilnehmen. Sie können kein Golf spielen. Wie wollen Sie das finanzieren? In einen Golfclub können Sie nicht rein, in einen Tennisclub können Sie nicht rein, in Sportclubs, fängt es ja schon mit an. 80 Euro, 90 Euro Mitgliedsbeitrag. Wie wollen Sie das finanzieren? Können Sie nicht machen.“

Der insolvente Unternehmer fühlt sich durch das System zurückgesetzt, weil insbesondere finanzielle Engpässe ihn dazu gezwungen haben, alte Gewohnheiten und sein früheres Umfeld hinter sich zu lassen. Die Frustration darüber ist ihm deutlich anzumerken: „I: Das heißt, Sie fühlen sich schon durch das System zurückgesetzt, es findet eine Diskriminierung statt?! G: Ja, aber eben halt nicht durch bewusste, weil sie keine Möglichkeit zur Teilhabe haben. Ich habe zum Beispiel gesagt, ich möchte Sport machen. Ich habe dann hier mir so einen Ausweis ... , einen Familienpass machen die. Damit kann ich ins Schwimmbad gehen. Das kostet 1,80. Kostet immer noch. Aber ohne das kostet glaube ich 2,60 oder irgendwas mehr. Kriege ich 30 % weniger oder so was und Karte. Weil am Anfang mit dem hohen Blutdruck, Puls konnte ich ja gar nicht laufen oder so was. Also das ist schon schwierig. Diese Einschränkungen sind gewaltig. [...] Sagen wir mal, Sie sind ein Golfspieler, Sie spielen einfach mit, und dann wird alles zusammen geschmissen, die Fahrtkosten werden geteilt, können Sie gar nicht machen. Oder meinen, Sie können irgendwo mitgehen hier am ersten Mai, Wagen mit Dings, schmeißen die alle zusammen, jeder 40 Euro rein in die Kiste. Überlegen Sie doch mal, was Sie machen könnten, wenn Sie keine Kohle haben. Sie können ja nicht mal irgendwo hinfahren. Ich freue mich schon, wenn überall die Maut kommt. Dann haue ich dem CSU-Chef persönlich eine in die Fresse. Selbst wenn Sie ein Auto zur Verfügung haben, dann können Sie sich hier in Deutschland dann gar nicht mehr bewegen.“

Es fällt auf, dass die Problematik in diesem Teil der Befragung im Kontext Diskriminierung aufkommt. Viele andere Befragte beschreiben eine Deprivation eher im

Zusammenhang mit dem Zukunftsblick oder den persönlichen Veränderungswünschen und damit eher in einem gesellschaftlichen Kontext. Das zeigt, dass die Übergänge der verschiedenen Inklusionsdimensionen fließend sind. Das gilt auch für acht weitere Befragte, die Diskriminierungen im Umgang mit den Behörden, vor allem dem Jobcenter, oder Regulierungen beschrieben. Diese Situationen gehören sowohl in die persönliche Dimension in ihrer Wirkung auf die Persönlichkeitsentwicklung, aber auch in eine gesellschaftliche Kategorie, weil im direkten Kontakt mit staatlichen Institutionen und Regeln entstanden sind.

Sven Olafson beschreibt beispielsweise sehr ausführlich eine Sanktion des Jobcenters wegen eines vermeintlich verschleierten Vermögens. Das Jobcenter hatte ohne sein Wissen eine Kontenabfrage bei Banken und Versicherungen vorgenommen, bei der ein alter Bausparvertrag gemeldet wurde, an den er selbst nicht mehr gedacht hatte. In der Folge wurden seine Leistungen gekürzt und auch die Miete nicht mehr an den Vermieter ausgezahlt. Herr Olafson beschreibt, dass er dadurch Mietschulden aufgehäuft habe. Den Vorgang und die Art der Umsetzung beschreibt er sehr ausführlich und artikuliert die Zurücksetzung und Diskriminierung, die er in dieser Lebensphase durch das Jobcenter erfahren habe: „Also die Art und Weise, wie hier mit einem umgegangen wird, die ist schon ein bisschen fragwürdig. Ich war also schon mehrmals auf 100 Prozent gekürzt. Das geht! Die sagen dann, die zahlen gar nichts mehr. Also nicht mal für die Bewerbungen, oder ich hatte auch schon mal nicht die 10 Euro, um zum Arzt zu gehen. Daraufhin habe ich dann natürlich die Kürzung gekriegt, weil ich nicht beim Arzt war. Also das zieht sich so durch."

Die finanziellen Leistungen oder Nichtleistungen sind generell ein kritischer Punkt. Hertha Kahn empfindet es als diskriminierend, dass ihr ein Umzug nahegelegt wird, weil die Mietkosten den üblichen Satz um 11 Euro übersteigen. Das hält sie für unverhältnismäßig. Zudem besteht das Problem erst, seit ihre Sachbearbeitung gewechselt hat.

Die Geschäftsführung des Jobcenters Paderborn hat diesen Aspekt im Vorgespräch bereits betont. Dort hat man die Abteilung, die für die Erteilung und Berechnung der Geldleistungen zuständig ist (Abteilung „Leistungen") auch räumlich von der Abteilung, die für die Vermittlung und Eingliederung (Abteilung „Markt und Integration"), getrennt. Man hat sich bewusst dafür entschieden, die Leistungsabteilung in Räumlichkeiten etwa 3 Kilometer entfernt von der Integrationsabteilung auszulagern, in der Hoffnung, dass der mögliche Ärger mit der einen Abteilung nicht direkt auf die andere Abteilung übertragen wird. In der Befragung ist dieser Aspekt nicht abgefragt oder überprüft worden. Diskriminierungen aufgrund organisatorischer Fragen der Jobcenter wurden jedoch an mehreren Stellen beschrieben. Vor allem Sachbearbeiterwechsel und Eingliederungsmaßnahmen werden problematisiert.

Wie in Kapitel 2.3 beschrieben, kumulieren sich in der Langzeitarbeitslosigkeit viele Lebensrisiken und Schicksale. Diese werden in der Arbeitsmarktstatistik als Vermittlungshemmnisse erfasst. Die Biografien von Jacqueline Schulte, Frederik Maas, Jan Trapp, Achim Sauber und Amir Navid veranschaulichen die Komplexität der Konstellationen, die sich hinter dem Sammelbegriff Hemmnis verbergen. Frau Schulte und Herr Maas beschreiben Diskriminierungserfahrungen, die eher dem Bereich des Familienrechts entspringen. So zeigen sich im Fall von Frau Schulte, deren Kinder das Jugendamt in Obhut genommen hat, Wechselwirkungen zwischen der Kinder- und Jugendhilfe und dem Jobcenter: „Es war eine ganze Zeit dann halt so, dass das Jugendamt dann auch gesagt hat, ja, Frau Schulte, Sie sind ja so krank und Sie schaffen das ja alles gar nicht und, und, und. Also das auf jeden Fall. Und das hatte auch ganz viel damit zu tun, natürlich mit meinem sozialen Status. Ich war zu dem Zeitpunkt, als die Kinder ja auch da waren, immer noch habe ich Leistungen bezogen, war halt nicht vollwertig im Berufsleben, war dementsprechend auch allein gestellt, und das hat natürlich ganz, ganz viel auch damit zu tun."

Bei Frederik Maas ist es die familiäre Situation, die er als ungerecht oder diskriminierend empfindet. Sein Sohn lebt bei der Mutter, die den Wohnort gewechselt hat. Es fällt ihm finanziell schwer, seinen Sohn regelmäßig zu besuchen und auch sonst an seinem Leben teilzuhaben. Er erkennt darin eine Ungleichbehandlung von Vätern gegenüber Müttern im Familienrecht: „Ungerecht behandelt, käme ich jetzt auch wieder auf meinen Sohn. Dass die Mutter machen kann was sie will, und der Vater nur dafür da, um zu zahlen, und hat dann irgendwo keine Rechte. Ein zweigeteiltes Sorgerecht gibt es, aber das bringt einem eben auch nicht weiter."

Die Arbeitsmarktregulierung ist ein weiteres Thema mit Wechselbeziehungen zur Langzeitarbeitslosigkeit und direkten Einwirkungen auf die persönliche Entwicklung, weil es in einigen Fällen als zurücksetzend empfunden wird. Denn öffentliche Arbeitgeber sind verpflichtet, schwerbehinderte Bewerber zum Bewerbungsgespräch einzuladen, private Arbeitgeber verfolgen diese Praxis aus Angst vor Regressansprüchen nach dem Allgemeinen Gleichbehandlungsgesetzes häufig auch. Damit werden schwerbehinderte Menschen häufig auch zu aussichtslosen Bewerbungsgesprächen aufgrund des gesetzlichen Drucks für die Arbeitgeber eingeladen, obwohl nicht immer tatsächlich Interesse an einer Anstellung besteht. Von den daraus resultierenden relativ häufigeren Absagen für schwerbehinderte Menschen berichtet Jan Trapp: „Klar, man fühlt sich diskriminiert, weil ich bin halt auch behindert und dadurch kriege ich mehr Absagen als sonst, würde ich jetzt mal schätzen. Wenn ich jetzt nicht die Behinderung hätte, das sich vielleicht schon im Beruf tätig wäre. Das schon! [...] Also ich spüre das und es wurde mir noch nicht gesagt. Aber ich vermute es, dass ich mehr Chancen hätte, wenn ich jetzt keine Behinderung hätte."

Achim Sauber kritisiert die Flexibilisierungen des Arbeitsmarktes, die er als nachteilig und exkludierend empfindet. Die Flexibilisierung der Zeitarbeit wurde im sogenannten Hartz I-Paket beschlossen. Schon der Name weist auf die besondere Verknüpfung dieser Neuregelungen mit Hartz IV hin. Die Frustrationen von Herrn Sauber stehen deshalb in direktem Zusammenhang mit dem System des Jobcenters. Hier wirkt sich ebenfalls ein gesellschaftlicher Rahmen negativ auf Herrn Saubers persönliches inklusionsempfinden aus. „Dass man da jetzt schnell auswechselbar ist, das ist man jetzt aber überall. Ob ich jetzt ein Zeitarbeiter bei Wincor Nixdorf meinetwegen jetzt oder normaler Arbeiter in einer kleinen Firma. Da ist das auch, können sie nicht mehr gebrauchen, zack, aus betrieblichen Gründen, wie man uns das öffentlich erklären kann, und der kleine Mann brauch es halt nicht. Der ist genauso schnell raus wie woanders. Bei mir war das damals Wincor Nixdorf."

6.1.4 Diskriminierungserfahrung kann nicht konkret benannt werden

Eine über viele Interviews immer wiederkehrende Antwort auf die Diskriminierungsfrage ist die Beschreibung eines unkonkreten Gefühls. Man fühle, dass etwas nicht richtig sei und meint diese Skepsis auch von Dritten zu erfahren. Die Untersuchung in der persönlichen Dimension versucht gerade den Aspekt des Selbstwertes (bei Phepls: „self-respect") abzufragen. Diesen kann man nur schwerlich mit einer direkten Frage erfassen. Die Frage nach der Diskriminierung zielt aber auf ein mögliches Unwohlsein mit der Verortung der eigenen Person in der Gesellschaft ab. Dass viele der Befragten dieses Unwohlsein ausdrücken, jedoch häufig keine konkreten Situationen dazu aufzählen können, deutet auf diesen mangelnden Selbstwert hin. Hier kann man die unkonkrete Diskriminierungserfahrung retrospektiv für den Befragten selbst interpretieren. Henning Gross drückt es so aus: „Naja, bei machen habe ich schon das Gefühl – wenn die einen so angucken – vielleicht denken die doch: Was macht denn der?"

Dieses subjektive Empfinden, das häufig nicht konkretisiert werden kann, scheint ein Indiz für den inneren Konflikt im Verhältnis Arbeitslosigkeit und Inklusion zu sein. Insbesondere der schlechte Ruf, den Hartz IV in der allgemeinen Debatte hat, scheint sich zusätzlich negativ auf das Wohlbefinden auszuwirken. Michael Stahl: „I: Also haben Sie eher das Gefühl, weil sie spüren, dass die Vorbehalte da sind, oder gibt es auch konkrete Erfahrungen? Also offene Diskriminierung. Sprich: Hat das schon mal jemand so auch Ihnen gegenüber ausgesprochen? Also haben Sie das auch schon mal richtig erlebt? G: Nein, also erlebt habe ich das nicht. Das ist eher das Gefühl. I: Und können Sie dies Gefühl irgendwo festmachen. Erinnern Sie sich an Situationen, wo sie das so empfunden haben, dass die Leute so negativ denken? G: Naja, das ist halt allgemein so. Sei es sowas, wie beim Arzt oder so. Der Facharzt. Wenn man dann so sagen muss, man ist ohne Tätigkeit. Das kommt einem dann so vor, als wären die Leute von oben herab."

Das wird immer dann deutlich, wenn die subjektive Erfahrung unvereinbar mit der objektiven Beobachtung ist. Frederik Maas: „Ich denke mal, dass durch dieses Hartz IV die Leute einen doch schon ein bisschen anders sehen. Aber, wüsste ich jetzt auch nicht. [...] Es ist nicht so, dass man das einem gesagt bekommt, man fühlt es selber. Dass man sagt irgendwo, das ist schwer zu beschreiben in Worten. Wenn man arbeitet, fühlt man sich gleichgestellt, sage ich mal, gegenüber den anderen. Und so sehe ich schon, wo viele halt sagen, ja hängst nur zu Hause rum und machst nichts, und, und, und. Ja!"

Es zeigen sich aber auch Umgehungsstrategien, wie bei Frau Tiefensee. Sie berichtet: „G: Ich erzähle es ja nicht jedem, sage ich jetzt mal, wenn ich in einen Laden gehe oder so, sieht man es mir ja nicht an, dass ich jetzt Hartz IV-Empfänger bin. Ich habe ja, wie jeder andere auch, ganz normal Geld in der Tasche und lasse es mir halt auch nicht so anmerken, dass ich jetzt nicht Normalverdiener bin. I: Ja. G: Und dementsprechend kann ich damit ganz gut umgehen. I: Okay. G: Und im Privaten und Freunde, die akzeptieren das halt so, wie es ist. Die wissen ja, dass ich mir Mühe gebe und auch versuche, wieder in Arbeit zu kommen, und von daher sagt keiner was."

Immer wieder sprechen die Befragten von einem Gefühl, dass Sie nicht dazugehörten oder einer Diskriminierung aufgrund ihres Status ausgesetzt seien. So wie Eduart Feyrer: „Um das direkt zu sagen: Man fühlt sich manchmal wie – ja wie – der Müll dieser Gesellschaft. Manche merken es nicht, dass sie dich so behandeln, manche machen das extra und manchen ist es einfach egal. Es ist ein komisches Gefühl."

Hertha Kahn erkennt im Leistungsbezug eine Stigmatisierung: „I: Und jetzt mal nicht für sich, sondern in der Gesellschaft insgesamt, was glauben Sie, welchen Stellenwert hat Arbeit da? G: Einen großen. I: Warum? G: Warum, weil – weiß ich nicht, weil man dann – wie soll ich es sagen – zur normalen Gesellschaft gehören würde oder so? Man würde dann nicht als Hartz IV-Empfänger anguckt. I: Ein Makel? G: Genau!"

Die Befragten berichten von einem inneren Konflikt. Auf der einen Seite sind sie auf das Hilfesystem angewiesen, auf der anderen Seite lehnen sie es ab. Dabei spielen Vorurteile gegen Hartz IV-Empfänger, Ärger mit dem System oder der allgemein schlechte Ruf des Leistungssystems eine Rolle. Gleichzeitig ist mit dem Langleistungsbezug auch die fehlende Arbeitserfahrung verbunden. Arbeit ist dabei nicht nur gesellschaftlich positiv besetzt, sondern wirkt auch auf das innere Gleichgewicht und Wohlbefinden. Gesellschaftlich gewünschte Arbeitsmarktteilhabe kommt zusammen mit dem Wunsch aller Befragten, über Arbeit einen Beitrag zu leisten und dem Hartz IV-System zu entwachsen. Diese Konfliktlinien laufen nicht gerade. Es geht nicht nur um die fehlende Anerkennung des Umfeldes für die eigenen Bemühungen oder nur um den inneren Frieden mit dem eigenen Selbstwert. Der Konflikt zieht sich durch alle Bereiche gleichermaßen. Diese Unzufriedenheit wirkt nicht nur vom Umfeld auf die Persönlichkeit oder vom inneren Wohlbefinden auf das Umfeld. Vielmehr scheinen komplizierte Wechselwirkungen und Verstärkungen im Spiel zu sein. Dass dies als Diskriminierung wahrgenommen wird und dass diese Diskriminierung häufig nur unkonkret empfunden, also subjektiv wahrgenommen oder unterstellt wird, scheint ein Indiz für einen Mangel im Selbstwert zu sein. Lisamarie Klagenfurt beschreibt diese Gefühle ausführlich: „... dadurch, dass ich, so der Elternhaushalt, in dem ich die meiste Zeit aufgewachsen bin, das sind wirklich so Menschen, die sich hochgearbeitet haben, die auch eine ältere Generation sind, die sich intellektuell von irgendwie Arbeiter zu Intellektuellen hochgearbeitet haben, die Hartz IV halt oder Jobcenter halt absolut abkanzeln oder so. Ich habe lange überhaupt nicht in Betracht gezogen, Jobcenter zu machen, weil ich gedacht, nein, dazu bin ich zu stolz. Also ich merke das bei anderen, das ist halt immer wieder die Frage: Und was machst du? Dann sage ich: Na ja, ich sage dann halt was ich mache, weil ich auch viele Interessen habe. Aber letztendlich, nur man sagt einmal nur Jobcenter, das fühlt sich megascheiße an, auch vor mir selber natürlich. Aber man lernt auch damit umzugehen, man lernt auch viele Leute kennen, die halt auch schon Jobcenter machen oder auch mal länger oder kürzer und die aber trotzdem nicht irgendwie, die ein Leben haben, die Interessen haben, die lebendig sind. Aber man merkt schon manchmal von Leuten, da kommt dann Missbilligung auf jeden Fall, weil man da schon länger ist, man muss halt rechtfertigen."

6.1.5 Zwischenfazit

Die Betrachtung der Erklärungen mit Bezug zu einer „persönlichen Dimension" zeigt, dass in den Interviews verschiedene Formen von Exklusion nachgewiesen werden können. Phelps stellt immer wieder auf den Faktor einer Selbsterfüllung durch aktive Mitarbeit am Produktionsprozess einer Gesellschaft ab. Er beschreibt dessen wichtigen Einfluss auf die Selbstwahrnehmung und -verortung in der Gesellschaft. Phelps meint, „making enough to support one's self at a decent level by society's standards and to be part of community life is hugely important for people's self-respect" (2000a, 93). Langzeitarbeitslose müssten demnach einen erheblichen Mangel im Bereich dieser Phelps'schen inklusionstheoretischen Dimension vorweisen. Die Analyse des Materials auf diesen spezifischen Aspekt hin, liefert dafür klare Bestätigungen. Alle Interview-Partner artikulieren ein Unbehagen mit der persönlichen Situation, teilweise mit erheblichen Wirkungen auf den „self-respekt".

Die Diskriminierungs- und Exklusionserfahrungen treten gleichwohl in sehr unterschiedlichen Konstellationen auf. Viele sind nicht direkt mit dem Mangel an Beschäftigungsteilhabe verbunden. Für die Analyse ergibt sich hier eine Schwierigkeit, weil die Interviewpartner nicht nur Langzeitarbeitslose sind, sondern auch noch andere Rollen (Kopftuchträgern, alleinerziehende Mutter ...) innehaben. Es geht in dieser Analyse auch nicht darum, direkte Kausalitäten in den einzelnen Biografien nachzuweisen. Vielmehr soll gezeigt werden, dass durchweg von Exklusionserfahrungen berichtet wird, auch wenn die konkreten Konstellationen vielfältig sind. Die Befragten berichten in unterschiedlicher Deutlichkeit von Zurücksetzungen, die mindestens mittelbar mit der Langzeitarbeitslosigkeit in Zusammenhang stehen.

Das betrifft auch mindestens fünf der sechs Fälle, die auf die direkte Frage der Inklusion positiv reagiert haben. Im weiteren Gesprächsverlauf berichten fast alle von Exklusion. Sie relativieren oder korrigieren diese Aussage in ihren weiteren Ausführungen. In zwei Fällen liegt die Vermutung nahe, dass es sich zunächst um eine Schutzbehauptung handelt. Mindestens aber kann man unterstellen, dass diese Befragten Inklusion nicht gesamtgesellschaftlich interpretieren. Im Fortgang des Interviews beschreiben sie diese gesellschaftlichen Exklusionserfahrungen bei gleichzeitiger Inklusion in ein selbst gewähltes Umfeld, das als eine Art Subgesellschaft interpretiert werden kann. Es findet also durchaus eine Abkapselung oder Exklusion statt. Nur ein Fall passt nicht in dieses Muster: Lars Reichelt berichtet von materieller Deprivation, allerdings in einem eher beiläufigen Ton. Er scheint kaum Beeinträchtigungen zu empfinden. Das mag an seinem jungen Alter liegen und daran, dass er den Leistungsbezug eher als Teil seiner Ausbildungsphase begreift.

Knapp die Hälfte der Befragten kann das Gefühl einer Exklusion mit konkreten Situationen beschreiben. Fast noch wichtiger ist der Befund, dass die Mehrzahl der Befragten unkonkrete Diskriminierungen beschreiben. Beispielsweise durch den Verlust des gesellschaftlichen Status. Besonders deutlich wird dies bei Alfred Grazer, dessen „Fallhöhe" besonders hoch erscheint. Seine „peer group" im Golf- oder Tennisclub ist für ihn finanziell nicht erreichbar.

6.2 Die Dimension Entwicklung

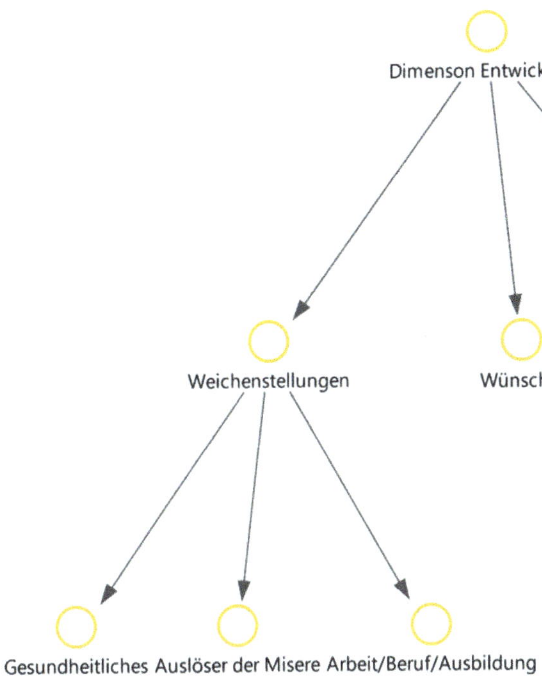

Abbildung 16: Ordnung der Entwicklungskategorien.
Quelle: Eigene Darstellung, erstellt mit MAXQDA 2018.

Die Dimensionen Person und Entwicklung gehen in ihrer Wirkung auf die empfundene Inklusion Hand in Hand. In den biografischen Interviews lassen sich aber durchaus Nuancen herausarbeiten, die eher der einen oder der anderen Dimension zuzuordnen wären. Die Unterscheidung ist wichtig, weil die Dimension Persönlichkeit eine zeitpunktbezogene Betrachtung voraussetzt. Die Dimension Entwicklung schaut eher nach zeitraumbezogenen Prozessen. Wie wirkt sich der Umgang mit anderen, das Beweisen der

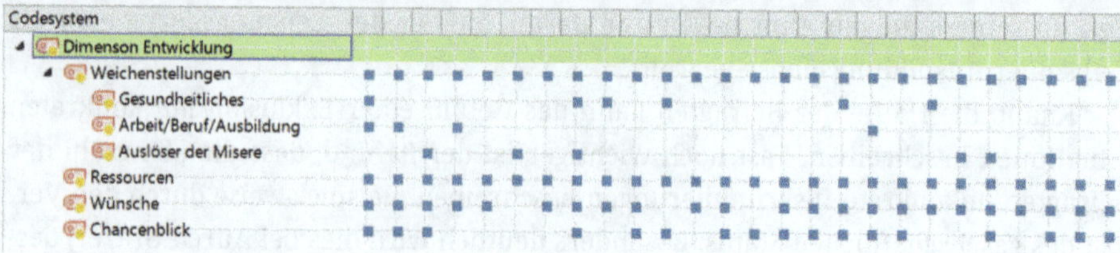

Abbildung 17: Verteilung der Entwicklungskategorien.
Horizontale: Einzelnes Interview, Vertikale: Ausprägung, Punkt: Kategorie kommt im Interview mindestens einmal vor. Quelle: Eigene Darstellung, erstellt mit MAXQDA 2018.

eigenen Fähigkeiten im Job und die damit einher gehende Weiterentwicklung von Kompetenzen auf das Selbstbild aus?

6.2.1 Welche Weichenstellungen waren besonders relevant für die berufliche Situation?

Es ist das Wesen einer Biografie, dass Weichenstellungen im Leben vorkommen. Der Fragebogen ist so ausgelegt, dass die Menschen angeregt werden, über ihr Leben zu berichten. Auch wenn im Verlauf des Interviews der Fokus immer weiter auch auf berufliche Themen und den Mangel an Arbeitserfahrung verengt wird, so muss für die Gesamtschau der Betroffenen auch der Lebenshintergrund skizziert werden. Alle Befragten beschreiben dabei zentrale Weichenstellungen. Es sind Vorkommnisse oder Zeiten, die aus ihrer Sicht für den weiteren Verlauf des Lebens besonders bedeutend waren. Nicht jede Weichenstellung hat unmittelbaren Bezug zum Tätigsein oder Tätigwerden. Mittelbar prägen sie jedoch die Lebens- und damit auch Arbeitssituation der Menschen.

Besonders bedeutend für die Arbeitssituation im Datensatz waren dabei drei Kategorien: Auslöser der Misere, Gesundheitliches und die Ausbildung. Bei einem Auslöser der Misere beschreiben die Interviewpartner klare Wendepunkte oder Brüche im Lebenslauf, von denen sie glauben, dass sie besonders entscheidend für die Langzeitarbeitslosigkeit sind. Dabei zeigt sich, dass auch diese selten unmittelbar mit der Arbeitssituation zu tun haben, sondern eher als Schicksalsschläge im persönlichen Umfeld mittelbar Auswirkungen auf die Arbeit hatten. Hier zeigen sich die Wechselwirkungen zwischen der Arbeitswelt und dem Privaten, die jeweils in die beiden Lebensbereiche ausstrahlen.

Ebenso verhält es sich mit gesundheitlichen Einschränkungen. Für die Arbeitsfähigkeit ist es im Ergebnis irrelevant, ob die Krankheit oder der Unfall ursächlich im Kontext der Arbeit zu finden ist, die Wirkung auf die Arbeitsfähigkeit ist in allen Fällen identisch. Nicht selten zeigt sich aber auch, dass die Arbeitsfähigkeit in der Langzeitarbeitslosigkeit abgenommen hat. Die Frage, ob der Mangel an Arbeitserfahrung krank macht oder Erkrankungen auch als Schutzbehauptung für die Arbeitslosigkeit herhält oder Mischformen zu finden sind, kann im Rahmen dieser Befragung nicht beantwortet werden. Es gibt Indizien, die bei einigen Personen den jeweils einen oder anderen Fall wahrscheinlich erscheinen lassen, aber für eine konkrete Aussage zur Kausalität sind die Antworten nicht geeignet. Dennoch zeigt sich deutlich eine Beziehung der Phänomene (vgl. Kap. 2.3).

Die Weichenstellungen durch und während der Ausbildung sind ganz intuitiv bedeutsam für die berufliche Entwicklung und die Arbeitserfahrung. Es bestätigt sich, was im Abschnitt „Soziokulturelle Merkmale der Arbeitslosigkeit" (Kapitel 2.3) beschrieben wurde. Qualifikation minimiert das Risiko der Arbeitslosigkeit erheblich. Brüche in der Ausbildung, eine im Nachhinein als falsch eingeschätzte Berufswahl oder die Anerkennung von Abschlüssen und Qualifikationen prägen den Lebens- und Arbeitsalltag nachhaltig.

Jonas Trabelsi berichtet von Problemen in allen drei genannten Ausprägungen der Weichenstellungen. Seine Ausbildung als Industriemechaniker in Tunesien wurde in Deutschland nicht anerkannt, sodass er viele Jahre lang einen verwandten Beruf ausüben musste, ohne seine Qualifikationen voll einbringen zu können. Den Tod der Mutter beschreibt er als tiefen Einschnitt in das Leben, der ihn schlussendlich auch den Job gekostet habe. Heute sei er körperlich nicht mehr in der Lage, schwere Industriearbeit auszuüben. Alle drei Konstellationen haben ihn in eine vollständige Resignation bzgl. einer Rückkehr in Arbeit geführt.

Bei Henning Gross hörte die Ausbildung nach dem Hauptschulabschluss aus. Danach war er in verschiedenen Bereichen als Hilfsarbeiter tätig, oft im Rahmen von Zeitverträgen oder Leiharbeitsverhältnissen. Die Qualifikation nicht weiter ausgebaut zu haben, ärgert ihn. Denn seine beruflichen Stationen wechselten häufig und er konnte nirgends ein über viele Jahre stabiles Beschäftigungsverhältnis etablieren. So hat ihn eine private Weichenstellung, die Pflege des Vaters, in die Langzeitarbeitslosigkeit geführt: „Naja, vielleicht wo ich unser Vater gepflegt hab'. Das vielleicht. Wo uns ihn pflegen musste. Weil meinem Vater habe sie beide Beine abgenommen. Der hatte die Beine kaputt. Das waren dann auch ein paar Jahre. [...] Mit meinem Vater was das so 'ne Sache. Der ist ja jetzt tot. Aber damals habe ich schon bei ihm gewohnt und so. Aber 2005 war das. Das war schon so `ne Sache. Da ist er verstorben, ja. [...] Nun ja, während diese Pflegezeit war ich bereits bei Franke gewesen, dieser Zeitarbeitsfirma. Da wollte ich mich damals dann einfach nochmal vorstellen. Das hatte ich schon vorgehabt. Das hat dann aber irgendwie nicht geklappt. Und ... Das war's dann halt."

Qualifikatorische Defizite gingen auch bei Eva Peters mit einer instabilen Gesundheitssituation einher: „Also ich hab' eine Ausbildung. Ich hab' mittlere Reife, habe dann eine Ausbildung gemacht. Dann, da habe ich in der Industrie gearbeitet. Als Abteilungsleiterin. Da war noch alles gut, sag ich mal. Und als diese Firma dann pleite gegangen ist, bin ich in die Zeitarbeit gerutscht. Dass ich bei verschiedenen Arbeitgebern in der Industrie als Zeitarbeiter tätig war. Als Helfer, so nennt sich das dann ja immer so schön. Im Bereich Metall, im Food-Bereich, also Lebensmittel. Ich hab' auch eine Ausbildung als Fleischerei-Fachverkäuferin, komme also aus dem Bereich Lebensmittel und dann wird man natürlich auch eher dort wieder eingesetzt."

Eine Weiterbildung zur Kauffrau hat sie nicht zu Ende gebracht und die Prüfung nicht absolviert, sodass sie nur als Bürohilfskraft arbeiten konnte: „So konnte ich auch im kaufmännischen etwas machen, sprich Büro. Da war es auch angenehm, sag ich mal. Aber es ist einfach schwierig zu handeln, mit diesen Leiharbeitsfirmen. Ab da ist dann so langsam die Hoffnungslosigkeit hochgekommen. Dass man nur noch für Helfertätigkeiten gebucht wird, die eigentlich keine Anforderungen stellen, außer körperliche Fitness.

Ich musste dann auch zwischendurch damit aufhören, weil ich einen Bandscheibenvorfall hatte. Seit 2013 ist es so, dass ich versuche wieder auf die Füße zu kommen. Es war 2013, als ich körperlich, wie auch psychisch komplett zusammengebrochen bin. Zunächst in Jobs, wo ich einfach nur funktionieren müsste, bei denen aber immer klarer wurde, dass ich es teilweise körperlich auch nicht mehr schaffe. [...] Ich habe mich 2013 selbst in die Klinik eingewiesen. Wegen der Psyche. Dort habe ich mir helfen lassen, Strategien zu entwickeln, Skills zu entwickeln. Um mit meiner psychischen Geschichte umzugehen. Hab mich da auch ganz gut rausgefühlt, sag ich mal."

Anschaulich berichtet Frau Peter die Wechselwirkung zwischen beruflicher und privater Perspektive. Die positive Wirkung einer Beschäftigung auf die psychische Gesundheit und die wahrgenommene Inklusion verkehrt sich bei ihr durch die Arbeitslosigkeit ins Gegenteil. Die mangelnde Wertschätzung, die sie durch die Langzeitarbeitslosigkeit empfindet, beschreibt sie als „Druck der Gesellschaft": Ich habe nur immer wieder das Problem, dass ich, wenn es mal wieder nicht funktioniert, wieder in ein Loch falle. Ich bin jemand, der viel mit Depressionen zu kämpfen hat und bin auch jemand, der gutmütig ist, deshalb neige ich dazu enttäuscht zu werden. Jetzt ist es gerade so aktuell der Fall, dass ich gerne arbeiten möchte, gern was tun will, aber ich bekomme einfach keine Chance. So empfinde ich es. Und der Druck aus der Gesellschaft, ich empfinde ihn als Druck, da kommt natürlich dazu, dass man sich nichts wert fühlt.

Gesundheitliche Einschränkungen beschreiben eine Vielzahl der Befragten. Nicht immer ist die gesundheitliche Einschränkung ein Auslöser für die Langzeitarbeitslosigkeit. Die Ursachen hängen aber immer voneinander ab. Es zeigt sich, dass wenn, wie in Kapitel 2.3 beschrieben, eine gesundheitliche Einschränkung auf ohnehin vorhandene Risiken trifft, sich die Arbeitslosigkeit eher verstetigt. Frederik Maas hat eine KFZ-Mechaniker-Ausbildung, aber diesen Beruf nur selten ausgeübt. Er war die meiste Zeit als Kaufhausdetektiv und später als Konditionierer tätig. Hier war ein Unfall ein Auslöser der Arbeitslosigkeit, aber der qualifikatorische Hintergrund ein Risikofaktor, der die Arbeitslosigkeit verlängert: „Gesundheitlich, ich habe eine Einschränkung beim Arm, wie gesagt, da habe ich damals, wo ich Konditionierer war, einen Unfall gehabt, seitdem kann ich ihn nicht mehr richtig belasten. Nach länger Zeit wie gesagt tut er dann weh. Und andere Sachen müssen jetzt auch noch geklärt werden, da habe ich jetzt Termine, um das alles zu regeln. Man versucht das Beste draus zu machen."

Eine Behinderung, wie bei Jan Trapp oder eine chronische Erkrankung, wie im Falle von Michael Stahl erschweren den Einstieg in Arbeit ebenso. Jan Trapp: „Also ich spüre das und es wurde mir noch nicht gesagt. Aber ich vermute es, dass ich mehr Chancen hätte, wenn ich jetzt keine Behinderung hätte."

Michael Stahl: „Ja ich hab' Morbus Crohn, ich weiß nicht ob Ihnen das etwas sagt? Das ist so eine chronische Darmentzündung. Das ist auch leider nicht heilbar. [...] Ich hatte halt zuerst Garten-, Landschaftsbau gelernt. Habe den Beruf dann auch eine Zeit lang ausgeübt. Dann allerding auf Grund der – wie heißt es – Krankheit, wollte ich dann mehr in den IT-Bereich. Also eine Umschulung machen. Dafür musste ich erstmal auf der Abendrealschule meine Kurse nachholen. Das war aber auch schon schwierig mit der Krankheit. Da habe ich dann noch meine Mittlere Reife geschafft, aber das Fachabi, das habe ich dann nicht mehr hinbekommen."

Die psychische Gesundheit ist auch ein Thema, dass immer wieder von den Befragten angeführt wird. Ursula Lausen berichtet: „Und da bin ich bei beiden hin gekommen, einmal zur körperlichen Untersuchung und einmal zur psychischen Untersuchung, und da haben sie halt festgestellt, dass es nicht mehr so funktioniert mit dem ersten Arbeitsmarkt und dass ich eigentlich nur für fünf Stunden am Tag!"[129]

Während bei Ursula Lausen die Frage der psychischen Gesundheit während der Arbeitslosigkeit eine besondere Bedeutung bekommen hat, ist bei Lisamarie Klagenfurt zunächst die Frage der Psyche aufgekommen und danach die Arbeitslosigkeit. „Ja ich glaube, also so ein bisschen hat das, ich habe auch mal eine Therapie angefangen oder war in der Klinik und irgendwann habe ich einfach gemerkt, jetzt ist es gut, jetzt will ich einfach mich um mich selber kümmern und nicht immer nur irgendwie Chaos ausleben oder so. Ich kann es jetzt auch gar nicht mehr und will das auch gar nicht mehr. Da war auch ein Punkt, wo ich nicht mehr arbeiten konnte. Ich habe nämlich trotzdem in dieser Sturm- und Drangphase immer gearbeitet. Ich hatte immer mein eigenes Geld, hatte vielleicht kleinere Jobs, aber das hat für mich gereicht, durch das, dass ich keine Miete zahlen musste. Aber dann hatte ich einen Zusammenbruch 2014, glaube ich, oder auch 15, da konnte ich auch nicht mehr arbeiten, und dann fing es mit Jobcenter an, das hat mich dann so aufgefangen. Und seitdem bin ich immer dabei, so einigermaßen stabil zu werden. Da bewegt sich was, aber es geht halt langsam voran."

Bedeutsam an diesen Aussagen ist, dass die Befragten persönliche Wendepunkte aus ihrem Leben stets als Gründe ihrer Arbeitslosigkeit anführen können. Dies bedeutet eine starke Subjektivierung der Arbeitslosigkeit, denn der Grund für die Arbeitslosigkeit wird bei einem selber gesucht und entspricht nicht allgemein „einem System". Für die Betroffenen gibt es kein System, das sie kategorisch ausschließt, sondern auf-

129 Frau Lausen berichtet von einer Erwerbsfähigkeit von fünf Stunden pro Tag, die Erwerbsfähigkeitskategorien des SGB III, SGB II und SGB XII kennen jedoch nur die Kategorien unter drei Stunden und unter sechs Stunden am Tag für die volle oder teilweise Erwerbsminderung.

grund ihrer individuellen Merkmale passen sie nicht in ein System. Dies zusammenhängende Bild könnte Grundlage für ein Deutungsmuster sein. Um allerdings mehr über die Wirkungsweise oder den kausalen Zusammenhang zu erfahren, bedarf es weiterer Erhebungen. In jedem Fall zeigt sich aber die damit einher gehende Exklusionserfahrung als Befund.

6.2.2 Wünsche und Erwartungen

Bei den Zukunftserwartungen und Wünschen standen Antworten mit Bezug zu Arbeit im Vordergrund. Dazu mag auch das Framing des Fragebogens und der Ort der Befragung, zumeist ein Jobcenter, beigetragen haben. Insofern ist ein gewisser Bias unvermeidlich. Dennoch fällt auf, dass in jedem Interview der Wunsch nach Arbeit thematisiert wurde, auch bei der allgemeinen Frage nach der Lebensperspektive. Der Wunsch nach Arbeit ist dominant. Eine „Drückeberger-Mentalität", wie sie im öffentlichen Diskurs manchmal dargestellt wird, lässt sich im Material nicht identifizieren. Ein stabiler Lebenslauf, zu dem auch ein stabiles Beschäftigungsverhältnis zu gehören scheint, wird immer wieder als Ziel artikuliert. Um diese Facetten in einer so zentralen Frage zu verdeutlichen, sind in der folgenden Tabelle die zentralen Sätze zum Wunsch nach Arbeit und der Chance auf Arbeit zusammengestellt. Die „Richtung" der Zitate ist mit Ampelfarben untermalt. Die grüne Hintergrundfarbe zum Zitat symbolisiert eine Bejahung des Wunsches nach Arbeit und einer positiven Chancenbewertung. Der gelbe Hintergrund beschreibt eine eher neutrale Bewertung. Der rote Hintergrund zeigt eine Verneinung des Wunsches nach Arbeit bzw. eine tendenziell negative Chancenbewertung auf eine geregelte Beschäftigung. Die eigenen Erwartungen sind auch deshalb interessant, weil diese Selbstverortung im Kontext von Inklusion zusätzliche Schlüsse erlaubt. Wie wird die eigene Entwicklung gesehen? Bleibt eine Exklusion von der Arbeitswelt, und in dieser Analyse damit auch vom gesellschaftlichen Miteinander, bestehen? Geht der Trend wieder zurück in die Arbeitswelt oder verhärtet sich die Exklusion?

Der grundsätzliche Wunsch nach einer Arbeit ist bei allen Befragten durchweg vorhanden. Diese Antwort muss aber vor dem Hintergrund des Befragungs-Settings eingeschränkt werden. Es ist durchaus vorstellbar, dass Menschen in der speziellen Interview-Situation glauben, gefällig (sozial erwünscht) antworten zu müssen. Die gesellschaftlich und regulatorisch eingeforderte Eingliederung in den Arbeitsmarkt und die Mitwirkungspflicht der Leistungsbezieher an diesem Ziel könnten auf die Befragten auch im Interview einwirken. Jedoch stützen die weiter ausgeführten Vorstellungen und Wünsche das eindeutige Bild in dieser Frage. Auch im weiteren Verlauf der Interviews liegt der abstrakte Wunsch nach Arbeit bei allen Befragten vor.

Vier Befragte schätzen dabei ihre Chancen auf ein geregeltes Beschäftigungsverhältnis sehr negativ ein, sechs sind eher skeptisch. Doch die überwältigende Mehrheit macht sich Hoffnung, dass der Wunsch nach Arbeit auch in Erfüllung gehen kann. Die geringe Zahl an skeptischen bis negativen Chancenbewertungen überrascht vor dem

Tabelle 9: Übersicht Wunsch nach Arbeit und Chanceneinschätzung.

Nr.	Wunsch nach Arbeit vorhanden	Chanceneinschätzung
Trabelsi	„Ich glaube das vermisst man richtig, ne?"	„Nichts mehr. Ist tot."
Grazer	„Ja. Definitiv."	„Genau die gleiche Gesundheit, die ich jetzt habe, festen Job, keine gesundheitlichen Einschränkungen und dass ich das so, wie ich es jetzt angefangen habe, auch weiter machen kann definitiv."
Schulte	„auf jeden Fall berufstätig sein zu können, eine schöne Wohnung zu haben, sich dann auch mal einen Urlaub leisten zu können und, ja, so diese Kleinigkeiten."	„Ängste natürlich, wieder zu versagen auf jeden Fall, es nicht zu schaffen und meine Ziele nicht zu erreichen, aber trotzdem bin ich immer noch sehr optimistisch, dass ich, ja, durch Fleiß und Ehrgeiz und, ja, durch die Unterstützung, die ich ja auch natürlich hier durch das Jobcenter habe und sonstige, das dann auch schaffen kann mit den nötigen Hilfestellungen."
Paus	„Ja gut, nen Job auf jeden Fall. Das wollen doch alle!"	„Die Hoffnung ist, dass ich irgendwann mal wieder in den Job komme."
Olafson	„Also ich muss sagen, wenn ich arbeite, das ist positiv, das weiß ich schon zu schätzen."	„Ich will aber natürlich auch nicht irgend so ein Sklave sein, damit sich wieder irgendwer die Arbeitskraft sparen kann, da will ich jetzt auch nicht der Doofe sein."
Wassmuth	„Also glauben Sie mir, ich fange jetzt an wieder richtig, ich möchte nicht mit 64, 65 in Rente gehen. Was soll ich dann zu Hause sitzen, 400 Euro im Monat durchknallen?"	
Gross	„Ja, Arbeit auf jeden Fall. Das wäre schon gut."	„Ich mein über 50, da ist doch gleich Feierabend."
Stahl	*„Ja, ich weiß ja ungefähr, wie das sein wird. Auf Grund daher, dass das halt die Krankheit ist. Da weiß ich, dass es nicht einfach sein wird. Aber es wäre natürlich toll, wenn es in der Medizin irgendwie sowas gibt, dass es vielleicht doch. […] Dass ich meinen Lebensunterhalt selbst bestreiten könnte. Das wäre so mein Wunsch."*	
Peters	„Ja absolut. Besser heute als morgen!"	„Jetzt ist es aktuell so der Fall, dass ich gerne arbeiten möchte, gern was tun will, aber ich bekomme einfach keine Chance"
Feyrer	„Die Anerkennung für die Arbeit. Einfach mal von einem Menschen gesagt bekommen, du weißt was, du kannst was, das war super. Das wäre mal wieder toll."	„… weil ich zuletzt durch das Berufscoaching Hoffnung gewonnen habe. Da habe ich nochmal eine Perspektive."
Sauber	„Ja, dass ich wieder Arbeit habe. Das ist schon, der Rest kommt danach schon."	„Dann weiß ich auch, dass es wieder fluppt alles, das glaube ich mit Sicherheit, dass ich mir jetzt Sorgen machen, das halte ich für unnötig. Der Arbeitsmarkt wird ja besser …"

Tabelle 9 (fortgesetzt)

Nr.	Wunsch nach Arbeit vorhanden	Chanceneinschätzung
Maas	„Ist ja nicht so, dass man nicht arbeiten will, man hat den Unfall gehabt, man versucht es jetzt wieder auf die Reihe zu kriegen."	„Wie gesagt, die Konfrontation ist immer auch momentan, wie gesagt, mit meinem Sohn, wo ich jetzt auch seit einem halben Jahr schon: ‚ziehe ich jetzt nach Dessau oder nicht?' Das wäre jetzt optimal im Moment. Wenn man erstmal am Arbeiten ist, ist es wieder ein bisschen schwierig."
Reichelt	„Ich hätte gerne eine feste Arbeitsstelle, dass ich mit meiner Freundin zusammen wohne …"	„Ich denke schon, man ist ja vielseitig im Unternehmen einsetzbar, man muss sich ja nicht nur an einem Bereich festhalten. Da denke ich schon, dass ich da gute Aussichten habe."
Kahn	„Ja, Arbeit zu kriegen, akzeptiert zu werden von der Gesellschaft, als vollwertiges Mitglied halt angesehen zu werden."	„Eigentlich finde ich es okay für das, was ich jetzt machen möchte, meinetwegen in einer Fabrik arbeiten oder sonst als Putzfrau. Eine andere Chance habe ich jetzt auch nicht mehr."
Pawelski	„Dass ich dann doch vielleicht mal arbeite, um meiner Tochter eventuell ein bisschen mehr zu geben und dass wir eventuell auch mal in den Urlaub fahren können. Was überhaupt nicht möglich ist. Das ist das, was ich mir jetzt eigentlich so vorstelle."	„Weil ich halt nur zu bestimmten Zeiten arbeiten kann. […] Und das ist mit den meisten Firmen halt nicht vereinbar."
Trapp	„Wenn ich Arbeit hätte, dann wär' das Leben schon viel einfacher und ich glaube, dann wär' es schon viel leichter für mich."	„Ja, eigentlich gut!"
Heber	„Ich weiß jetzt nicht, wenn ich irgendwo hingesetzt werde und muss 7,5 oder 8 Stunden am Tag Leistung bringen, ob ich das kann. Ich sage erstmal ja, ich will."	„Ich weiß aber nicht, ob ich kann, beziehungsweise denke ich, die ersten 14 Tage, vier Wochen, werden schwierig werden, richtig schwierig. Dessen bin ich mir bewusst."
Tiefensee	„Ja das ist halt, dass ich keinen Job habe, das würde ich gerne ändern, und darum sitze ich ja auch in einer Maßnahme und versuche alles Mögliche, dass ich da weiter komme."	„Und dass ich vielleicht nie in Arbeit komme, weil ich halt nicht so einen hohen Abschluss habe wie manch andere vielleicht, und weil ich überbetrieblich halt war und dadurch halt in der Minderheitskategorie stehe, sage ich jetzt mal. Viele Arbeitgeber wollen ja dann, ja, was Höheres haben, mit Abitur vielleicht oder so."
Biermann	„Mann, ein netter, ganz normaler Mann und einen super Job, so wie ich das mal hatte, glückliches Kind, super Zukunft!"	„Da denke ich aber sowieso, das passiert auch."

Tabelle 9 (fortgesetzt)

Nr.	Wunsch nach Arbeit vorhanden	Chanceneinschätzung
Lausen	„Ich würde schon gerne arbeiten, aber halt das, was ich auch kann und was mir liegt."	„Den gibt es vielleicht auch sogar in der Branche, wenn man jetzt nicht für den ersten Arbeitsmarkt – ich habe schon öfters gehört, dass das jetzt auch für bestimmte Leute so einen Job gibt, also wo man noch was verdienen kann. Da habe ich jetzt einen Termin am Donnerstag im Jobcenter."
Atkins	„Wenn ich acht Stunden Arbeiten gehe, und ich bin dann so, komme ich zufrieden nach Hause, bin mit mir selber zufrieden, bin ausgepowert, der Tag ist schnell vergangen, fertig."	„Ich werde mit Einladungen bombardiert."
Klagenfurt	„... ich will nicht ewig Jobcenter machen. Aber das ist mir schon klar".	„Obwohl ich weiß, dass ich vielleicht nicht mehr geeignet bin oder gerade noch nicht geeignet bin, acht Stunden als Vollzeit wieder zu arbeiten, was ich sehr extrem finde."
Bauerfeind	„Man will ja nicht bis 50 arbeitslos sein."	„Die Berufe, die mir Spaß machen würden, da kommst du niemals rein, so wie Ordnungsamt oder weiß ich nicht, draußen die Leute, die überall Parks sauber machen, keine Ahnung, Gartenlandschaftsbau und so was, würde auch bestimmt Spaß machen, aber da kommst du überall so schwer rein, das ist so."
Märzen	„G: Eigentlich ist die Familie vor, danach kommt Arbeit und dann, äh, wohlfühlen." I: „Wie stark ist der Wunsch bei Ihnen ausgeprägt nach Arbeit, wie oft denken Sie daran? G: Fast jeden Tag."	„Habe mich jetzt gar nicht damit beschäftigt. Ich mache jetzt erstmal diese Situation fertig. Führerschein und so, und dann kann ich weitergucken."
Hamady	„In fünf Jahren? Eine eigene Wohnung, nicht mehr vom Jobcenter abhängig. Naja das. Und eine Arbeit, was man auch zu Hause durchführen kann. Das gibt es auch."	
Navid	„... ich arbeite seit fast einem Jahr, mehr als ein Jahr, 13 Monate, als Lieferant, aber ich habe Computerwissenschaft studiert, und ich war als Netzwerk-Administrator mehr als vier Jahre in meinem Land beschäftigt und ja, ich mache einige Prüfungen und Zertifikate, Cisco, und bewerbe mich auf meine fachliche Arbeit."	

Hintergrund der Grundauswahl. Alle Befragten sind Langleistungsbezieher. Es wäre nicht überraschend gewesen, wenn die lange Historie der Erwerbslosigkeit und Abhängigkeit vom Leistungssystem die Zukunftsperspektive stärker eingetrübt hätte. Offensichtlich ist aber eine tendenziell positivere Einstellung zur eigenen Lebensperspektive gegeben. Inwieweit auch das mit den zuvor thematisierten Mitwirkungspflichten im SGB II-System oder einer grundsätzlichen gesellschaftlichen Erwartung zur Erwerbsbeteiligung zu tun hat, kann im Rahmen dieser Analyse nicht abschließend beantwortet werden.

Insgesamt werden der Wunsch und die Erwartung einer positiven Entwicklung für die eigene Biografie von den Langzeitarbeitslosen artikuliert. Offenbar spielt die eigene Entwicklung über die Erwerbserfahrung eine bedeutende Rolle für die Selbstwahrnehmung und die Selbstverortung. Dieser Mangel wird durchweg von allen Befragten thematisiert.

6.2.3 Ressourcen, die den Langzeitarbeitslosen zur Verfügung stehen und wie diese sich im Zeitverlauf wandeln

Um die tatsächliche Lebenssituation von Langzeitarbeitslosen zu erfassen, wird in der Analyse auch das Merkmal der persönlichen Ressourcen erfasst. Hier wurden Haushaltsressourcen oder familiäre Ressourcen ebenso wie subjektive Erfahrungen genannt. Wenn die Entwicklungsdimension der Inklusion nach Phelps seine Gültigkeit hat, dann sollte mit der materiellen Deprivation auch eine subjektive Deprivation einhergehen. Auch dies hätte direkte Auswirklungen auf das Gefühl der sozialen Teilhabe und die Lebenszufriedenheit. Die Dauer der Arbeitslosigkeit sollte sich hier negativ auswirken. Während bei einer kurzfristigen Arbeitslosigkeit auf Ersparnisse zurückgegriffen werden kann oder vorhande Haushaltressourcen genutzt werden können, ist zu erwarten, dass diese sich mit zunehmender Dauer der Arbeitslosigkeit aufzehren. Auch familiäre Ressourcen und soziale Bindungen könnten mit zunehmender Dauer der Arbeitslosigkeit stärker strapaziert werden oder verloren gehen. Es ist auch zu erwarten, dass berufliche Qualifikationen, je länger diese nicht mehr angewendet und trainiert werden, leiden. Langzeitarbeitslose könnten dadurch mit der Zeit gesellschaftlich abgehängt sein. Wie stabil sind also persönliche Ressourcen bei andauernder Abstinenz vom Erwerbsleben?

Das Umfeld zeigt sich bei den Interviewpartnern bis auf wenige Ausnahmen als relativ stabil. Auf die konkrete Frage: „Wie ist das denn im Freundeskreis und Bekanntenkreis, hat sich das in den letzten Jahren verändert oder ist das eigentlich stabil?" antworten viele Befragte in ähnlicher Weise. Zumeist wird auf ein aktuelles, stabiles Umfeld rekurriert. Dabei wird aber auch deutlich, dass der Bekanntenkreis oder der Kreis der Familie sich auf einen kleineren Kern beschränkt:

> Jaqcueline Atkins: „Stabil! Also meine Freunde bleiben mir erhalten, die ich eigentlich immer schon hatte."
>
> Lisamarie Klagenfurt: „Ja er ist schon intensiv. Aber ich habe meinen Freundeskreis auch ein bisschen reduziert. Auch wegen privaten, so psychischen Gründen, aber ich habe einen kleineren Freundeskreis, also so drei, vier Leute, und das ist aber ein intensiver Kontakt. Also ist eher so in eine Familie übergegangen, aber einen großen Freundeskreis habe ich nicht mehr, nein."

> Jens Heber: „Also mein Umfeld würde ich eher bezeichnen besteht aus Familie und aus Freunden bzw. mehr aus Familie als aus Freunden. Und meiner Familie geht es soweit ganz gut, ja."
> Achim Sauber: „Ich habe einen festen Freundeskreis, der wird gepflegt, und mit dem Alter wird es schon weniger, die Jugendfreunde sind ja alle J-W-D durch die Gegend, und bin gebunden, weil meine Mutter halt noch im Ort wohnt und krank ist. Die ist schon 80 und leicht dement. Ortsgebunden, was mir jetzt aber nichts ausmacht, weil ich gerne hier wohne in einem Ort auf dem Dorf, es ist ruhiger halt, ich bin nicht so der Stadtmensch."
> Jonas Trabelsi: „Die stärkste ist gleichzeitig die schwächste Stelle. Das ist die gleiche Zeit. Wo man stark ist, da kann man von dieser Stärke gleich schwach sein. Die Stärke ist die Familie zusammen, dieser Verbund zusammenleben. Wenn die Familie kaputt ist, dann ist auch diese Schwachstelle. Die Stärke ist gleichzeitig Schwachstelle."
> Jacqueline Schulte: „Auf jeden Fall. Also ich habe keinen großen Freundes- und Bekanntenkreis, ich habe wirklich nur einen sehr, sehr kleinen, engmaschigen Bekanntenkreis und Freundeskreis, weil ich für mich dann nachher auch einfach aussortiert habe, um gewissen Dingen auch aus dem Weg zu gehen."

Viele wünschen sich intensiveren Kontakt mit Freunden, Bekannten oder der Familie. Immer wieder beschreiben die Befragten auch die Einschränkungen, die vor allem aus dem geringen Haushaltseinkommen resultieren: Frederik Maas: „Dazu kommt, dass ich noch einen Sohn habe, der bei seiner Mutter lebt in Dessau. Das ist ein Stückchen. Wenn alles gut läuft, brauche ich 9 Stunden hin und zurück. Vorher hat sie in Unna gewohnt und knapp vor einem Jahr ist sie von Unna nach Dessau gezogen. Und da kommen natürlich auch immer Kosten dazu. Weil man sagt, man braucht Kleidung für den Jungen oder möchte mal was unternehmen, wenn er da ist. Und für dem Vater gibt es da ja nicht großartig Zuschüsse für, das ist das Problem."

Maas beschreibt, wie schwierig es ist, den Kontakt zu seinem Kind über die Entfernung aufrecht zu erhalten. Er würde gern mehr Verantwortung tragen und für den Sohn ein gesichertes Umfeld aufbauen, auch in finanzieller Hinsicht. Die Mutter verfügt über das Aufenthaltsbestimmungsrecht für den Sohn und ist weggezogen. Er fühlt sich deshalb vom deutschen Sorgerecht und der finanziell knappen Unterstützung doppelt benachteiligt. Nur ein Job mit regelmäßigem Einkommen würde ihn aus dieser Situation heraushelfen, meint Maas. Im Ergebnis kann er die familiären Bindungen nicht in der Form aufrechterhalten, wie er gern würde.

Franz Paus erklärt eindrücklich auf die Frage, ob er Kontakt zur Nachbarschaft habe: „Wenig Kontakt zur Nachbarschaft. Was soll man da machen? Also wenn ich eingeladen werde, gehe ich hin. Aber ich bin vor kurzem zu den Eltern eingeladen worden, aber erstens funktioniert mein Auto nicht mehr so und zweitens sollte ich 20 Euro hinschicken, die wollten ein Geschenk kaufen. Ja, wo soll ich das Geld hernehmen? Ich habe kein Geld. I: Also hat sich das persönliche Umfeld schon stark verändert? G: Wesentlich verschlechtert. Ich habe im Grunde nur noch Kontakt zu einer einzigen Person.“

Solche Erfahrungen berichten einige der Interviewpartner. Was zuvor Selbstverständlichkeiten der sozialen Interaktion waren, wird in der Langzeitarbeitslosigkeit eine zunehmende Herausforderung. Ein Gastgeschenk zu einer Verabredung mitzunehmen, weite Wege zu fahren oder ein Geschenk zu einer Feier beisteuern sind im Budget der Langzeitarbeitslosen erhebliche Belastungen und kaum finanzierbar. Dadurch wächst dann auch die soziale Distanz zu den Teilnehmern entsprechender Feiern oder weit entfernten Freunden. Peter Wassmuth: „Ja, ich habe drei Söhne, drei erwachsene Söhne. Also erst mal, dass man überhaupt Kontakt hat. Weil, Sie können sich ja kein Haus mehr leisten. Sie können sich auch keine Wohnung mehr leisten, wo sie, meine Kinder sind volljährig, ich kann meine Kinder nicht einladen. Die können auch nicht bei mir übernachten. Wie soll ich das machen?“

Die Befragungen bestätigen das Bild einer materiellen und sozialen Deprivation. In den Gesprächen wird deutlich, dass das Aufrechterhalten von sozialen Kontakten schwieriger wird, insbesondere bei sehr langen Bezugsdauern von Arbeitslosengeld. Gleichwohl berichten viele, dass ein fester Kern von Freundschaften und ein verlässlicher, sehr enger Familienkreis stabil gegenüber der schwierigen Lebenssituation ist. Solche sehr engen Kontakte scheinen robuster gegen soziale Deprivation durch Langzeitarbeitslosigkeit zu sein.

Vor diesem Hintergrund erklärt sich auch das vermeintliche Gegenbeispiel im Falle vom 31jährigen Lars Reichelt. Dieser zeigt keine Anzeichen für soziale oder materielle Deprivation, weil er durch die Unterstützung seiner Mutter bei Unterkunft und Lebenserhaltung ein sicheres soziales Netz und finanzielle Sicherheit erfährt. Solche Ressourcen stehen den anderen Befragten in dem Umfang nicht zur Verfügung.

Die Wohnsituation wurde in der gesamten Befragung nur sehr selten problematisiert. Die Wohnungen und Nachbarschaften wurden in keinem Fall als besonders schwierig oder unterschiedlich zu der Zeit vor dem Arbeitslosengeldbezug beschrieben. Hier scheint die Wohnungsförderung in Form der sogenannten „Kosten der Unterkunft“, die Mietkosten im Rahmen der ortsüblichen Höhe garantiert und sogar direkt von der Behörde an den Vermieter ausgezahlt werden kann, effizient wirksam zu sein (auch wenn es durchaus zu bürokratischen oder regulatorischen Einzelproblemen wie bei Frau Hertha Kahn kommen kann). Die Wohnsituation wurde von einigen Berlinern, die in sozial angespannten Wohnvierteln leben, thematisiert. Diese Kritik war aber unabhängig von der Langzeitarbeitslosigkeit, weil sie sich immer auch auf Zeiträume vor dem Leistungsbezug bezog. Regionale Besonderheiten in ländlich geprägten Räumen von Paderborn und Höxter wurden auch angesprochen. Hier wird die Jobsuche von manchen als besonders schwierig eingeschätzt. Und die Unterkunft im Flüchtlingsheim sowie die lange Suche nach einer regulären Wohnung wurden von Amir Navid thematisiert. Auch das hat keinen unmittelbaren Bezug zur Erwerbslosigkeit. Gleichwohl prägen solche Erfahrungen die Biografien der Betroffenen.

Insgesamt kann für den Bereich Ressourcen festgehalten werden, dass diese mit der Dauer der Arbeitslosigkeit schwinden. Das Aufrechterhalten eines größeren Bekanntenkreises erscheint unmöglich. Die Pflege eines engen Kerns von Familie und Freunden wird als anspruchsvoll beschrieben. Auch die materielle Deprivation nimmt mit der Arbeitslosigkeit zu. Zu Beginn können die Betroffenen noch von vorhanden Gütern und Bindungen profitieren. Mit der Dauer der Arbeitslosigkeit nehmen diese Reserven immer weiter ab. Für eine Phelps'sche Entwicklungsdimension in Bezug auf Arbeit zeichnet sich demnach ein bestätigendes Deutungsmuster ab. Denn ohne die Erwerbserfahrung bei den befragten Langzeitarbeitslosen zeigt sich eine latent negative Entwicklung oder mindestens eine Stagnation bei den persönlichen Ressourcen.

6.2.4 Zwischenfazit

Es zeigt sich nach der Analyse der Dimension Entwicklung, dass Anzeichen für Exklusion nachgewiesen werden können. Phelps stellt immer wieder auf den Faktor einer Selbsterfüllung durch die eigene Entwicklung im Erwerbsleben ab. Er beschreibt, wie wichtig es für die Menschen sei, die eigenen Fähigkeiten und Fertigkeiten einzubringen und diese in etwas Produktivem und gesellschaftlich Wertvollem wirksam werden zu lassen. Phelps (2000a, 93) meint, „... for most people [...] having work is their main chance to exercise their abilities, to achieve something." Für die persönliche Entwicklung ist nach Phelps (2000a, 93) auch die Erwerbserfahrung mit anderen von zentraler Bedeutung: „... working with others is main means to personal development."

So vielfältig die Biografien sind, so unterschiedlich sind auch die Entwicklungen und wichtige Lebensabschnitte der Befragten. Um die Selbstbetrachtung der bisherigen Entwicklung etwas zu schematisieren, wurden drei wesentliche Kategorien abgefragt: Auslöser der Misere, Gesundheitliches und die Ausbildung. Solche Weichenstellungen fanden sich vor allem im Bereich der Gesundheit und/oder bei qualifikatorischen Defiziten. Rückenprobleme oder die psychische Gesundheit wurden häufiger genannt. Zuweilen war auch ein Unfall der Ausgangspunkt der Arbeitslosigkeit. Bei den Qualifikationen waren es abgebrochene Ausbildungen oder ein schlechter Schulabschluss, den die Befragten als Ursache der Schwierigkeiten am Arbeitsmarkt ausgemacht haben. Die Kategorie „Auslöser der Misere" ist dann eine Sammelkategorie, in der sich viele Lebensrisiken wiederfinden, die ursächlich für die aktuell schwierige Lebenssituation sein können. Ein Schicksalsschlag in der Familie oder Differenzen mit dem Arbeitgeber. Die Interviewpartner betonen häufig neben der Bedeutung dieser Weichenstellungen für das Leben deren Wechselwirkung mit einer Erwerbserfahrung. Die Arbeit hatte – bei allen Wechselwirkungen – für alle eine besondere Bedeutung für die persönliche Entwicklung.

Die eigene Entfaltung durch die Erwerbserfahrung ist ein klar artikulierter Wunsch aller Befragten. Die tatsächliche Chance auf ein geregeltes Beschäftigungsverhältnis wird etwas kritischer betrachtet, jedoch ist über die gesamte Befragung eher Zuversicht feststellbar. Insgesamt werden der Wunsch und die Erwartung einer positiven Entwicklung für die eigene Biografie von den Langzeitarbeitslosen artikuliert. Offenbar spielt die eigene Entwicklung durch die Erwerbserfahrung eine bedeutende Rolle für die Selbstwahrnehmung und die Selbstverortung. Dass es daran in der Phase der Langzeitarbeitslosigkeit mangelt, wird von allen Befragten thematisiert.

Für den Bereich Ressourcen ist feststellbar, dass diese tendenziell mit der Dauer der Arbeitslosigkeit mehr und mehr schwinden. Jedoch werden die Kontakte zu einem engeren Kern von Familie und Freunden als stabil beschrieben. Auch die materielle Deprivation nimmt mit der Arbeitslosigkeit zu. Zu Beginn können die Betroffenen noch von vorhanden Gütern und Bindungen profitieren. Mit der Dauer der Arbeitslosigkeit nehmen diese Reserven immer weiter ab. Dies deckt sich auch mit Erkenntnissen des PASS. Die Analyse der Langzeitbefragung nach Fallgruppen von 2007 bis 2017 zeigt, dass der Ressourcenverzehr durch die Arbeitslosigkeit nachhaltig wirkt. Die materielle Deprivation nach dem PASS, die in Kapitel 2.4 bereits eingeführt wurde, zeigt, dass Erwerbstätige ohne Arbeitslosigkeitserfahrung signifikant besser gestellt sind, als Erwerbstätige mit Arbeitslosigkeitserfahrung. Die stärkste materielle Deprivation zeigen Arbeitslose ohne Erwerbserfahrungen (Abbildung 18, äußerstes Fünfeck).

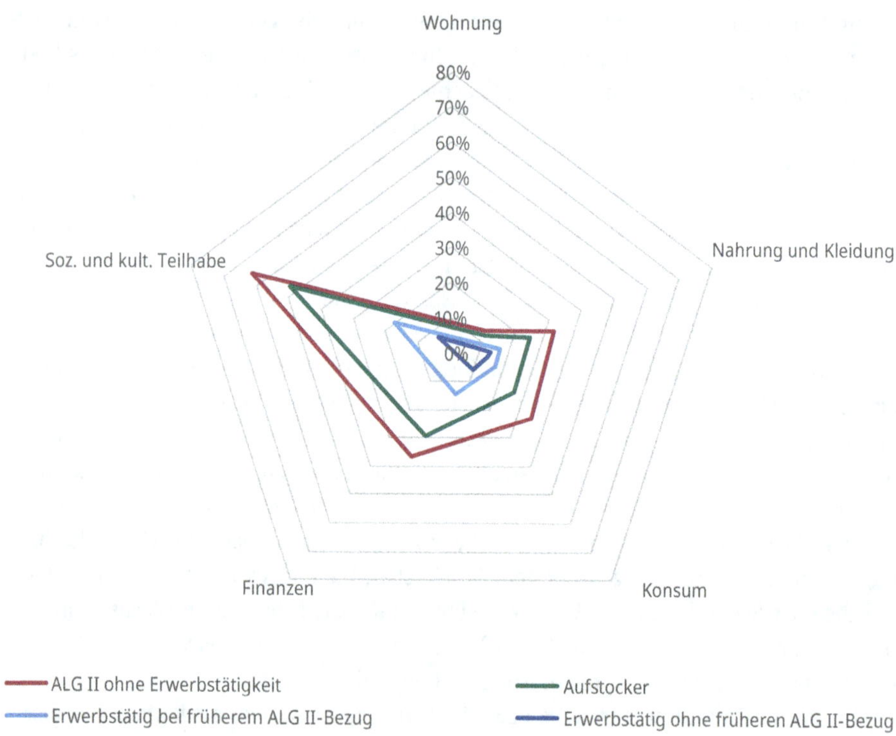

Abbildung 18: Vergleich der materillen Deprivation von Fallgruppen.
Quelle: Darstellung nach Bönke et al. (2020).

Für die Bestätigung einer Phels'schen Entwicklungsdimension in Bezug auf Arbeit können also starke Argumente gesammelt werden. Das Deutungsmuster, dass sich ohne die Erwerbserfahrung bei den befragten Langzeitarbeitslosen eine latent negative Entwicklung zeigt oder mindestens eine Stagnation bei den persönlichen Ressourcen vorliegt, stützt die Phleps'schen Grundannahmen zur Inklusion durch Arbeit. Alle Interview-Partner artikulieren ein Problembewusstsein für die eigene (Erwerbs-)Biografie und die persönliche Entwicklung.

6.3 Dimension Arbeitsumfeld

6.3.1 Erfahrungen und Erwartungen zum Arbeitsumfeld

Das Arbeitsumfeld ist nicht nur räumlich zu verstehen, sondern umfasst nach Phelps eine Anbindung an den Arbeitgeber. Darunter fallen auch die sozialen Kontakte mit Kollegen, Kunden und weiteren Stakeholdern. Die Beziehung zum Arbeitgeber ist ganz wesentlich durch die Entlohnung des eigenen Tuns und damit von einer Wertschätzung des eigenen Arbeitsbeitrages geprägt. Hinzu sollte auch eine Identifikation mit dem Arbeitsergebnis treten. Diese Dimension hat sehr viele Schnittmengen mit der persönlichen Entwicklung, weil diese nach Phelps sehr eng mit den Arbeitserfahrungen verknüpft ist, sich zu großen Teilen sogar darin begründet. Das Arbeitsumfeld ist aber eher eine zeitpunktbezogene Dimension, während die Entwicklung als Ergebnis der Interaktionen am Arbeitsplatz eine zeitraumbezogene Dimension ist. Die Antworten in Bezug auf das Arbeitsumfeld haben in der Befragung indes gezeigt, dass dieser genauere Blick auf konkrete Arbeitserfahrungen die Bedeutung von Arbeit nochmals unterstreicht und geeignet ist, Wirkungszusammenhänge offenzulegen.

Durch einen Mangel an Arbeitserfahrung und persönliche Misserfolge wird das Arbeitsumfeld zumeist negativ beschrieben. Um nochmal eine bewusstere innere, die intrinsische Überzeugung abzufragen, wurde die Frage des Arbeitsumfeldes und dessen Bedeutung bei Befragten mit eigenen Kindern auf die Wünsche und Anforderungen für die Kinder abstrahiert. Ziel war es, die Bedeutung von Arbeit und die Arbeitserfahrung nicht nur im konkret Erlebten zu beschreiben, sondern auch von der eigentlichen Bedeutung her zu fassen. So hat beispielsweise der resignierte Jonas Trabelsi beschrieben, dass die Rolle von Arbeit für die Zufriedenheit und Zukunft seiner Kinder zentral sei: „Arbeit ist Leben" und „ohne Arbeit kann man nicht leben". Bei diesen Kontrollfragen mit dem Perspektivwechsel zur Bedeutung der Arbeitserfahrung für die Kinder zeichnen sich bei einigen Befragten von persönlichen Erfahrungen unbelastete Einschätzungen ab. D. h., auch wenn die eigene Erwerbserfahrung mit negativen Erlebnissen verbunden wird und damit die Einschätzungen trübt, kann beim Perspektivwechsel aus Sicht der eigenen Kinder eine generelle Einstellung zur Arbeit herausgearbeitet werden.

Auch der Flüchtling Amir Navid fasst seine Einstellung zu einer guten Arbeitsstelle im Perspektivwechsel auf die Tochter zusammen: „Ich denke, ich brauch eine Arbeit, aber das ist nicht wie zum Beispiel Fußball. Es kommt kein Fußball. Okay. Aber Arbeit brauchen wir. Ich weiß nicht, vielleicht nach 10, 20 Jahren ändert sich dieser Arbeitsmarkt und Arbeit bedeutet was anderes. Ich weiß nicht. Aber was ich jetzt sehe, ich denke, ich empfehle meiner Tochter, such eine Arbeit, die du liebst. Weil, das ist ein wichtiger Teil von deinem Leben. Du arbeitest acht Stunden täglich, und wenn du sagst, okay noch zwei Stunden, nach zwei Stunden kann ich raus, ja, das ist nicht gut. Aber wenn du deine Arbeit magst und liebst deine Arbeit, dann kannst du sagen, okay, ich liebe meine Arbeit, ich liebe meine Familie, ich liebe meinen Freund oder meine, ja!" Während er selbst hart an der Anerkennung seiner Abschlüsse arbeitet und den Leistungsbezug mit einem Hinzuverdienst als Lieferfahrer aufbessert, werden der Wunsch und die Erwartung an ein gutes Arbeitsumfeld beim Zukunftsblick für die Tochter sehr deutlich. Diese Einschätzung könnte von seinen persönlichen Wünschen überlagert sein, dennoch zeigt die Aussage, wie sehr er ein gutes Arbeitsumfeld wertschätzt. Für ihn selbst manifestiert sich diese Wertschätzung in der Formulierung „Position haben": „Gutes Leben? Ich denke, wenn man seine Position hat, das ist der erste Schritt zum Beispiel als Studierter und Netzwerkadministrator, wenn ich als Lieferant arbeite. Ich finde es nicht dramatisch, aber das ist nicht meine Position. [...] Ich sage es nicht wegen Geld. Für mich ist Geld nicht wichtig. Ist nicht so wichtig. Aber wenn man seine Position hat, fühlt man sich ruhiger."

In seinem erlernten Beruf einen Beitrag zu leisten und seine Fähigkeiten einzubringen statt in einem Hilfsjob zu arbeiten scheint sehr zentral für sein Selbstwertgefühl zu sein. Amir Navid betont damit zweierlei. Er erkennt ganz offenbar eine ganz entscheidende Bedeutung eines guten Arbeitsumfeldes für die eigene Lebenszufriedenheit. Außerdem möchte er in diesem Arbeitsumfeld auch das volle Potenzial der eigenen Fähigkeiten zur Anwendung gebracht wissen.

Frau Hamady wiederum schätzt ein gutes Arbeitsumfeld weniger wichtig ein. Ihre Priorität liegt klar bei ihren familiären Verpflichtungen. Auch wenn der Wunsch nach Unabhängigkeit im Interview hin und wieder artikuliert wird, führt das nicht zum Wunsch, ein Arbeitsumfeld außerhalb des Familienlebens zu erleben. „Na ja, wenn ich so sage, die meiste Zeit, also wenn es mir nicht gut geht, dann gehe ich ja bei meiner Nachbarin abschalten ein bisschen, und dann sagt sie zu mir, du brauchst eine Arbeit, damit du ein bisschen Ablenkung hast von dem Ganzen, und ja, und wie reden halt immer darüber. Und sie sagt ja auch meistens zu mir, komm, lass uns arbeiten, und dann sag ich aber dann im Nachhinein zu ihr, ja, stell dir vor, ich habe jetzt eine Ausbildung, und bei der Ausbildung kannst du nicht einfach sagen, ja, meiner Tochter geht es nicht gut und ich müsste nach Hause gehen und mich um meine Tochter kümmern. Das kannst du nicht machen."

Diese Einstellung zeigte sich bereits bei ihren Antworten zu ihren eigenen Erwartungen und Wünschen. Sie sucht eine Arbeit, die von zuhause aus erledigt werden kann und die mit der Betreuung ihrer Kinder vereinbar ist. Mit diesen beiden extremen Einschätzungen ist das Spektrum der Antworten bereits abgesteckt. Auf der einen Seite existiert der Wunsch nach einem guten Arbeitsumfeld, an das sogar bestimmte Erwartungen geknüpft werden. Es soll ein wertschätzendes Arbeitsumfeld sein, in dessen Rahmen man seine eigenen Fertigkeiten und Kompetenzen voll einbringen und entwickeln kann. Es soll Zufriedenheit stiften und den Selbstwert unterstützen. Es ist sogar von einer Arbeit die Rede, die man liebt und bei der man sich gern acht Stunden am Tag aufhält. Und auf der anderen Seite findet man die Erwartung an eine Erwerbstätigkeit, die weitgehend ohne eigenes Arbeitsumfeld auskommt und den familiären Ablauf möglichst wenig beeinträchtigt.

Wie bereits in der Entwicklungsdimension herausgearbeitet werden konnte, lehnt keiner der Befragten eine Erwerbstätigkeit und damit auch die Erfahrung eines Arbeitsumfeldes grundsätzlich ab. Es geht also nur um die Frage, welches Arbeitsumfeld der oder die Einzelne sich wünscht. Das unterstreicht die Mangelerfahrung der Langzeitarbeitslosen.

Gregor Bauerfeind beschreibt gute und negative Erfahrungen durch sein Arbeitsumfeld. Das Ausüben der Tätigkeit an sich erfüllt ihn mit großem Elan, aber der Umgang der Unternehmen mit ihm betrübt ihn. Seine Einschätzung bleibt dementsprechend ambivalent. „... es macht Spaß, wenn man seinen Job liebt, ich habe meinen Job z. B. sehr gerne gemacht, Maler und Lackierer, ich liebe den Job, und ja es macht Spaß, sehr viel Spaß sogar. [...] Meine Freundin sagt auch immer, z. B. wo ich das Praktikum wieder hatte, da hast du Elan auf einmal, auf einmal kannst du wieder um 6 Uhr aufstehen, sonst schläfst du bis um 10. Dann geht alles von alleine. Das ist so, es klappt dann halt wieder gleich, ja. Weil ich merke, das macht ja auch Spaß, ich will es ja auch. Und dann aber, dann wirst du wieder verarscht. Das ist mir bestimmt jetzt schon 10 bis 12 Mal passiert. Bei 12 verschiedenen Firmen. Also das ging schon vor das Arbeitsgericht und keine Ahnung was alles, ich weiß auch nicht. Das Spiel kennt mittlerweile ja auch jeder. Vor allen Dingen im Baubereich wird das immer schlimmer."

Lisamarie Klagenfurt wünscht sich einen Arbeitsplatz, der eine Selbstverwirklichung mit sich bringt, glaubt aber, man könne diese Erfüllung auch außerhalb der Arbeitszeit finden: „Aber es geht eben nicht nur darum was, man arbeitet, sondern es geht um Lebensprojekte, um seine Stärke zu finden und die zu leben. Das ist natürlich schön, wenn es in Arbeit auch sich widerspiegelt, ansonsten ist ja die Frage, 8 Stunden pro Tag irgendwo hingehen und dann abends vielleicht eine Selbstentfaltung machen, irgendwie basteln oder was."

Nicht alle Befragten betonen die konkrete Bedeutung des Arbeitsumfeldes. Das kann mit schlechten Erfahrungen oder Nichterfahrungen in der Vergangenheit zusammenhängen oder damit, dass die Erwerbserfahrung nicht unmittelbar mit dem Arbeitsumfeld verknüpft wird. Frau Klagenfurt kann sich vorstellen, selbsterfüllende Beschäftigungen auch außerhalb der Erwerbsarbeit finden zu können. In den Interviews zeigen sich Unterschiede bei der Gewichtung verschiedener Aspekte eines Arbeitsumfeldes. Ursula Lausen meint, dass der monetäre Aspekt von Arbeit in etwa genauso wichtig („Fifty-Fifty") ist, wie die Sozialisation in einem Betrieb: „... untereinander, wenn man gute Kollegen hat und so was alles, das würde mir schon wichtig sein. [...] Mir ist wichtig, morgens aufzustehen und abends nach Hause zu kommen und, also das ist auch schon, also nicht nur ums Geld, sondern auch mal so Kollegen kennenlernen und vielleicht Freunde daraus knüpfen oder so was. [...] Wichtig, beides gleich wichtig."

Solche oder ähnliche Einstellungen durchziehen die gesamte Erhebung. Auf die Frage, welchen Stellenwert Arbeit neben dem Einkommen hat, antwortet Nadja Tiefensee: „G: Schon einen hohen. Man ist halt gut beschäftigt, ist unter Menschen, das macht Spaß, sitzt nicht nur zu Hause rum. I: Also so Tagesstruktur. G: Ja genau, also dass man nicht einfach nur so in den Tag hinein schimmelt so, ne? Unter Menschen, soziale Kontakte. I: Okay. G: Kann auch Spaß machen, solche Sachen, wenn man Arbeit hat."

In vielen Interviews wird diese soziale Komponente des Arbeitens betont. Diese Funktion oder dieses Beiwerk von Arbeit ist offensichtlich und direkt erfahrbar. Insbesondere für Langzeitarbeitslose könnte es schwer sein, außerhalb einer Erwerbsbeteiligung Menschen aus verschiedenen sozialen Gruppen und Schichten kennenzulernen und mit ihnen im wahrsten Sinne des Wortes zu arbeiten. Häufig deuten die Gesprächspartner weitere Funktionen des Arbeitsumfeldes an: Jan Trapp: „Dass ich halt gut mitarbeiten kann und mich einbringen ins Unternehmen und dass man Freundschaften knüpfen kann, auch im Unternehmen."

In ganz ähnlicher Weise betont auch Frederik Maas dieses Gefühl des Gebrauchtwerdens in Zusammenhang mit dem Arbeitsort und den dort agierenden Kollegen: „Wie gesagt, wenn man erst mal wieder am Arbeiten ist, lernt man ja auch wieder Arbeitskollegen kennen. Man weiß man wird gebraucht, und man weiß, wofür man es macht ...".

Eduart Feyrer beschreibt diesen Zusammenhang sehr anschaulich: „Ja Arbeit? Arbeit ist der Werdegang des Menschen. Du lernst erst für die Arbeit und in der Arbeit, lernst du über die Arbeit. Du lernst aber auch viel über dich selbst und über das Soziale. Das finde ich halt schon etwas Besonderes."

In welcher Form negative Erfahrungen durch das Arbeitsumfeld die Langzeitarbeitslosen beeinflussen, wie die Wirkzusammenhänge sind oder inwieweit dies der Arbeitsaufnahme im Wege stehen könnte, wären lohnende Fragen für weitere Forschung und Befragungen mit eben diesem Schwerpunkt. Vollständig negative Einstellungen zum Arbeitsumfeld finden sich allerdings kaum. Nur Lars Reichelt und Jens Heber sind zwei Ausnahmen, die ein Arbeitsumfeld nicht zu vermissen scheinen. Diese Aussagen scheinen die inklusive Funktion von Arbeit im Bereich des Arbeitsumfeldes zu widerlegen: „I: Kontakt, ist das auch ein Thema? Lars Reichelt: Also ich habe auch so Kontakt zu anderen Menschen, das ist jetzt nicht so, dass ich das jetzt durch die Arbeit unbedingt, dass das so ein Ziel ist."

Herr Heber formuliert sogar das Ziel, einen Abwehrmechanismus zu entwickeln: „Aber dann hatte ich nach einer gewissen Zeit keine Lust, weil mich das Zwischenmenschliche damals wirklich genervt hat in der Firma. Das war mir ein bisschen zu sehr Snobs. Ich weiß nicht, wie ich heutzutage damit umgehen würde. Ich weiß nicht, ob ich da einen schon ganz gut ausgeprägten Abwehrmechanismus habe, ob ich damit gut umgehen kann, wird sich zeigen oder wird sich nicht zeigen."

Auch zum Arbeitsort machen die Befragten teilweise Angaben. Anne Pawelski: „Also bei mir wäre Arbeit schon so, dass ich am Ende des Tages gerne sehen würde, was ich geschafft habe. Also deswegen Büro wäre nichts für mich. Muss ich ganz klar sagen, weil da sehe ich nicht, was ich am Tag gemacht habe." Gregor Bauerfeind: „Mir haben auch schon Leute gesagt, mach eine Umschulung, keine Ahnung, irgendwas anderes, habe ich schon überlegt, was könnte ich machen, nein, im Büro nein, das nein, das nein." Soziale Kontakte, das Gebrauchtwerden sind Funktionen, die unabhängig von einem bestimmten Arbeitsort erfüllt werden. Beide betonen ja gerade diesen Wunsch in ihren Aussagen. Ob das Arbeitsergebnis dabei nun ein rein praktisches, haptisch erfahrbares Erzeugnis ist oder die Erfüllung von Aufgaben im Büro, ist unwesentlich für die Phelps'sche Funktion des Arbeitsumfeldes für die gesellschaftliche Teilhabe.

6.3.2 Zwischenfazit

Es zeigt sich nach der Analyse des Arbeitsumfeldes, dass Anzeichen für Exklusion nachgewiesen werden können. Phelps stellt immer wieder auf den Faktor einer Selbsterfüllung durch lohnende Arbeit („Rewarding Work") ab. Er beschreibt dessen wichtigen Einfluss auf die Selbstwahrnehmung und -verortung in der Gesellschaft. Phelps (2000a, 94) meint, „worthwhile inclusion requires jobs offering real engagement in firms [...] so there is serious involvement with the firm and it's workforce". Langzeitarbeitslose erleben diese Eingebundenheit in ein Unternehmen nicht. Sie sind nicht Teil eines Unternehmens, das ein gemeinsames Ziel anstrebt. Diesen Mangel, auch im Sinne dieser Phelps'schen Inklusion, artikulieren sie recht klar. Dabei geht es um die Frage einer Sozialisation mit Kollegen und Stakeholdern im Betrieb. Der Wunsch, einen eigenen Arbeitsbeitrag einzubringen oder sich mit der Arbeit und deren Arbeitsergebnissen identifizieren zu können, wird immer wieder geäußert. Die Befragten wollen ihre Fähigkeiten einbringen und ihre Kompetenzen anwenden. Manchmal scheint der Blick auf ein Arbeitsumfeld von schlechten Erfahrungen in der Vergangenheit getrübt. Kontrollfragen im Perspektivwechsel, aus Sicht der Kinder, zeigen allerdings eine grundsätzlich positive Einstellung zur Arbeit und zur Bedeutung eines guten Arbeitsumfeldes. Soziale Kontakte, Tagesstruktur und ein sichtbares Arbeitsergebnis sind Funktionen des Arbeitsumfeldes. Die nicht unmittelbar zu beobachtenden „Nebenwirkungen" des Arbeitsumfeldes werden aber auch beschrieben. Einen Beitrag leisten zu wollen, gebraucht zu werden oder ein Lob vom Vorgesetzen sind ebenso wichtige Funktionen von Arbeit.

6.4 Gesellschaftliche Dimension

In der theoretischen Hinführung zum Phelps'schen Inklusionsbegriff wurde die gesellschaftliche Dimension eher mit dem Begriff Bürgerlichkeit verbunden. Phelps (2002, 2) spricht bei der Inklusionswirkung von Menschen in Beschäftigung von „belonging to their society" oder „meeting their civic duties". Wer fest im Berufsleben steht, kann eine selbstbewusste Rolle im gesellschaftlichen Umfeld spielen und hat die Muße, sich bürgerlichen Pflichten zu stellen. Gesellschaft wird somit verstanden als eine überindividuelle Einheit, die Erwartungen an ihre Mitglieder herausbildet und damit Anforderungen an Individuen stellt, die zu der Gesellschaft gehören wollen.

Dazu gehört die Sozialisation im gesellschaftlichen, kulturellen Umfeld. Gesellschaftliche Normen zu erfüllen wird für inkludierte Gesellschaftsmitglieder zu einer Routine. Es führt zu Irritationen, wenn Personen diese Anforderungen nicht erfüllen. Ein einfaches Beispiel ist der Handschlag. Es ist in Deutschland in geschäftlichen Kontexten üblich, einander die Hand zu reichen. Wenn eine Person nun den Handschlag verweigert, wird dies negativ sanktioniert (z. B. durch Misstrauen und kritische Blicke). Diese Praxis des Handschlages geht jedoch nicht auf Individuen zurück, sondern ist vielmehr eine gesellschaftliche Institution.[130]

Eine Untersuchung in dieser Dimension soll nun zeigen, inwiefern die Befragten gesellschaftlichen Anforderungen in Form bürgerlicher Pflichten aufgrund ihres Status als Langzeitarbeitslose nachkommen oder nicht nachkommen können. Irrt Phelps und kann man „Bürgerlichkeit" auch ohne erfüllende Beschäftigung erreichen? Ist eine Sozialisation auch als Langzeitarbeitsloser möglich, ohne Irritationen auszulösen? Gibt es vielleicht andere Formen der Teilhabe oder ehrenamtliches Engagement, die an die Stelle üblicher Einbringungsformen treten? Kann das Selbstbild auch ohne Einbindung in den volkswirtschaftlichen Produktionsprozess robust sein? Oder verspüren die Befragten Defizite, weil sie sich nicht anerkannt fühlen? Lässt sich zu diesem Themenkomplex ein Problembewusstsein abfragen?

Dazu wurden die Interviews hinsichtlich dieser gesellschaftlichen Dimension nach drei Unterkategorien gesichtet und ausgewertet. Diese sind Ausführungen zur Selbstverortung, behördliche Einflüsse auf das Zugehörigkeitsgefühl und politische Auseinandersetzungen mit der Gesellschaft. In allen Interviews lassen sich Einlassungen zur Selbstverortung in der Gesellschaft nachweisen. Häufig wird vom Umgang mit den Behörden, insbesondere dem Jobcenter, berichtet. Hier wird Staatlichkeit besonders direkt und unmittelbar erlebt. Ebenso haben alle Langzeitarbeitslose eine Meinung zum Erscheinungsbild der Gesellschaft oder zu ihrem Verhältnis zum Rest der Gesellschaft. Schließlich offenbaren sich in einigen Interviews gesellschaftspolitische Meinungen zur Langzeitarbeitslosigkeit.

---

130 Vgl. Priess (2017).

6.4.1 Selbstverortung

In den meisten Interviews verorten sich die Befragten ein Stück abgekapselt von der Gesellschaft, insbesondere einer bürgerlichen Mitte. Sie erkennen Defizite bei ihrer Zugehörigkeit zur Gesellschaft und fühlen sich nicht recht angenommen von der Gesellschaft. Jonas Trabelski war seine Arbeitslosigkeit bspw. „peinlich". So wie in diesem Fall, kann die Nichtzugehörigkeit meist nicht mit konkreten Situationen oder Anlässen hinterlegt werden, das Gefühl selbst, wird aber häufig beschrieben. Abbildung 19 zeigt eine Übersicht von Zitaten, die diesen Effekt veranschaulichen. In allen 18 gezeigten Fällen wird das Gefühl beschrieben, ohne dass eine konkrete Situation der Nichtzugehörigkeit angeführt werden konnte. Auch auf Nachfragen blieben die Beschreibungen unkonkret: „I: Das heißt, wenn ich Sie fragen würde, ob Sie sich inkludiert fühlen, sagt man ja so, das ist ein wissenschaftliches Wort, also im Großen und Ganzen als Teil der Gesellschaft angenommen, können Sie das bejahen oder verneinen? Jan Trapp: Mittelmäßig! I: Mittelmäßig – Können Sie das beschreiben? G: Nein, kann ich nicht."

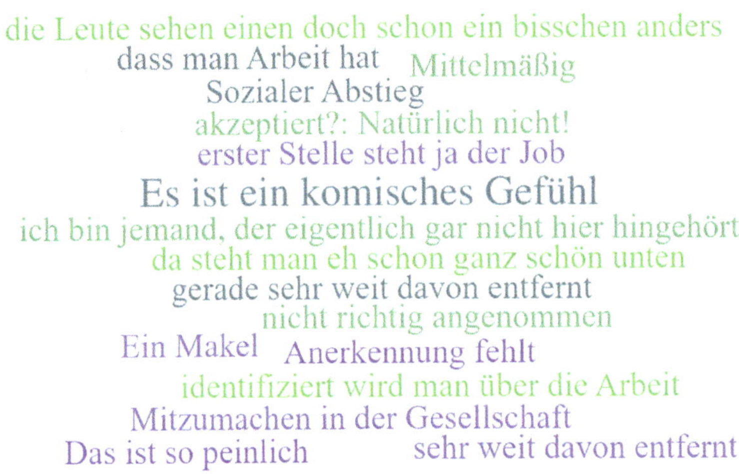

Abbildung 19: Zitate zur Selbstverortung.
Quelle: Eigene Darstellung.

Auf die Frage, was denn gesellschaftliche Teilhabe ausmache oder was wichtig wäre, um als vollwertiges Mitglied in der Gesellschaft so angenommen zu werden, antwortet Nadja Tiefensee: „Kein Hartz IV sein, da steht man eh schon ganz schön unten, wenn man Geld vom Hartz IV bezieht."

Michael Stahl nennt es den sozialen Abstieg und beschreibt die Situation als unangenehm und schämt sich. Frederik Maas hat eine ähnliche Einstellung: „Ich denke mal, dass durch dieses Hartz IV die Leute einen doch schon ein bisschen anders sehen. Aber, wüsste ich jetzt auch nicht."

Eduart Feyrer wird sehr deutlich und konstatiert: „Um das direkt zu sagen: Man fühlt sich manchmal wie – ja wie – der Müll dieser Gesellschaft. Manche merken es nicht, dass sie dich so behandeln, manche machen das extra und manchen ist es einfach egal. Es ist ein komisches Gefühl."

Es geht ihm dabei darum, dass er keine Möglichkeiten sieht, seinen eigenen Bedürfnissen und Wünschen nachzugehen. Er findet keinen Zugang zu Bildung, weil ihm die finanziellen Mittel fehlen. Er würde gern mehr lesen und sich auch eigene Bücher leisten, doch kann er das nicht aus seinem Haushaltsbudget finanzieren: „Ich mein haben Sie sich mal angeguckt, wie die Bücherpreise zurzeit sind? Das ist Wucher!"

Hertha Kahn nennt den Hartz IV-Bezug einen Makel und Sven Olafson antwortet auf die Frage der Zugehörigkeit ganz klar: „Natürlich nicht!"

Eva Biermann versucht diese Frage genauer einzuordnen: „Mitzumachen in der Gesellschaft, egal, in welcher Form. Es können ja auch Vereine sein oder, also eigentlich auch an erster Stelle steht ja der Job."

Man werde nicht richtig angenommen in der Mitte der Gesellschaft, wenn man keiner Erwerbstätigkeit nachgehe. Es fehle an der Akzeptanz meint die 32-jährige Höxteranerin. Sie berichtet, dass sie sich nicht vorstellen könne, dass Arbeitslose an gesellschaftlichen Ereignissen teilhaben könnten, sei es im Schützenverein, der in Höxter eine wichtige Rolle für den gesellschaftlichen Zusammenhalt spielt. Sie vertieft nicht, ob dies auf ein Ausgrenzen der Schützen gegenüber den Arbeitslosen oder eine Scheu der Arbeitslosen selbst zurückgehe oder ob es eventuell finanzielle Gründe haben könnte. Dennoch problematisiert die früher Selbstständige, dass es den Arbeitslosen durch solche Ausgrenzungen an Kontakten, an „Vitamin B" fehle. Solche Netzwerke verortet sie in der gesellschaftlichen Ordnung „ganz, ganz oben". Sie selber sei „gerade sehr weit davon entfernt."

Eva Biermann: „Das fängt ja im Kindergarten an. Die Kinder unterhalten sich ja, was macht dein Papa, was macht deine Mama, und mein Kind hat da zum Beispiel erzählt, meine Mutter geht wieder in die Schule, ich weiß auch nicht, was die da will, aber die lernt einfach noch mal, oder dann hat sie da gekellnert, dann haben wir sie da besucht. Also so diese kleinen Sachen. Die erzählen dann natürlich von einem richtigen Job, so mein Papa ist IT-System – was weiß ich oder Verkäufer, Postbote und so."

Ohne Arbeit, so meint Biermann, fehle schlicht die Anerkennung. Auch wenn sie als Mutter Leistung erbringe und sich anstrenge, hätte dies nicht denselben Stellenwert. Im vorliegenden Zitat wird es besonders dadurch deutlich, dass ein gesellschaftlich erwünschtes Verhalten, z. B. die regelmäßige Teilnahme an Elternabenden in der Schule, in der Wahrnehmung von Frau Biermann sogar negativ konnotiert wird: Eva Biermann: „Und das fängt eigentlich schon ganz klein an, das Thema Arbeit. Und das ist dann auch schon wichtig. Ja. Und wenn man dann zum Beispiel bei einem Elternabend ist und man ist da immer, weil man immer Zeit hat, die anderen Eltern aber nicht, dann fällt das natürlich auch auf und jeder fragt, was machst du denn, was machen Sie und! Und das ist auch wichtig, wenn das Kind anfängt, Freunde zu haben. Also ich sehe das so, dass ich dann gefragt habe ach so, ja, der Hannes ist dein Freund, was machen die Eltern denn? Und dabei mache ich ja, also bin ich selber arbeitsuchend. Das hat einen sehr hohen Stellenwert. Ja."

Die Gesellschaft denke in bestimmten Kategorien, meint auch Lisamarie Klagenfurt: „Einfach nur, dass man eben sehr identifiziert wird über die Arbeit. Ich habe das auch gemerkt, ich habe Krankenpflegerin gemacht – jetzt hätte ich bald Krankenschwester gesagt – man wird direkt so richtig geschoben in so eine Kategorie, ja, du bist halt eine Pflegerin, so eine, so eine. Das ist auch schon brutal, selbst wenn man arbeitet, hat man schon das Gefühl irgendwie, also nicht nur, wenn man Arbeitslosengeld II bezieht, sondern generell berufsmäßig ist man da sehr, sehr in eine Furche geschoben. Das ist eigentlich alles was ich sagen wollte."

Zur Frage der Ursachen einer Selbstverortung außerhalb der gesellschaftlichen Mitte finden sich in den Befragungen Hinweise. Jacqueline Schulte verbindet Arbeit und Teilhabe: „Ja, einmal die Arbeit definitiv, und dass man auch an gewissen Dingen halt teilnehmen kann, so wie ein Kinobesuch oder mal Essen gehen und dass dann nicht immer nur der Partner bezahlen muss, so ungefähr, sondern dass ich auch einmal sagen kann, hey, heute gehen wir mal."

Hier wird Arbeit auch sprachlich getrennt. Durch das „einmal" am Satzbeginn, mit dem „und" vor Teilhabe am Kino, die aufgrund der fehlenden Finanzen nicht möglich ist. Insofern verbindet Frau Schulte nicht unbedingt „Arbeit und Teilhabe", sondern macht einen Übersprung über Arbeit hin zu Geld. Sie verbindet im Zitat damit auch sprachlich direkt „Geld und Teilhabe".

Gregor Bauerfeind bedient sich ähnlicher Konstrukte, die stark die materielle Deprivation im Blick haben. Er bezieht sich konkret auf einen Besuch in der Innenstadt zum Spazierengehen oder Besuche von Museen oder Kulturveranstaltungen: „Glücklich zu sein, Familie zu haben, dass man auf Leute zählen kann. Etwas hat, was einem zu Hause z. B. freut, wie einen Hund oder so was, keine Ahnung, dass man immer weiß, irgendwer ist da! Oder so sein, ist jetzt doof zu sagen, wie meine Mutter, einfach immer nett und freundlich zu jedem sein. Dann merkt man eigentlich erstmal, wie viel Liebe die Menschen zurückgeben. Natürlich kannst du nicht jeden glücklich machen, aber viele gehen darauf ein. Und diese Nettigkeit bringt auch viel, weil man kennt sich besser, die Leute sind freundlicher. Dieses Hallo und Tschüss, die Leute kennen sich heutzutage nicht mehr. So was mag ich überhaupt gar nicht. Dann doch lieber, ja, nett sein, keine Ahnung. Also gehört eigentlich viel dazu, das ist nicht nur Geld. Familie, ja, alles so ein bisschen, Essen muss auch halbwegs da sein, gesundes Essen, dass man sich nicht immer nur von Burger ernährt, dass man auch mal rausgeht und die Natur sieht oder sich mal die Stadt anguckt und sagt, ach, da ist unser Museum, da ist die Oper und da ist das. Oder man geht auch mal in die Pilze, keine Ahnung, es ist so vielfältig das Leben, man kann soviel Sachen machen."

Peter Wassmuth zielte ebenfalls auf die materielle Deprivation, aber ist von seinen früheren (elitäreren) Erfahrungen geprägt und bezieht sich eher auf die Mitgliedschaft in einem Golfclub oder Tennisclub. Er hat seine peer-group verloren, weil er sich die Mitgliedschaften nicht mehr leisten kann: „80 Euro, 90 Euro Mitgliedsbeitrag.

Wie wollen Sie das finanzieren?" So kommt er zu dem Schluss: „Die Situation muss man beschreiben, weil, sagen wir mal, ich bin jemand, der eigentlich gar nicht hier hingehört, wie auch viele meinen, dass sie nicht dahin gehören, aber es ist halt so gekommen. Und sagen wir mal so, ich werde hier rauskommen, ich werde mich auch politisch engagieren. Da können Sie Gift drauf nehmen."

Solche Ausweichstrategien, wie sie bereits in Kapitel 6.1 diskutiert wurden, finden sich auch im Bereich der Selbstverortung. Jens Heber spricht offen darüber, dass er sich lange mit Hilfe einer Onlinecommunity abgekapselt habe. Offenbar bieten Online-Spiele und Internet-Bekanntschaften eine Möglichkeit der Anknüpfung, bei der die reale Lebenssituation weniger sichtbar ist und diese Anonymität für Menschen, die sich abseits empfinden, einen Ort der Anbindung und Beschäftigung bietet. Zumal diese Hobbies im Gegensatz zu Restaurantbesuchen, Tennis und Ähnlichem kostenlos verfügbar sind. Auch Ursula Lausen hatte bei der Frage von Hobbies, Beschäftigung und Engagement geantwortet: „Internet, Facebook mache ich ganz extrem, und sonst, nein, eigentlich nicht so."

Für Jens Heber war jedoch ein Punkt erreicht, an dem er diese Ausweichstrategie aufgegeben hat: „Ich habe also seit Anfang des Jahres schon sehr viel verändert, Sie fragten ja gerade Freundeskreis usw. usf. Ich habe hier also nicht so einen stark ausgeprägten Freundeskreis, weil die damals vor 20 Jahren größtenteils alle von hier weggezogen sind, ja! Habe aber halt Online-Bekanntschaften durch Online-Spiele usw. usf., was mich aber auch zeitlich wirklich vereinnahmt und da habe ich jetzt auch einen Cut gemacht. Ich habe gesagt: Sorry, ich muss mich um meine Sachen kümmern, und ich habe auch ein gewisses Alter erreicht, wo ich sage, so, war eine schöne Zeit, hat Spaß gemacht, aber bringt mich nicht weiter. Ich muss halt noch ein bisschen was tun."

Bei Alfred Grazer zeigt sich bereits in Kapitel 6.1, dass ihm die Biker-Scene ein Umfeld bietet, in dem er sich wohler fühlt als in der bürgerlichen Mitte und der Biker-Club ihm Bestätigung und Zugehörigkeit bietet.

Gleichwohl finden sich auch einige Interviewpartner, die kein Problem mit der Selbstverortung in der Gesellschaft haben. Lars Reichelt fühlt sich „auf jeden Fall" in der Mitte der Gesellschaft wieder. Denn er habe noch „nie irgendwas Negatives jetzt zu hören gekriegt", weil er Hartz IV beziehe. Auch Henning Gross meint, dass er keine Probleme mit der Teilhabe in der Bürgergesellschaft habe: „ganz und gar nicht: Klopf auf Holz". Lisamarie Klagenfurt sieht sich ebenso von der Gesellschaft angenommen, wie Jacqueline Atkins. Damian Märzen kommt zu dem Schluss eher in die Gesellschaft eingebunden zu sein, auch wenn er es etwas einschränkt: „Teilweise ja, je nach Situation halt!". Möglicherweise verändert sich im Blick auf Berufe etwas für die betroffenen Langzeitarbeitslosen. Für Lisamarie Klagenfurt sind bspw. tradierte Vorstellungen von Position und Status aufgrund einer bestimmten Berufsausbildung heute überholt. Es zählten andere Werte. In diesem Zusammenhang betont sie dann, dass es nicht so sehr um den Beruf und eine Funktion gehe, sondern darum, sein eigenes Einkommen, egal in welcher beruflichen Form, zu verdienen: „Also ich finde es mittlerweile nicht mehr wichtig, dass man dieses ganz traditionelle, abgeschlossene Berufsausbildung, musst was Richtiges machen, wie meine Oma gesagt hätte. Aber ich finde es irgendwie schön und wichtig, dass man sich selber ernähren kann. Ich finde es auch nicht schamhaft, wenn man Jobcenter bekommt, ich würde da niemanden für irgendwie runtermachen. Aber dass man sich selber halt ernähren kann, dass man sein eigenes Geld so macht. Es kann auch ein Minijob sein, wenn man sagt, ich brauche nicht viel Geld. Und dann kann man alle möglichen anderen Sachen machen und teilhaben."

Dieser Punkt, die richtige berufliche Position einzunehmen, ist hingegen Amir Navid besonders wichtig. Er ist derzeit in genau der von Lisamarie Klagenfurt beschriebenen Situation. Er geht als Lieferfahrer einer Tätigkeit nach, mit der er den Lebensunterhalt seiner Familie aufbessern kann. Ihm fehlt aber eine Anstellung in seinem erlernten Beruf. Es kann also sein, dass sich der Wunsch, den Frau Klagenfurt artikuliert, in und durch die reale Lebenssituation verändert oder erweitert. Der Aspekt, die eigenen Kenntnisse und Qualifikationen im Arbeitsumfeld anwenden zu können und wirksam werden zu lassen, wurde in dem Kapitel 4.3 bereits diskutiert.

Amir Navid beton aber darüber hinaus, dass es ihm ein Anliegen wäre, der Gesellschaft etwas zurückgeben zu können. Er möchte seinen bürgerlichen Pflichten stärker nachkommen und sich darüber hinaus auch engagieren. Dafür, so meint Navid, braucht er ein geregeltes Beschäftigungsverhältnis, in dem er seine Fähigkeiten voll entfalten kann.

„Ich finde sehr wichtig. Ja, vielleicht sagen manche Freunde, wir bekommen Geld von Deutschland oder, ja, du arbeitest Teilzeit als Lieferant oder jemand arbeitet schwarz und verdient auch ein bisschen Geld, und das reicht. Warum bist du so nervös? Aber ich denke, es ist wichtig. Ja. Immer denke ich, die Deutschen haben etwas für uns gemacht, nicht nur Deutsche, die ganze Welt hat für und was gemacht. Und jetzt muss ich was machen. Und wenn es sehr lange dauert, das stört mich echt. Warum kann ich nicht was machen, ja? Bis wann muss ich nur Service bekommen? Wann kann ich sagen, okay, das ist mein Service zurück. Ich kann was für die, für andere machen. Deswegen, Job ist wichtig, weil ich immer jeden Monat Geld bekomme, aber ich arbeite nicht für das Jobcenter. Wenn ich Geld von meinem Restaurant bekomme, okay, ich arbeite, ich verdiene Geld. Aber wenn ich Geld vom Jobcenter bekomme und ich sage, okay, wann endet dieses Geld und ich kann was zurückgeben, ja, zu diesem Land, zu dieser Welt, zu Menschen."

In ähnlicher Weise führt Sven Olafson aus: „Ich hätte z. B. gern etwas Ehrenamtliches. Irgendwas im sozialen Bereich. Dass ich wem mal eine Geschichte vorlese oder so. Dass ich mich irgendwie noch besser einbinden kann." Und: „G: Nein, ich sehe mich eigentlich integriert. I: Gut. Was macht für Sie gesellschaftliche Teilhabe aus? Also was ist wichtig, um als vollwertiges Mitglied der Gesellschaft anerkannt zu werden? G: Eine Arbeit zum Beispiel denke ich mir. I: Also auch, um sich angenommen zu fühlen in der Familie, in der Verwandtschaft, Nachbarn, Umkreis. G: Ja dass man Arbeit hat, ja, Geld nicht wirklich, also weiß ich nicht, ob das da wirklich hundertprozentig! I: Aber Arbeit? G: Ja."

Genau diese beschriebene Wechselwirkung der Erwerbstätigkeit mit und in der Gesellschaft, die über die persönliche Stellung hinausgeht, meint Phelps (2020a), wenn die „civic duties" zum Teil seines Inklusionsverständnisses macht.

6.4.2 Einfluss der behördlichen Betreuung der Langzeitarbeitslosen auf deren Zugehörigkeitsgefühl

Die Zugehörigkeit zur Gesellschaft setzt auch ein gewisses Maß von Akzeptanz voraus. Die Gesellschaft sollte positiv wahrgenommen werden. Wie sehen Langzeitarbeitslose die gesellschaftlichen Verhältnisse und wie wirkt die bürgerliche Mitte auf die Betroffenen? Ein immer wiederkehrendes Thema der Befragungen ist die Unzufriedenheit mit dem System Jobcenter. Hier wird Staatlichkeit und damit Gesellschaft als gängelnd empfunden. Dies ist der Ort, an dem Langzeitarbeitslose mit Bürokratie umgehen und sich rechtfertigen müssen. Das Jobcenter formuliert mit den Betroffenen Mitwirkungspflichten und kontrolliert diese. Alfred Grazer meint, er könne deswegen kein vollwertiger Teil der Gesellschaft sein: „Weil man mir zu viele Steine in den Weg gelegt hat, bürokratische. Das geht überhaupt nicht. Und wenn die irgendwie aus dem Weg geräumt werden würden, dann wäre es gut."

Er selbst beschreibt also, dass er „die Steine" selbst „nicht wegräumen" könne, sondern erwartet dies von anderen. Herr Grazer beschreibt sich damit auch politisch exkludiert. Für ihn ist das Jobcenter ohnehin kein verlässlicher Partner für die Jobvermittlung. Auf die Frage, wie er den Weg in Beschäftigung gefunden hat, sagt er: „Gelungen ist es bei mir immer, aber auf das Arbeitsamt habe ich mich noch nie verlassen, weil, das bringt es nicht. Man hat ja da Sachen, ich bin vorher, glaube ich, zwei Monate nur arbeitslos gewesen, wo ich halt eben, da kriegte ich Sachen zugeschickt nach dem Motto, du kannst dich da mal bewerben und ruf da an. Die Stelle ist schon seit einem halben Jahr weg. Und solche Sachen. Das geht überhaupt nicht. Und deshalb habe ich mich nie irgendwie verlassen, ich habe auch nie irgendwie Bewerbungen rausgeschickt, ich fahre dahin, die Leute sehen mich, okay, gib mir deine Bewerbung her. Ich konnte da immer gleich anfangen."

Auch für Franz Paus bietet das Jobcenter keine Hilfe bei der Jobvermittlung. Bei ihm wird auch die Gleichsetzung von Jobcenter und Staat, das Jobcenter als nächste Erfahrung der Staatlichkeit, ganz deutlich: „Man kann sich auf den Staat nicht verlassen. Mein ganzes Leben habe ich Steuern bezahlt, ja bis 2009, 2010. Da habe ich mich immer auf den Staat verlassen. Aber gerade nach der Wirtschaftskrise? Jetzt bin ich wahrscheinlich zu alt. Ich mein, natürlich macht man auch Fehler. Ein Fehler war z. B. sich auf den Staat zu verlassen. Dann kam ja Hartz IV und sowas. Dann habe ich mir noch selbst einen Job besorgt. Das war das im Baumarkt. Das Jobcenter sagt ja immer nur: ‚Gehen Sie hier hin, gehen Sie da hin'. Das sind teilweise die unmöglichsten Stellenbeschreibungen. Die gar nicht zutreffen."

Das System Jobcenter ist immer wieder ein Thema für die Betroffenen. Eduart Feyrer macht sich Gedanken um eine vermeintlich ungerechte Behandlung. „Oder wenn meine Oma mir ein Geschenk macht. Das kommt doch von Herzen, hat sie sich vom Munde abgespart. Warum muss ich das bei Hartz IV melden? Das ist ein soziales Ungleichgewicht. Das kann doch bspw. nicht sein, dass ein Mann, der seine Frau tötet für drei Jahre ins Gefängnis kommt und jemand, der 100 oder meinetwegen 1.000 Euro Steuern hinterzieht, für sieben Jahre. Das kann doch nicht sein! Was ist denn wichtiger, das Leben oder das Geld?"

Die Kontrolle der Jobcenter über den Lebensunterhalt und die finanziellen Ausstattungen der Leistungsbezieher empfinden viele als einen Eingriff in die Privatsphäre. Dieser Kontrolle dauerhaft unterworfen zu sein, bereitet Sven Olafson große Sorgen und das Gefühl von Ungerechtigkeit: „Ja, genau. Z. B. habe ich erst in diesem Jahr gelernt, dass die ARGE in manchen Bereichen mehr Befugnisse hat als die Polizei. Die dürfen jetzt so ohne jede Anordnung jederzeit zu dir rein. Da kannst nicht sagen: nein. Ich mein, das darf noch nicht einmal die Polizei. Sowas, dass man in seinem Recht immer weiter beschnitten wird, wenn man in Hartz IV ist. „Mein Bruder z. B. Der ist Aufstocker, ne. Der musste jetzt zum Zahnarzt. Da musste er seine Betäubung selber bezahlen, mit 50 Euro. I: Wie? G: Ja, das ist so. Jetzt vor kurzem habe ich auch von einem zweiten Fall gehört. Wo soll denn das hinführen? Das heißt irgendwann ist es soweit, wenn man jetzt Langzeitarbeitsloser ist, wenn es also bei den ganz Schwachen ankommt, dass man da keine Zähne mehr hat oder Brille, Brillenzuschuss gibt es nur bis 12 [Euro, Anm. d. Autors]. Ja und dann? Wo soll denn das hinführen? So was meine ich. Die Leute sind doch völlig uninteressiert an diesen Schicksalen. Das habe ich auch bei Facebook gemerkt. Also als ich noch bei Facebook war, da habe ich mich mittlerweile auch abgemeldet. Das ist mir einfach zu hohl, irgendwie. Also alle soziale Stütze der Welt kommt nicht auf die Beträge, die die Bänker verursacht haben. Alleine durch die letzten Misswirtschaften da. Sowas geht mir unheimlich auf den Zeiger. Ja gut, ich schaue ja auch von ganz unten. Irgendwie, also auch im Bekanntenkreis, da gibt es Leute die arbeiten, so unterschwellig ist das schon da, ne: ‚Dir geht es doch gut, du musst nicht arbeiten, kriegst trotzdem Geld.' Und indirekt muss ich sagen, haben die ja recht, ne! Bloß, wie man lebt, das ist eine andere Frage. Also gut lebt man nicht davon."

Hier spielen vor allem seine persönlichen schlechten Erfahrungen mit hinein. Sven Olafson hatte die in Kapitel 6.1 angedeutete Kürzung der Leistungen, die er bis heute als ungerechtfertigt empfindet. Er hatte erst nach ein paar Jahren der Arbeitslosigkeit Leistungen beim Jobcenter beantragt. Weil er für die Zwischenzeit keine Beschäftigung oder andere Einkünfte dokumentieren konnte, hat das Amt eine Kontenabfrage zu seiner Vermögenssituation angefordert. Dabei wurde ein verdeckter Vermögenstatbestand entdeckt. Ein liegengebliebener Bausparvertrag führte zu einer Leistungskürzung, sodass Olafson einen Mietrückstand aufgebaut hat. Diese Situation zu Beginn seines Leistungsbezugs belastet das Verhältnis mit der Behörde bis heute: „Oder ich sollte zum Seminar im TBZ, für so ein Bewerbungstraining. Äh, ich wusste aber nicht, wie ich dahin kommen sollte. Oder es wird gesagt: ‚so schlecht kann es dir ja nicht gehen', also bezogen auf meine Figur. Soviel zum Thema, wie ich mich jetzt gefördert sehe oder geholfen fühle. Da könnt' ich einen Herzanfall kriegen. Also soviel dazu, wie man da reinrutscht, ins Hartz IV."

Solche konkreten Einzelfälle und Auseinandersetzungen mit dem Jobcenter belasten das Verhältnis mit der Behörde. Die Rechenschaftspflichten der Betroffenen gegenüber der Leistungsabteilung der Jobcenter und die damit verbundenen Einzelfragen übertragen sich auf das Gesamtbild der Behörde. So berichtet Hertha Kahn, dass sie sich von dem Amt nicht wertgeschätzt fühle. Der konkrete Fall, der dahinter steht, betrifft die Übernahme der Wohnungskosten der alleinerziehenden Mutter durch das Jobcenter: „G: Ja, da fühlt man sich wie das Letzte. I: Ja? G: Ja, ist so. I: Ist das die Art der Ansprache oder? G: Ja! I: Wo fängt das an? G: Man fühlt sich irgendwo – also mal ein Beispiel. Ich musste ganz viel nachzahlen an Nebenkosten noch. Dann hat man mir also gleich gesagt, ich habe da eine andere Sachbearbeiterin gekriegt und die hat mir dann gleich gesagt, also dass meine Wohnung elf Euro zu teuer wäre, und dass sie nicht noch mal die Nebenkosten übernehmen. I: Elf Euro? G: Ja! Vorher war es aber nicht, bei dem anderen Sachbearbeiter. Der hat da nie was von elf Euro gesagt oder dass sie die Nebenkosten nicht mehr übernehmen. Witzig, na? Dann habe ich schon Angst, die noch mal anzusprechen, wenn ich jetzt irgendwas von der will. Wenn ich dann anrufe. Dann denke ich mir immer: Oh Gott, nein! Die wimmelt dich bestimmt irgendwie ab. Das ist halt so. Denn wenn man so, gleich so: ‚Sie haben zu viele Nebenkosten, bla, bla, bla.' Da kommt man sich gleich wie so ein kleines Arschloch vor. Weil ich bin drauf angewiesen. Nicht sie auf mich."

Ein Beraterwechsel hat auch bei Eva Biermann zu Irritationen geführt. Beraterwechsel seien generell nicht so förderlich, weil immer erneut die Lebenssituation erklärt werden muss und ein anderer Berater möglicherweise zu anderen Ermessensentscheidungen kommt als der vorherige. Biermann kritisiert aber auch weitere Rahmenbedingungen in den Jobcentern. Sie kritisiert bspw. die Maßnahmen der aktivierenden Arbeitsmarktpolitik. „Ja, also diese Beraterwechsel und es ist nicht so förderlich, wenn man immer, also zum Beispiel habe ich jede Maßnahme mitgemacht, die das Amt mir angeboten hat oder ich danach gefragt habe. Es gibt ja auch Sachen, die fragt man nach und dann kann man die machen, aber allein dieses Wort Maßnahme finde ich schon total erniedrigend. Wenn ich, ich habe das noch nie jemandem erzählt und würde ich auch nicht, weil ich mich dafür schäme, obwohl ich dann ja da bin, um Bewerbungen zu schreiben, mich fortzubilden, Kurse zu machen. Trotzdem ist das so ein Tabu. Wenn ich irgendwo in die Stadt gehe und jemand fragt, was hast du heute Morgen gemacht, würde ich nie sagen, ich war bei einer Maßnahme. Ich habe auch schon ganz oft vorgeschlagen, das Wort zu ändern. Das, was ich jetzt mache, ist übrigens ein Projekt. Ja okay, das soll irgendwie besser wirken, aber ich weiß nicht."

Auch wenn die Erfahrungen der Langzeitarbeitslosen mit dem Jobcenter in den Interviews aufgrund der Lebenssituation und in vielen Fällen auch der Interviewsituation innerhalb der Räumlichkeiten der Jobcenter oder deren Projekträumen dominieren, so finden sich auch Erfahrungsberichte mit anderen Behörden, die das Gefühl der Anerkennung beeinträchtigen oder durch die Zurücksetzung erfahren wird.

Herr Olafson schildert beispielsweise sein Misstrauen gegenüber dem Rechtsstaat, der ihn seiner Meinung nach benachteiligt: „Ich habe z. B. Widerspruch eingelegt gegen einen Bescheid. Wollte einen Beratungsschein bei Gericht haben. Den habe ich aber nicht bekommen, weil die gesagt haben, dem Widerspruch wird nicht entsprochen, deshalb macht das mit dem Schein auch keinen Sinn."

Peter Wassmuth ist weiterhin in einer privaten Krankenversicherung mit Selbstbeteiligung versichert. Hier sieht er einen weiteren Beleg für die Exklusion von Menschen aus der bürgerlichen Mitte. „Nein, kann ich jetzt auch nicht mehr. Ich kann gar nichts mehr. Und ich habe bei mir aus irgendwelchen Gründen, die ich nicht kenne, aber ist rechtlich in Ordnung, hat das Bundesverfassungsgericht gesagt, die Beteiligung, die Selbstbeteiligung muss aus den Hartz IV-Mitteln ... , das heißt also der Januar ist schwierig für mich gewesen war, ich habe 400 Euro Selbstbeteiligung, und ich kriege 404 Euro. Das heißt, es bleiben einem vier Euro, man sucht Mittel und Wege, wie man das dann ausgleichen kann. Rein rechnerisch soll man das ja ansparen und so was, aber gut, das ist eine politische Größe und keine wirtschaftliche. Also gut. Da gehe ich jetzt raus. Gehen Sie auf die Straße. Von den sogenannten Pennern, die da rumsitzen oder betteln, Sie glauben nicht, wie viele Akademiker da drunter sind. Die die Frau verloren haben, Dingsbums oder sonstige Schulden haben."

Durch die Inobhutnahme ihrer Kinder hat Frau Schulte bereist schlechte Erfahrungen mit einer Behörde gesammelt. Insofern beschreibt sie Schwierigkeiten insbesondere im Umgang mit dem Jugendamt: „Ja, teilweise die Zusammenarbeit mit dem Jugendamt, weil ich ja auch beweisen muss, dass ich stark genug bin und fit genug bin, und das auf jeden Fall. Es war eine ganze Zeit dann halt so, dass das Jugendamt dann auch gesagt hat, ja, Frau Schulte, Sie sind ja so krank und Sie schaffen das ja alles gar nicht und, und, und. Also das auf jeden Fall. Und das hatte auch ganz viel damit zu tun, natürlich mit meinem sozialen Status. Ich war zu dem Zeitpunkt, als die Kinder ja auch da waren, immer noch habe ich Leistungen bezogen, war halt nicht vollwertig im Berufsleben, war dementsprechend auch allein gestellt, und das hat natürlich ganz, ganz viel auch damit zu tun."

Michael Stahl berichtet von den Herausforderungen, die aus der Abstimmung der Behörden untereinander resultieren. Solche Schnittstellenprobleme zwischen den verschiedenen Leistungssystemen können zu Überforderung und damit letztlich wahrgenommener Exklusion führen: „Ich will mich jetzt nicht, so als Querulant, aber da gab es schon eine Situation. Also wo ich jetzt nicht sauer einen selber war, sondern so auf das Gesamtkonzept. Auf den Rahmen. Ich kann das so schlecht in Worte fassen. Es war irgendwie niemand verantwortlich, als die Krankheit ausbrach. Die Krankenkasse hat mich zur Rentenversicherung geschickt. Die Rentenversicherung zur ARGE und die ARGE wieder zur Rentenversicherung."

Der persönliche Kontakt mit Integrationsfachkräften und Jobvermittlern im Jobcenter kann aber durchaus auch eine positive Erfahrung sein. Eva Biermann, die vor allem die Beraterwechsel und weitere Rahmenbedingungen des Leistungssystems kritisiert, erlebt im persönlichen Kontakt mit den Mitarbeitern und in Trainings durch andere Teilnehmer durchaus auch Unterstützung: „Es hat mir zwar noch nichts gebracht, aber ich habe mich unheimlich viel beworben in der Zeit. Ich hatte auch Vorstellungsgespräche. Es ist immer an anderen Sachen gescheitert, aber also an diesem Konzept eigentlich glaube ich. Letztes Jahr war ich ein halbes Jahr mit zehn anderen Frauen, also Müttern auch, alleinerziehenden in einer Klasse, und wir haben uns alle gegenseitig motiviert. Und dann, wer kriegt zuerst eine Stelle, und wer schreibt die meisten, besten Bewerbungen und so. Das war schon, das war eine gute Idee. Es hat bei mir zwar nicht geklappt, aber bei vielen anderen. Das ist schon nicht schlecht."

Diese Motivation beschriebt auch Sabina Hamdy: „G: Ich weiß nicht, wie jeder andere über mich denkt. I: Aber die Menschen werden ja schon mal was gesagt haben. Ja halt, du bist hilfsbereit, oder du bist launisch oder? G: Ja. Nein, die meinten immer zu mir, dass ich ein positiver Mensch bin. I: Ja, das ist doch eine positive Eigenschaft. G: Ja, und dass ich also hilfsbereit bin, freundlich, das hat der Herr Dach [Name geändert] mir auch schon gesagt. I: Wer ist das? G: Mein, hier vom Jobcenter."

Auch Peter Wassmuth findet lobende Worte für die Sachbearbeiter: „Durch das Raster durchgeknallt, natürlich, also die Damen und Herren hier waren alle sehr nett, hat einem auch sehr geholfen und alles. Das war schon eine große Hilfe."

6.4.3 Politische Auseinandersetzungen mit der Gesellschaft

Bei der Frage der Inklusion und der empfundenen Teilhabe an der Gesellschaft kommen viele der befragten Langzeitarbeitslosen auch zu politischen Einschätzungen. Gab es gesellschaftliche Veränderungen in der jüngsten Zeit? Oder die allgemein gehaltene Frage: „Gilt dieser Satz noch heute: Die Kinder sollen es mal besser haben?" führten häufig zu politischer Kritik. Henning Gross bezieht sich dabei auf das arbeitspolitische Umfeld und meint: „Also in den letzten Jahren hat sich mit Sicherheit was verändert. Das denke ich schon. Mit diesen Zeitarbeitsfirmen. Früher hast du mal ein paar Monate, hier beispielsweise bei Westfleisch gearbeitet. Dann haben die dich eingestellt. Unbefristet. Das gibt's doch heute kaum noch! Das ist ja ganz, ganz selten! Früher war das schon. Ich sag mal vor zwei, drei Jahren da war das noch anders."

Eine Spaltung der Gesellschaft beschäftigt die Langzeitarbeitslosen ebenso. Dazu gehört ein Denken in Schichten, wie es Achim Sauber berichtet: „Für die unteren Schichten, die müssen wahrscheinlich richtig buckeln, dass die ihren Traum – wenn man aus dem Leben was machen will. Ja gut, wenn man von unten anfängt, dann macht man ja mit jedem Schritt, den man nach oben macht, ja was aus seinem Leben."

Ursula Lausen reagiert bei dem Thema mit Frage nach gesellschaftlichen Gruppen und führt das Thema Migration an: „G: Tiefer Wedding. I: Tiefer Wedding? G: Ja. Ausländer. Also zu 90 Prozent! I: Ist ausländisch geprägt, ja? G: 90! I: Oh, okay. G: Also bei uns gibt es nicht viele deutsche Namen am Klingelschild."

Ursula Lausen problematisiert das Thema nicht mehr im weiteren Verlauf des Interviews. Sie stellt die Aussage unkommentiert in den Raum. Allerdings sind Einlassungen zu Zuwanderung und Integration auch in anderen Gesprächen ein Thema. Aus der Mitte der Befragten werden solche Ressentiments ebenso bedient und Ausgrenzung betrieben. Jacqueline Atkins beschreibt ihre Haltung so: „Die Politiker sollen sich mal einen Kopf um ihr eigenes deutsche Volk, wenn es schon daran weitergeleitet wird. Und nicht soviel die anderen Länder unterstützen, sondern wir sind das Volk, wir erarbeiten die Kohle von deren Geldern, die die denen geben. Wenn ich dabei zu kurz komme, verliert man auch die Lust daran."

Sabine Hamdy hatte von ausländerfeindlicher Ausgrenzung berichtet, die sie aufgrund ihres Kopftuches erfährt.

Für Achim Sauber, den das Thema Schichten beschäftigt, spielt eher das Thema Durchlässigkeit und der Wunsch nach einer Aufstiegsperspektive eine Rolle: „Ja gut, wir haben es ja genauso schwer wie die Eltern, wenn man nicht als Millionär geboren wird, genauso wie die Eltern, also die Kinder später es haben werden. Uns hat man immer gesagt, er musste ja nach der Schule noch Kartoffeln ernten. So ungefähr, ich sehe das auch ungefähr, und so wird das weitergegeben irgendwie. Und uns ging es ja so schlecht, wir mussten das und das machen. Ich denke mal, das ist, die Generation hat es auch nicht besser, und die kommenden, wenn man nicht gerade als reiches Kind geboren wird. Das wird alles nur nach hinten geschoben. Das gleiche werden die ihren Kindern auch erzählen, genauso wie, pass in der Schule auf, das wirst du später brauchen, das ist auch so eine Phrase, weil das Kind es besser haben sollte. Jedes Kind, oder jeder Vater gibt das seinem Kind mit, das war vor dem Krieg auch schon."

Der Wunsch nach Durchlässigkeit und Perspektiven ist bei Sven Olafson zu finden: „I: Man sagte früher: ‚Die Kinder sollen es mal besser haben'. Gilt dieser Satz denn noch oder hat sich hier auch etwas verändert? G: Naja, schon. Man will das ja immer. I: Und ist das auch realistisch? Oder anders: Was würden Sie sich darunter vorstellen? G: [Pause] Bildungsmöglichkeiten, würde ich sagen. Also, dass man aus einer Arbeiterfamilie auch noch mehr erreichen kann."

Diese Einstellung hat auch Damian Märzen: „I: Was wird wichtig sein, was die Gesellschaft machen muss, damit es Kindern besser gehen kann, gut gehen kann. G: Das sie in sich halt nicht in die Haare kriegen, die Eltern jetzt. So'n Scheiß halt. I: Ich meine jetzt so die Gesellschaft insgesamt. G: Muss schon ordentlich sein. Die müssen denen schon eine Chance geben."

Lars Reichelt teilt den Wunsch nach mehr Chancengerechtigkeit, zieht aber ein skeptisches Fazit: „Ich glaube schon, dass das schwerer geworden ist vielleicht. Weil es halt weniger Perspektiven vielleicht gibt für junge Leute." Auch bei Gregor Bauerfeind hielt es früher für einfacher, dazu zu gehören und Aufstiegschancen zu haben: „Das hat sich 100.000 Prozent verändert, das kann man leider alles nicht mehr. Damals war es wirklich so. Heutzutage geht der Trend eher wieder, die alte Frau oder der alte Mann muss sein Geld unter dem Kissen verstecken. Es geht alles wieder rückläufig, das würde ich eher sagen."

Die Unzufriedenheit und Skepsis gegenüber dem politischen Raum und dem gesellschaftlichen Trend kann man im Extremen bei Alfred Grazer finden. Es zeigt sich die Frustration über die gesellschaftlichen Verhältnisse, auch wenn er immer wieder betont hatte, dass er sich in seinem persönlichen Biker-Umfeld sehr wohl fühlt und eigentlich nichts vermisst. Auch dies deutet auf seine Abnabelung von der Gesamtgesellschaft und deren Ablehnung hin. „Meine Sorge ist, dass die Merkel noch weiter dran bleibt. Das ist meine Sorge. Und sonst, das ist bei, wie gesagt, dass es halt eben auf diesem Standard bleibt. Dass das nicht tiefer geht, höher gut, klar, aber dass ich über die Runden komme, das finde ich, ist okay. Und wenn alle ein bisschen so denken würden, weil, jeder will – der hat aber zehn Euro mehr als ich, das muss ich auch haben. Also muss ich 20 Euro mehr haben als er, damit ich wieder besser bin. Ist für mich der größte Schwachsinn, den es gibt. Jeder soll mit dem klarkommen, was er hat, und gut ist."

„Das liegt an unserer Politik, dass die es mal besser haben. Also ich weiß nur, wenn einer meine Kinder anfassen würde oder halt eben meine Frau oder Freunde, sieht schlecht aus. Also unsere Kinder sollen es mal besser haben, können sie definitiv nicht hier so, wie es jetzt im Moment hier läuft. Nein. Egal, was man hier macht, man kriegt Steine in den Weg gelegt, und für dieses musst du diese Prüfung haben, dafür musst du! Ein Schwachsinn. Und wenn man hier wirklich Arbeit ablegt und gut, und wenn einer richtig Geld verdient, der wird dann oben dran noch geschröpft. Das kann nicht sein."

6.4.4 Zwischenfazit

Es zeigt sich nach der Analyse der Dimension Gesellschaft, dass deutliche Anzeichen für Exklusion nach Phelps nachgewiesen werden können. Phelps (2002, 2) meint, dass lohnende Arbeit („Rewarding Work") auch zu „belonging to their society" führt. Es sei eine notwendige Bedingung dafür die bürgerlichen Pflichten erfüllen zu können („meeting their civic duties"). Wer fest im Berufsleben steht, kann eine selbstbewusste Rolle im gesellschaftlichen Umfeld spielen und hat die Muße, sich bürgerlichen Pflichten zu stellen. Diesen Mangel im Bereich dieser Phelps'schen inklusionstheoretischen Dimension artikulieren die Befragten in unterschiedlichsten Formen.

Die Befragten sehen sich eher nicht der bürgerlichen Mitte zugehörig. Bei der Selbstverortung zeigen sie ein deutliches Problembewusstsein. Dazu zählt nicht nur eine materielle Deprivation, durch die Langzeitarbeitslose aus finanziellen Gründen an bestimmten Aktivitäten nicht teilhaben können. Man werde nicht richtig in der Mitte der Gesellschaft angenommen, Arbeitslose könnten kaum an gesellschaftlichen Ereignissen teilhaben. Diese Ausgrenzung erschwere den Weg zurück in ein geregeltes Beschäftigungsverhältnis zusätzlich. Die persönliche Lebenssituation wird insgesamt untypisch eingestuft, sodass sich die meisten nicht zur gesellschaftlichen Mitte zählen.

Ein immer wiederkehrendes Thema der Befragungen ist die Unzufriedenheit mit dem System Jobcenter. Dies ist der Ort, an dem Langzeitarbeitslose mit Bürokratie umgehen und sich rechtfertigen müssen. Hier wird Staatlichkeit und damit Gesellschaft als gängelnd empfunden. Aber auch im Umgang mit anderen Behörden, von der Renten- bis zur Krankenversicherung, wird von Problemen berichtet. Hier fällt allerdings auf, dass die einzelnen Ansprechpartner in den Behörden nicht selten als respektvoll und freundlich wahrgenommen werden. Es geht eher um eine generelle Kritik am System als an einer speziellen Kritik an den einzelnen handelnden Personen.

Es wird aus einer politischen Sichtweise eine eher negative Entwicklung skizziert. Eine Spaltung der Gesellschaft in Schichten oder Gruppen beschäftig viele der Befragten. Dies mündet in Einzelfällen in einer latenten Ausländerfeindlichkeit, sprich ein „Die-Da- und Wir-Hier-Weltbild". Hier zeigen sich Frustrationen, die auch aus der eigenen Exklusion erwachsen sein könnten.

Die Hoffnung auf eine Chance ist eher getrübt. Durchlässigkeit und der Wunsch nach einer Aufstiegsperspektive werden benannt. Einige der Befragten scheinen zu resignieren. Viele Befragte schildern, dass es äußert schwierig sei, den eigenen Lebenslauf zu stabilisieren und das persönliche Fortkommen zu organisieren. Für die nachkommenden Generationen sehen die meisten noch größere Herausforderungen. Bereits jetzt sei alles viel schwieriger geworden.

6.5 Weitere, nicht kategorisierte Einlassungen

6.5.1 „Was mir noch wichtig wäre zu sagen"

Einige Erläuterungen passen unter Umständen nicht in die zuvor ausgeführten Kategorien. Einige Interviewpartner möchten Erläuterungen zum Themenkomplex Preis geben, die durch den Leitfaden nicht abgedeckt wurden. Deshalb wurde zum Abschluss jeder Befragung eine offene Frage mit der Aufforderung, weitere Aspekte zum Inklusionsempfinden zu skizzieren, gestellt. (vgl. Anlage 4 Leitfaden, Punkt 7: Abschluss): „[Ggf. offene Fragen, je nach Interview-Verlauf, Summarische Betrachtung] I: Gibt es sonst noch etwas, was Sie mir gerne erzählen möchten, wonach ich Sie nicht gefragt habe? Bzw. was Ihnen für dieses Thema wichtig erscheint."

Peter Wassmuth geht auf seine persönliche Motivation zum Interview ein und betont, dass er sich selbst nicht als den typischen Arbeitslosen empfindet. Er hat das feste Ziel vor Augen, die Langzeitarbeitslosigkeit zu beenden und sich dann für die Belange der Arbeitslosen und gegen das System Hartz IV politisch zu engagieren.

Hier wiederholt sich eine Haltung, die sich durch das gesamte Interview gezogen hat. Er hat die Situation von Arbeitslosen und deren Exklusion beschrieben und dabei immer wieder Bezüge zu seiner eigenen Biografie gezogen. Allerdings scheint es ihm für seinen eigenen Selbstwert wichtig zu betonen, dass es bei ihm eher eine Phase ist. Er distanziert sich damit von anderen Betroffenen. Insbesondere sein Anliegen, die Motivation und Bereitschaft für das Interview erklären zu wollen, deuten darauf hin, dass ihm seine Situation unangenehm ist, weil sie seinem Weltbild und seiner Selbstverortung widerspricht.

Erneut erweckt er den Eindruck, er wolle die Gelegenheit nutzen, sich von den anderen Betroffenen zu distanzieren. Insbesondere mit der Gruppe der Geflüchteten im Leistungsbezug möchte er nicht verglichen werden. Ihm scheint die besondere Situation unangenehm zu sein.

Eduart Feyrer sieht sich ebenso zu Unrecht zu der Gruppe der Langzeitarbeitslosen zugeordnet. Er kritisiert, dass der Blick zu sehr auf eine angeblich homogene Masse gerichtet würde, obwohl sich unter den Langzeitarbeitslosen ganz unterschiedliche Schicksale verbergen. Er möchte nicht als Langzeitarbeitsloser abgestempelt werden, sondern betont die besondere Ausgangslage, die ihn erst in den Langzeitbezug gebracht hat. Es zeigt sich ein Rechtfertigungsbedürfnis, bei dem in gewisser Weise der Wunsch nach Distanzierung von anderen Langzeitarbeitslosen durchdringt. Seine Exklusion hält er für ungerecht und zieht Vergleiche zu anderen Sachverhalten: „Ich finde, also der Begriff Langzeitarbeitslosigkeit. Also ich finde da sollte man schon unterscheiden. Es gibt so Leute wie mich. Ich habe mir das nicht ausgesucht. Ich kann nichts dafür, dass meine Eltern so krank waren. Ich finde, man sollte einen anderen Ansatz finden, um in den Dialog mit den Leuten zu finden. Es gibt ja auch die Leute, die nicht mehr wollen, die aufgegeben haben. Die werden alle zwei Jahre zur Weiterbildungsindustrie eingeladen, für ein Bewerbungstraining. Stattdessen sollte man mal auf die zugehen und fragen: ‚Was ist eigentlich los?' Ich habe zum Beispiel in den letzten vier Jahren kein Kino mehr von innen gesehen, weil ich es mir nicht leisten kann. Ich muss wirklich gucken, wo mein Geld bleibt. Beispiel, das ist total lustig: Das ist mir ‚als ich in Hamburg war. Da gibt es, das machen ja viele Leute, Gewinnspiele: ‚Wir zahlen in der Not, wir können deine Rechnung begleichen.' Das war im Radio. Da dürfen aber Hartz IV-Leute nicht mitmachen. Das heißt, die Leute, die es am meisten nötig haben, die dürfen nicht mitmachen. Das ist doch absurd. Das ist eine Ausgrenzung aus der Gesellschaft."

Gregor Bauerfeind beklagt das schlechte Ansehen von Arbeitslosen. Er distanziert sich nicht von der Gruppe, aber unterstreicht wie Eduart Feyrer, dass die Einzelfälle und persönlichen Schicksale der Betroffenen und die Rahmenbedingungen im Hartz IV-System in der gesellschaftlichen Debatte zu wenig beachtet werden: „Ich glaube, die die arbeitslos sind, viele wollen es gar nicht. Natürlich gibt es die, die es wollen, aber es gibt auch viele so wie ich, die es nicht wollen, aber du kommst aus dieser Spirale kaum heraus. Wenn du einmal da drin bist, das ist so schwer da jemals wieder rauszukommen. Das wird einem ja auch immer nicht gesagt, bist du einmal arbeitslos, dann hast du überall diesen Stempel immer erstmal. Ich sollte mal irgendwo hingehen in eine Firma, nein, die meisten wissen schon, der is' arbeitslos, den kann man bestimmt ausnutzen und dann kriegst du drei, vier Wochen deine Arbeit, oder die schicken dich in Maßnahmen, also ich glaube manchmal auch, das Arbeitsamt will gar nicht, dass manche Leute in Arbeit wieder richtig kommen. Die geben dir ganz andere Jobs, wie angefragt oder angefordert, keine Ahnung, also ob das irgendwie alles System irgendwie hat. Ich habe sowieso die Meinung, alles hat System auf der ganzen Welt, auch die Korruption, das ist auch alles eine Maschinerie. Ja ist schwer. Ich glaube, viele würden gerne was ändern wollen, aber es ist schwer, man kann es nicht."

Ein Rechtfertigungsbedürfnis hat ebenso Anne Pawelski, die nochmals betont, dass die Langzeitarbeitslosigkeit nicht mit einem Unwillen zu arbeiten, sondern mit den schlechten Rahmenbedingen der Arbeitgeber zu tun habe: „Ja, außer dass man dem Arbeitgeber vielleicht mal mitteilen sollte, dass man die Arbeitszeiten etwas anders gestalten sollte, gerade für Alleinerziehende. Also dass man da irgendwie ein flexibles Arbeitszeitenkonto oder so was macht, gibt es in einigen Branchen, das weiß ich."

Eva Peters ist es ein Anliegen, die eigenen Grenzen zu thematisieren. Sie hätte gern eine bessere finanzielle Ausstattung, um mehr mit anderen Menschen im Kontakt zu sein. Sie wünscht sich (dadurch) auch mehr Zuspruch und Motivation für alle Lebensbereiche. Das, so erklärt sie, habe mit Freiheit zu tun: „Ja, Freiheit. Das ist ein ganz wesentlicher Punkt. Es wird viel zu viel auf das Finanzielle geschaut. Wenn ich mir dies und das nicht leisten kann, kann ich auch keine Auszeiten nehmen. Wissen Sie, was ich mit dem Geld machen würde? Ich würde mir eine Auszeit nehmen, reisen. Ich bin jemand der extrem gern auf Menschen zugeht. Ich bin interessiert an Menschen, ich studiere Menschen. Ich weiß nicht, das liegt vielleicht auch an meiner Wahrnehmung. Ich bin jemand, der sehr empathisch ist. Ich wäre gern jemand, der die Hand unterm Popo gibt, der motiviert und jemand sagt, ‚du schaffst das, du kannst das, du bist toll so wie du bist'. Etwas, das ich nie erfahren habe."

Amir Navid möchte die offene Abschlussfrage dazu nutzen, von seiner Situation als Flüchtling zu berichten: „Vielleicht, als ein Flüchtling kann ich das sagen, was ich erwarte von diesem System. Ich habe einmal in unserem Deutschkurs gesagt zu unserer Lehrerin, Dozentin, habe ich gesagt, wir sind keine normalen Schüler hier. Ja, können wir sagen, jeder hat sein eigenes Problem, aber wir sind hier eine Deutschklasse, ja, und alle sind hier Deutsche, ja, okay, dann sagen wir, du hast vielleicht ein bisschen ein Problem mit deinem Leben, ja, aber die Syrer, was hat heute früh in Nachrichten gelesen, Bombe. Wo? Oh, meine Familie. Meine Freunde, Verwandte. Was lese ich? Sind einige noch verhaftet? Was passiert im Gefängnis? Die sind für mich wichtig. Vielleicht sagst du hier was, und ich verstehe gar nicht. Diese Situation haben wir in unserem ganzen Leben hier in Deutschland. Ich wünschte vielleicht, dass ich einen Iraner hier im Jobcenter oder so einmal pro Monate sehen kann und ich kann ihm ganz ruhig auf meine Sprache, meine Muttersprache erzählen, was mir hier passiert. Und was fehlt. Welche Probleme habe ich. Hier, ja, habe ich vielleicht ein ... zwei, drei Monate, und wie läuft es? Ja, nicht gut. Gut. So. Probleme, die sind! Meine Zeugnisse, die habe ich gemacht und diese Probleme. Aber das sind ganz formelle! Das ist nicht nur für mich. Ich sage nicht, wenn ich so einen Service habe, dann fühle ich mich besser. Nein, ich kann besser für diese Gesellschaft, für dieses Land ein besserer Mensch sein. Ich denke, das ist vielleicht sehr wichtig. Ehrlich, ich empfinde mich als ein normaler Mensch, ja? Ich sehe viel problematischere Menschen. Vielleicht einige, die sind nicht echte Flüchtlinge, die lügen.

Wenn die lügen für dieses Flüchtlingsproblem, warum lügen die nicht in anderen Problemen. Schwarzarbeit oder so, und dann immer nur Geld, Geld, Geld, Geld."

Einige Interviewpartner betonen am Ende nochmals eine politische oder gesellschaftliche Kritik. So wiederholt Frau Atkins nochmals den Satz „Wir sind das Volk". Ihre Frustration hat offenbar ihre politische Gesinnung stark beeinflusst, denn sie betont die Schuld der Politik für ihre persönliche Misere.

Auch Jens Heber kritisiert eine Spaltung der Gesellschaft und eine ungerechte Verteilung: Dabei spielt die Macht der Konzerne für ihn eine Rolle: „Nee, kann ich jetzt nichts zu sagen. Ich weiß nicht, was für Punkte Sie dabei berücksichtigen, wenn Sie solche Sachen erstellen. Was mich wirklich interessiert ist, wie entwickelt sich das, ich habe das gar nicht ohne Grund angesprochen, dass wir in diesem dritten oder vierten Jahrhundert leben des industriellen Zeitalters. Wenn man sich die Entwicklung zu Gemüte führt irgendwie so, es gibt so Aussagen, 2050 gibt es kein Erdöl mehr, stimmt das, ist das wahr? Und trotzdem wird es halt bis auf den letzten Tropfen halt irgendwie gefördert und ich habe manchmal wirklich Probleme mit so was. Da krieg ich also wirklich, boah, da sage ich so, da geht bei mir so der Abwehrmechanismus hoch und sage, sorry Leute, so geht das nicht irgendwo. Wir leben in einem ökologisch begrenzten Lebensraum, stetiges Wachstum ist unmöglich, geht nicht. Geht einfach nicht. Aber das ist genau das, was uns ja jedes Jahr von allen Unternehmen, von allen Konzernen irgendwie vorgepredigt wird, was wir zu erfüllen haben. Und ich hoffe, dass da irgendwann mal ein Wandel stattfindet. Denen geht es gut genug, die haben genug Geld."

6.5.2 Sind Sie glücklich?

Im Kern ist die Exklusionserfahrung von Langleistungsbeziehern eine Frage nach der Lebenszufriedenheit. Im Fragebogen wurde deshalb die Frage aufgenommen „Sind sie glücklich?" (Abbildung 20). Um darauf noch spezifischer eingehen zu können, wurde der Frageborgen nach drei Pretests auch um die Antwortoption mittels einer Skala ergänzt. Die Skala orientiert sich dabei an üblichen Lebenszufriedenheitsmaßen der Glückforschung. Wie im SOEP oder bei Raffelhüschen/Grimm (2019) konnten die Interviewpartner ihr persönliches Glückempfinden auf einer Skala von Null bis Zehn, wobei Zehn das höchste Glücksempfinden darstellt, einordnen. 65 Prozent der Befragten geben an glücklich zu sein, 35 Prozent sagen „Nein".

Die grundsätzlich positive Grundhaltung spiegelt sich auch im Mittelwert der Indexangaben. Der Durchschnitt der Antworten liegt bei 6,43. Das ist im positiven Bereich, allerdings etwas unter dem Bundesdurchschnitt von 7,14 den das SOEP ermittelt. Dieser Vergleich kann nur als Orientierung dienen, weil das hier benutzte Befragungsdesign und nicht mit dem SOEP vergleichbar ist (Abbildung 21).

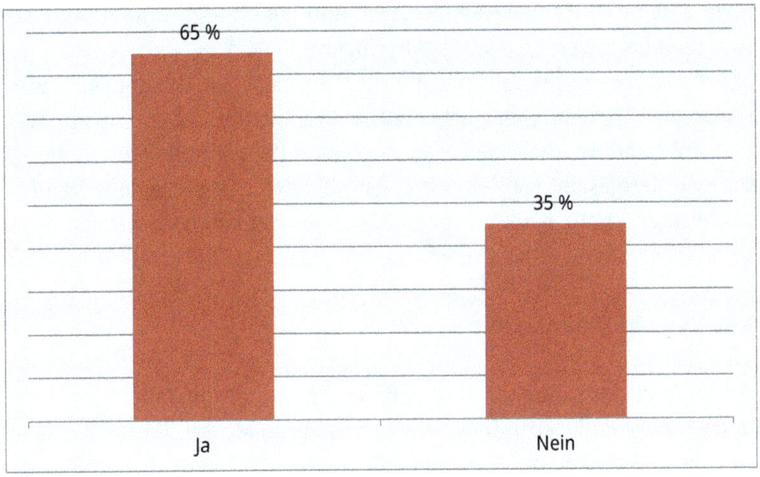

Abbildung 20: Antworten auf die Frage: „Sind Sie glücklich?“.
Quelle: Eigener Datensatz, eigene Darstellung.

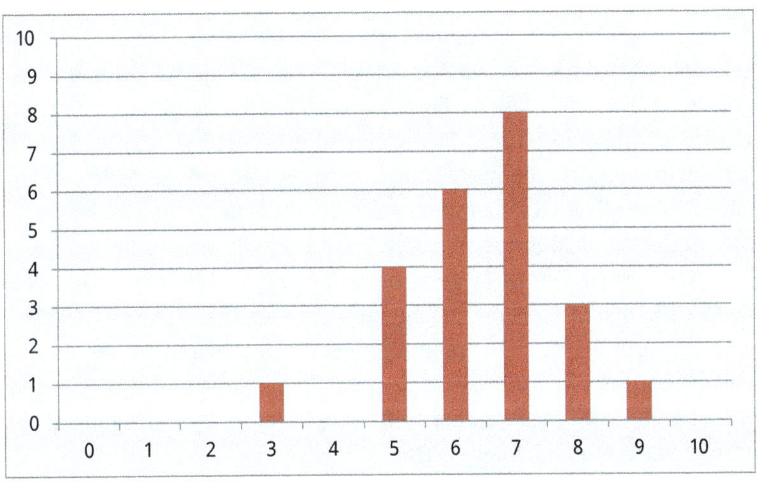

Abbildung 21: Histogramm der Antworten zum Glücks-Index.
Quelle: Eigener Datensatz, eigene Darstellung.

Allerdings kann nicht vorausgesetzt werden, dass die Skala immer voll durchdrungen wurde. Fünfmal haben Interviewpartner auf die Frage „Sind Sie glücklich?“ im ersten Impuls mit „Nein“ geantwortet, ordneten sich aber bei der darauffolgenden Frage nach dem Glückswert im positiven Bereich über fünf ein. Auch der umgekehrte Fall einer Antwort mit Ja und einer Einstufung unterhalb von sechs kommt zweimal vor. Hier kann das Problem sein, dass die Mitte der Skala bei fünf angenommen wird und in der Kürze der Zeit nicht erkannt wird, dass es elf Antwortoptionen gibt, und die Mitte des Index, also die indifferente Antwort mit dem Wert 5,5, nicht zur Verfügung steht.[131]

Der Vergleich der Antwortoptionen mit dem Bundestrend in Abhängigkeit zum Alter zeigt eine u-förmige Verteilung der Lebenszufriedenheit, die in Deutschland zwischen 20 und 50 absinkt und im Alter wieder ansteigt. Ein Alterseinfluss kann in dieser Befragung jedoch nicht festgestellt werden. Die sonst üblichen Unterscheide in den Ergebnissen bei Männern und Frauen können ebenfalls nicht nachgewiesen werden.[132]

6.5.3 Stilisierte Fakten des Datensatzes

Insgesamt wurden 26 Interviews durchgeführt. Zehn im Mittelzentrum Paderborn, neun im ländlichen Raum Höxter und sieben im Oberzentrum Berlin Moabit. Das gesammelte Material belief sich auf 13 Stunden und 20 Minuten Gesprächsmittschnitt, die auf 550 Seiten transkribiert wurden. Die Interviews dauerten im Schnitt knapp 31 Minuten. Das längste Gespräch dauerte eine Stunde und 20 Minuten, das kürzeste Gespräch endete bereits nach gut 13 Minuten. Die Befragten zeigten also eine sehr unterschiedliche Offenheit und Redseligkeit. Weil die Interviews alle mit einem Frageborgen in Form eines Leitfadens geführt wurden, erscheint diese Streuung recht hoch. Die unterschiedliche Länge der Befragungen könnte darauf beruhen, dass es sich um sehr persönliche Abfragen handelt und es nicht jedem gleich leicht fällt darüber zu berichten. Die Gesprächsmotivation wurde zudem mit einer Aufwandsentschädigung von 30 Euro unterstützt. Das könnte auch Personen zu einem Interview motiviert haben, denen es vielleicht besonders unangenehm ist, die eigene Biografie im Rahmen einer solchen Erhebung zu thematisieren.

Es wurden 16 Männer und 10 Frauen befragt. Das Durchschnittalter liegt bei 41,5 Jahren. Der älteste Teilnehmer war 61 Jahre alt und der jüngste Teilnehmer 26. Weil es sich um arbeitslose Langleistungsbezieher handelt, müssen diese im erwerbsfähigen Alter zwischen 16 und 65 sein. 44 Prozent der Befragten waren in der Altersgruppe von 30 bis 39, sodass diese Altersgruppe etwas überrepräsentiert ist. Es sind weniger Frauen und mehr Leistungsbezieher mittleren Alters in der Befragung als in der Grundgesamtheit vertreten (vgl. Kapitel 2.3).

Die Unterschiede erklären sich durch die Vor-Auswahl der Teilnehmer durch die beteiligten Jobcenter, die Personen mit besonderem Langleistungsrisiko in den Fokus

131 Es gibt im Glücksatlas von Raffelhüschen/Grimm (2019) leichte Unterschiede zwischen den Bundesländern. Westfalen liegt zwischen 7,1 und 7,19, Berlin leicht dahinter mit 6,9 bis 6,99. Hessen, an das der Landkreis Höxter grenzt, weist sogar einen Mittelwert zwischen 7,3 und 7,39 auf. Die Befragung zeigt auch in der Frage nach der Lebenszufriedenheit keine signifikanten Unterscheide zwischen den Regionen. Höxter zeigt in der Befragung den höchsten Mittelwert mit 6,5, gefolgt von Berlin Moabit mit 6,43 und schließlich Paderborn mit 6,33. Aufgrund der geringen Fallzahl lässt sich daraus aber noch kein Trend erkennen.

132 Raffelhüschen/Grimm (2019).

Tabelle 10: Differenzierungen des Datensatzes mit dem Bundesdurchschnitt nach Altersgruppen.

Anteile an der Langzeitarbeitslosigkeit von	Grundgesamtheit	Befragung
15 bis unter 25 Jahren	**9,7**	**0**
25 bis unter 35 Jahren	**23,0**	**34,6**
35 bis unter 45 Jahren	**31,9**	**26,9**
45 bis unter 55 Jahren	**37,6**	**30,8**
55 Jahre und älter	**42,0**	**7,7**
Männern	**54,7**	**61,5**
Frauen	**45,3**	**38,5**

Quelle: BA (2019a) und eigener Datensatz, eigene Darstellung.

gerückt haben. Das zeigt sich bei dem Vergleich der Dauer der Arbeitslosigkeit. In der Grundgesamtheit der Langzeitarbeitslosen von 2017 können die Dauer der Arbeitslosigkeit von einem bis zu fünf Jahren und mehr aufgegliedert werden (BA 2019a). Hier muss beachtet werden, dass die statistischen Setzungen von Arbeitslosigkeit, Langzeitarbeitslosigkeit und Langleistungsbezug nicht immer trennscharf sind (vgl. Kap. 2.1). In Tabelle 11 wird deutlich, dass nicht alle Befragten als langzeitarbeitslos gelten und die Befragung besonders verfestigte Arbeitslose stärker berücksichtigt als diese in der Grundgesamtheit der Langzeitarbeitslosen vorkommen.

Tabelle 11: Differenzierungen des Datensatzes mit dem Bundesdurchschnitt nach Dauer der Arbeitslosigkeit.

	Bundesweit (2017)		Datensatz	
	Anzahl	**Prozent**	**Anzahl**	**Prozent**
Langzeitarbeitslose	900.745	100%	24	100%
1 bis unter 2 Jahren	388.424	43%	4	17%
2 bis unter 3 Jahren	181.618	20%	4	17%
3 bis unter 4 Jahren	105.849	12%	1	4%
4 bis unter 5 Jahren	70.301	8%	4	17%
5 Jahre und länger	153.950	17%	11	46%

Quelle: BA (2019a) und eigener Datensatz, eigene Darstellung.

Um zu verdeutlichen, dass die Bezeichnungen der amtlichen Statistik häufig fehlleiten, sind in Tabelle 12 unterschiedliche Bezugsdauern aufgeführt. In allen Interviews wurde abgefragt, wie lange die Betroffenen bereits Leistungen beziehen. Der Mittelwert liegt hier bei 5,35 Jahren. Der Median (2,25 Jahre) offenbart, dass sehr lange Leistungsbezieher unter den Interviewpartnern diesen Durchschnitt stark nach oben ziehen.

Tabelle 12: Übersicht des Datensatzes nach Dauer des Leistungsbezuges und der Zeit ohne Arbeitserfahrung.

Kategorie	Unterkategorie	Dauern
Leistungsbezug	Mittelwert	5,35 Jahre
	Median	2,25 Jahre
	Min	0,75 Jahre
	Max	16 Jahre
Nicht gearbeitet seit	Mittelwert	4,1 Jahren
	Median	4 Jahren
	Min	arbeitet aktuell
	Max	15 Jahren

Quelle: Datensatz, eigene Darstellung.

Die Angaben der Betroffenen zur letzten Arbeitserfahrung sind weniger stark gestreut. Mittelwert und Median liegen bei etwa 4 Jahren. Hier muss berücksichtigt werden, dass auch eine aktuelle Arbeitserfahrung manchmal nicht den Status der Arbeitslosigkeit oder den Leistungsbezug unterbrechen. Die Befragten meinen damit bspw. auch Praktika oder Maßnahmen der aktiven Arbeitsmarktpolitik. Auch eine geringfüge Beschäftigung führt nicht zur Unterbrechung der Arbeitslosigkeit. Hinzu kommt, dass auch bei einer regulären Beschäftigung, wenn diese den Bedarf der Familie nicht deckt, weiterhin ein Anspruch auf Leistungen nach SGB II besteht. Das betrifft bspw. den Flüchtling Amir Navid. Sein Beispiel zeigt, dass auch eine solche Beschäftigung nach Phelps kaum in die Kategorie „Rewarding Work" fällt und bei ihm ebenso Exklusionserfahrungen nachgewiesen werden können.

6.6 Gesamteindruck der qualitativen Befragung

Die Auswertung der Interviews nach Phelps'schen Inklusionsdefinitionen einer Rewarding Work hat Anzeichen für eine dauerhafte Exklusion der betroffenen Langzeitarbeitslosen geliefert. Die Befragten fühlen sich nicht inkludiert und beschreiben Defizite bei der gesellschaftlichen Teilhabe. Eine qualitative Auswertung kann und will dafür keine endgültigen und allgemein übertragbaren Belege liefern. Die Befragung hat aber sehr deutlich gezeigt, dass für den Kreis der Befragten Deutungsmuster erkennbar werden, die nahe legen, dass sie sich nicht als vollwertigen Teil der Gesellschaft anerkannt sehen.

Die Ausgangshypothese war, dass der Gruppe der Langzeitarbeitslosen droht, dauerhaft exkludiert zu sein. Wenn die Teilhabe am Arbeitsmarkt, am produktiven Teil der Gesellschaft, tatsächlich eine notwendige Bedingung für soziale Inklusion ist, dann kann Teilhabe nicht dauerhaft durch wohlfahrtsstaatliche Absicherungen und monetäre Transfers realisiert werden. Der Gesamteindruck der Befragung widerlegt für den Kreis der Betroffen deutlich, dass Inklusion auch nur durch Teilhabe am kon-

Tabelle 13: Dimensionen „Rewarding Work" nach Phelps.

PERSON	ENTWICKLUNG	ARBEITSUMFELD	GESELLSCHAFT
„Selbstbestimmte Arbeit" „So viel zu verdienen, dass man für sich eine soziokulturelle Teilhabe sicherstellen kann, ist essenziell für die Selbstachtung der Menschen"	„Ein Haupttreiber der persönlichen Entwicklung ist die Arbeit mit anderen" „Für die meisten Menschen ist die Arbeit die beste Gelegenheit, ihre Fähigkeiten anzuwenden und zu entwickeln sowie etwas zu erreichen"	„lohnende, bereichernde und einträgliche Arbeit" „Echte Inklusion kann nur in einer Beschäftigung erreicht werden, bei der man sich tatsächlich in das Unternehmen selbst einbringen kann und Teil der Belegschaft wird"	„Die Teilhabe am ökonomischen Leben zahlt für die allermeisten Menschen auf die soziale Inklusion ein" „... sich soziale Teilhabe leisten zu können: den eigenen Lebensweg zu finanzieren und seinen bürgerlichen Pflichten nachzukommen."
„self-sufficient work" „making enough to support one's self at a decent level by society's standards and to be part of community life is hugely important for people's self-respect"	„working with others is main means to personal development" „for most people [...] having work is their main chance to exercise their abilities, to achieve something"	„Rewarding Work" „worthwhile inclusion requires jobs offering real engagement in firms [...] so there is serious involvement with the firm and it's workforce"	„for a great many people, participation in the economic mainstream adds to their sense of belonging to their society" „... to afford at least some basics of communal life on an equal footing: paying their own way and meeting their civic duties"**

Quelle: Eigene Übersetzung und Darstellung, Phelps (2000a, 86, 90, 93 f, 102), **Phelps (2002, 2).

sumtiven Teil der Gesellschaft hergestellt werden könnte. Die Interviews zeigen, dass Arbeitsmarktteilhabe notwendige Bedingung für Inklusion ist. Darüber hinaus liefert die Befragung sehr eindrückliche Beispiele dafür, dass Langzeitarbeitslose in Deutschland dauerhaft exkludiert sind. Die Langzeitarbeitslosen dieser Untersuchung erleben ein erhebliches Defizit soziokultureller Teilhabe in den verschiedenen Inklusionsdimensionen nach Phelps (2000a).

Im Bereich einer persönlichen Dimension schildern die meisten Befragten eine Unzufriedenheit mit ihrer persönlichen Situation mit teilweise erheblichen Auswirkungen auf die Selbstachtung. Vom Gefühl zurückgesetzt zu werden und von Diskriminierung berichten fast alle Befragten. Auch wenn in manchen Interviews die Schlagworte Diskriminierung oder Exklusion nicht in den Antworten zu finden sind, so lassen sich bei allen bis auf ein Interview Diskriminierungstatbestände identifizieren, bspw. auch durch Erfahrungsberichte über Zurücksetzungen. Besonders auffallend ist, dass dieser Mangel an Selbstwert häufig nicht auf konkreten Lebenssituationen beruht, sondern als Grundstimmung beschrieben wird. Die Analyse der Befragung hat damit genau den Zusammenhang herausgearbeitet, der sich durch den Mangel an Arbeitsmarktteilhabe nach Phelps auch herleiten lässt. Es geht nicht um Diskriminierung in Form einer Beleidigung oder einem formalen Ausschluss aus einer Gruppe, sondern darum, wie sich der Mangel an Arbeitserfahrung auf den eigenen Selbstwert auswirkt. Genau diese Grundstimmung geben die Befragten wider. Einige Interviews liefern Hinweise auf Ausweichstrategien. Insgesamt muss die Lebenssituation des Einzelnen immer im Kontext der individuellen Vita gesehen werden und kann nicht nur auf den einen Umstand der Langzeitarbeitslosigkeit beschränkt bleiben. Dennoch bleiben nach der Analyse dieser Inklusionsdimension erhebliche Zweifel zurück, dass der Wohlfahrtsstaat die Bedeutung der Arbeitserfahrung für die Selbstachtung oder Selbsterfüllung substituieren kann.

In der Dimension Entwicklung beschreiben die Langzeitarbeitslosen den Wunsch, ihre Fähigkeiten und Fertigkeiten einzubringen und diese in etwas produktivem und gesellschaftlich wertvollem wirksam werden zu lassen. Phelps (2000a, 93) meint, „for most people [...] having work is their main chance to exercise their abilities, to achieve something".

Bei der Frage welche Weichenstellungen das Leben maßgeblich beeinflusst haben, konnten drei Raster untergliedert werden: Auslöser der Misere, Gesundheitliches und die Ausbildung. Die sehr komplexen und heterogenen Lebensabläufe der Betroffenen spiegeln sich in den vielfältigen Angaben zum Ursprung oder Ausgangspunkt der aktuellen Probleme wider. Im Bereich Gesundheit konnte im Rahmen der Befragung nicht geklärt werden, ob gesundheitliche Einschränkungen als Auslöser, als Wirkung oder unabhängig von der Arbeitslosigkeit angesehen werden können. Die quantitative Forschung kennt den Zusammenhang von Gesundheitsproblemen und Arbeitslosigkeit (vgl. Kap 2.3). Auch in der vorliegenden Arbeit lassen sich zahlreiche Hinweise auf diesen Zusammenhang finden. Eine eindeutige kausale Richtung des Zusammenhangs lässt sich indes nicht finden. Gesundheit und Arbeit bedingen sich offenbar und haben vielfältige Wechselwirkungen. So führte in vielen Fällen Krankheit zu Arbeitslosigkeit, aber Arbeitslosigkeit scheint auch Krankheit hervorrufen zu können. In vielen Befragungen werden weitere persönliche Schicksalsschläge, wie Familienprobleme oder der Tod nahestehender Personen, beschrieben. Auch solche Weichenstellungen im Leben hatten in den meisten Fällen einen direkten Bezug zum Erwerbsleben. Ein allgemeingültiger Verlauf auch solcher Wechselwirkungen lässt sich nicht nachzuvollziehen. Ein Zusammenhang von Arbeit und persönlicher Entwicklung wurde aber durchweg deutlich.

Der Wunsch und die Aussicht auf einen Arbeitsplatz, durch den die eigenen Fähigkeiten und Fertigkeiten entfaltet werden können und wirksam werden sollen, ist ein klar umschriebenes Ziel der meisten Befragten. Nur wenige Langzeitarbeitslose geben die Hoffnung auf ein geregeltes Beschäftigungsverhältnis auf. Vielmehr geben sie an, intensiv daran zu arbeiten, eine positive Entwicklung der eigenen Erwerbsbiografie und damit einer Stabilisierung des eigenen Lebenslaufs zu erreichen. Selbstwert und Selbstverortung in der Gesellschaft bedingen sich gegenseitig. Denn die Störung dieser beiden persönlichen Dimensionen wird von allen Arbeitslosen in der Befragung thematisiert. Es zeigt sich, dass die Erwerbserfahrung von zentraler Bedeutung für die persönliche Entwicklung ist. Auch Phelps (2000a, 93) stellte dahingehend fest: „working with others is main means to personal development“.

Die persönlichen Kontakte und Netzwerk-Ressourcen schwinden nach Angaben der Interviewpartner mit der Dauer der Arbeitslosigkeit bis auf einen gefestigten Kern. Einzig enge Freundschaften und familiäre Bindungen überdauern die teilweise langen Phasen der Arbeitslosigkeit. Einige Betroffene erläutern, wie zu Beginn einer Arbeitslosigkeit persönliche Ressourcen aufgezehrt werden. Das gilt nicht nur für finanzielle oder materielle Reserven, sondern auch für soziale Ressourcen: Der Freundeskreis wird kleiner, Bindungen werden mit zunehmender Dauer der Arbeitslosigkeit weniger belastbar. Während zu Beginn noch auf „Reserven“ zurückgegriffen werden kann, können die Betroffenen in der Folge immer weniger in Bindungen investieren. Inwieweit dies eine materielle Komponente hat, konnte im Rahmen der Erhebung nicht geklärt werden. Denkbar ist, dass die finanziellen Mittel zur Pflege persönlicher Beziehungen nicht ausreichen. Zum Kontakt mit Freunden und Bekannten gehört es zuweilen auch, dass finanziell etwas eingebracht werden muss (Fahrtkosten, Geschenk, Speisen oder Getränke). Möglich ist auch, dass dieser Effekt eher auf ein aktives Zurückziehen der Betroffen aus Scham zurückzuführen ist. Beide Aspekte wurden im Rahmen der Befragung angesprochen, so dass ein Mix der Komponenten realistisch erscheint.

Auch das Arbeitsumfeld spielt eine bedeutende Rolle. In der Befragung wurde deshalb nach Einschätzungen zu vorangegangen Erfahrungen im Arbeitsumfeld oder nach Vorstellungen eines Arbeitsumfeldes gefragt. Lohnende Arbeit nach Phelps bietet die Möglichkeit, sich tatsächlich in das Unternehmen einbringen zu können und ein wertgeschätzter Teil der Belegschaft zu werden. Dieser Mangel wird in den Gesprächen an vielen Stellen deutlich. Dadurch werden die Betroffenen nicht Teil eines gemeinsamen Unternehmensziels und es besteht ein Mangel an all den damit einhergehenden sozialen Wirkungen.

Diese positiven Wirkungen des Arbeitsumfeldes auf die Inklusion werden vor dem Hintergrund, dass Langzeitarbeitslose dies derzeit nicht aktiv erleben, seltener beschrieben. Die eigenen Erfahrungen sind in vielen Fällen sogar getrübt von Problemen an den alten Arbeitsplätzen. Die Bedeutung eines positiven motivierenden Arbeitsumfeldes wird eher im Rahmen der Kontrollfragen deutlich. Ein erfüllender Job und die Arbeitserfahrung mit Kollegen, Vorgesetzten und anderen Akteuren am Arbeitsplatz wird vor allem für die eigenen Kinder gewünscht. Hier werden also die grundsätzliche Bedeutung und der eigene Wunsch nach einem solchen Umfeld deutlich. Viele der verfestigt Arbeitslosen können dafür aber selten auf eigene Erfahrungen zurückgreifen.

Die Analyse des Aspekts Gesellschaft bietet vielfältige Anknüpfungspunkte an Phelps (2002, 2). Dieser glaubt, dass nur durch lohnende Arbeit auch ein echtes Zugehörigkeitsgefühl zur Gemeinschaft entstehen kann. Wer fest angestellt ist, kann seine Rolle als tragender Teil im sozialen Umfeld spielen und der bürgerlichen Mitte angehören („meeting their civic duties“). Diesen Zusammenhang deutet auch die Befragung in vielerlei Ausprägungen an.

Die Befragten verorten sich eher nicht in einer bürgerlichen Mitte. Langzeitarbeitslose haben insbesondere durch eine materielle Deprivation weniger Möglichkeiten am gesellschaftlichen Leben teilzuhaben. Langzeitarbeitslose sind von der Teilnahme an bestimmten Aktivitäten aus wirtschaftlichen Gründen ausgeschlossen. Ehrenamtliche Tätigkeiten sind eine Ausnahme. Teilweise berichten die Betroffenen auch, dass sie sich selbst von gesellschaftlichen Treffen oder Gruppen zurückziehen. Dieser Ausschluss erschwert die Rückkehr zur normalen Beschäftigung. Die Befragten sehen sich nicht in der Mittelschicht, weil sie ihre persönlichen Lebensbedingungen als ungewöhnlich empfinden.

Die Fragen nach der gesellschaftlichen Selbstverortung und den Erfahrungen mit der Gesellschaft werden in der Mehrzahl der Interviews von den Erfahrungen mit Behörden, insbesondere dem Jobcenter, getrübt. Hier wirkt die staatliche Ordnung unmittelbar auf die Betroffenen ein. Die Mitwirkungspflichten der Langzeitarbeitslosen und deren Kontrolle führen dazu, dass die Leistungsbezieher sich zurückgesetzt fühlen. Einzig die Erfahrungen mit den handelnden Personen und Vermittlern in den Jobcentern wird teilweise positiv und als unterstützend wahrgenommen. Das Hilfesystem als Ganzes wird sehr kritisch beäugt.

Für alle vier Dimensionen des Phelps'schen Inklusionsbegriffes konnten damit in der Befragung Anknüpfungspunkte gefunden werden. Die Betroffenen erleben einen Mangel in diesen Bereichen und wünschen sich Verbesserungen. Immer wieder wird betont, dass dafür ein geregeltes Beschäftigungsverhältnis notwendig wäre. In vielen Interviews sind durchaus auch Hinweise auf Teilhabe in einzelnen Ausprägungsdimensionen feststellbar. Bei keinem der Interviewpartner lässt sich aber feststellen, dass in allen Dimensionen Zufriedenheit vorläge. Das Leistungssystem schafft es nicht, vollständige Inklusion durch Sozialtransfers und aktive Arbeitsmarktpolitik herzustellen oder diese sozialen Funktionen von Arbeit zu substituieren.

7 Fazit

Für die in dieser Arbeit entwickelten Wirkungsdimensionen einer Inklusion durch Arbeit nach Phelps finden sich in der Befragung von Langzeitarbeitslosen Bestätigungen. Es deutet sich an, dass Inklusion durch die Teilhabe an der Konsumgesellschaft über Sozialtransfers allein nicht hergestellt werden kann. Es fehlt an wesentlichen Faktoren, die gemeinhin in der Arbeitsgesellschaft entstehen. Diese Erkenntnis eröffnet neue Perspektiven auf die Arbeitsmarktpolitik in Deutschland. Eine aktive Arbeitsmarktpolitik ist für die Inklusion viel entscheidender als die Sozialtransfers der passiven Arbeitsmarktpolitik. Die aktuelle Ausgabenstatistik der Bundesagentur für Arbeit zeigt jedoch, dass während für Geldleistungen im Jahr 2019 etwa 35 Mrd. Euro verausgabt wurden, standen für Eingliederungsmaßnahmen etwa 3 Mrd. Euro zur Verfügung.[133] Dieses Verhältnis gilt es besser auszubalancieren.

In seinem vieldiskutierten Buch „Rewarding Work" schlägt Phelps (1997) deshalb einen neuen Weg bei der Bekämpfung der Arbeitslosigkeit vor. Er möchte durch staatliche Lohnsubventionen Anreize für Arbeitgeber setzen, Niedriglohnempfänger zu beschäftigen. Unternehmen würden eine Steuergutschrift erhalten, wenn sie Arbeitslose oder von Arbeitslosigkeit bedrohte Menschen beschäftigen. So soll deren Qualifikationslohn um eine staatliche Komponente aufgestockt werden, damit ein auskömmlicher Stundenlohn entstehen kann. Er stellt im Folgenden eine mit der Lohnhöhe abschmelzende Subvention vor: Bei vier Dollar Stundenlohn legt der Staat drei weitere Dollar dazu, bei fünf Dollar wären es noch 2,29 Dollar bis schließlich für zwölf Dollar Stundelohn noch sechs Cent zusätzlich bereitgestellt werden würden. So entsteht ein progressiver Kombilohn für alle unteren Stundenlöhne einer Volkswirtschaft, der nach Phelps eigener Rechnung zur damaligen Zeit ein Gesamtkostenvolumen von immerhin 125 Mrd. Dollar pro Jahr hätte.[134]

Die Idee eines Kombilohns ist nicht neu. Schon in den 1930er-Jahren skizzierten Arthur Cecil Pigou (1968) und Nicholas Kaldor (1936) ähnliche Konzepte für den strukturellen Wandel und vermeintlich niedrigqualifizierter Arbeiter. Auch die deutsche Debatte rund um die Arbeitsmarktreformen der 2000er-Jahre und die damit verbundenen Hartz-Reformen wurde von diesen Kombilohn-Ideen befruchtet. Deutsche Ökonomen forderten einen umfassenden Kombilohn (Sinn et al. 2006, Sachverständigenrat 2006, Eichhorst/Schneider 2008). Die Debatte beschäftigte sich grundsätzlich mit der Frage, wie stark aktivierende Impulse für grundsätzlich erwerbsfähige Hilfebedürftige ausgeprägt sein müssten und inwieweit der Staat dafür verantwortlich wäre, Arbeitsplätze mit geringen Qualifikations-Anforderungen zu gewährleisten. Während auf der

133 Siehe BA (2019b): Die passiven Leistungen umfassen das Arbeitslosengeld II, das Sozialgeld, die Kosten der Unterkunft und Leistungen an übrige Sozialversicherungen. Die aktiven Leistungen sind im Titeleingliederungsleistungen zu finden.
134 Siehe Phelps (1997).

https://doi.org/10.1515/9783110795639-007

einen Seite Lohnsubventionen für den Arbeitgeber gefordert wurden, setzte sich in den Reformen der Ansatz durch, individuelle Löhne auf ein allgemeines Mindesteinkommensniveau mit Bedarfsprüfung dem Arbeitnehmer aufzustocken. Solche Varianten können über Staffelungen je nach der Höhe des selbstverdienten Einkommens für Anreize zur Arbeitsaufnahme sorgen (Absenkung des impliziten Mindestlohnes zur Arbeitsaufnahme).

In Deutschland existieren seither verschiedene Transferleistungen mit Kombilohncharakter. Dazu gehören die Regelungen zum Transferentzug bei selbstverdientem Einkommen im Hartz IV-System, das Wohngeldgesetz und das Bundeskindergeldgesetz, das den Kinderzuschlag regelt. Nur vergleichsweise wenige Maßnahmen der aktiven Arbeitsmarktpolitik fördern Beschäftigung im regulären Arbeitsmarkt durch Lohnkostenzuschüsse direkt an den Arbeitgeber.

Noch tiefgreifendere Einschnitte bringt die Weiterentwicklung solcher Konzepte zum Workfare-Modell. Workfare beschreibt grundsätzlich einen sozialpolitischen Ansatz, nach dem die Auszahlung von Transferleistungen an Gegenleistungen geknüpft ist. Der Begriff entstammt dem angelsächsischen Raum und wurde zunächst 1969 durch den damaligen US-Präsidenten Richard Nixon bekannt. Wie die Namensfindung nahe legt, handelt es sich bei der Workfare um eine Fortentwicklung der „social welfare". Im Grundprinzip stellt der Staat fehlende Arbeitsnachfrage durch öffentliche Beschäftigungsformen bereit und macht diese Jobs zur verbindlichen Gegenleistung für die Grundsicherung. Workfare zielt darauf, Kombilohn ohne Verharrungstendenzen zu implementieren. Der Kombilohn versucht durch Förderung regulärer Beschäftigung zusätzliche monetäre Anreize für die Arbeitsaufnahme zu schaffen, während Workfare die Anreize für den Verbleib im Transferbezug absenken soll (Bonin/Schneider 2006).

Workfare und Kombilohn begegnen damit dem Problem, dass mit der Transferleistung ein automatischer Reservationslohn als Schwelle zur Aufnahme regulärer Beschäftigung geschaffen wird. Viele Bedürftige erreichen kein Qualifikationsniveau, um aus eigener Kraft einen Lohn am Markt zu erzielen, der diesen Reservationslohn stark genug übersteigt, um für das Arbeitsleid zu kompensieren. Kurz gesagt: Es wäre ökonomisch rational, sich im Leistungsbezug einzurichten, wenn das Einkommensplus durch Vollzeitarbeit nicht hoch genug ist. Alle Vorschläge mit Kombilohncharakter adressieren dieses Problem eines impliziten Mindestlohns, der automatisch durch Gewährung einer sozialen Mindestsicherung entsteht. Dieser Reservationslohn schafft eine Einstiegshürde in den Arbeitsmarkt bei niedrigen Stundenlöhnen.[135]

Im deutschen Sozialstaatsmodell lassen sich auf Stundenlohnbasis gewährte Kombilöhne schwerlich realisieren. Die Soziale Marktwirtschaft realisiert den Sozialtransfer über zwei wesentliche Prinzipien: das Äquivalenz- und das Bedürftigkeits-Prinzip. In Bezug auf das Risiko der Arbeitslosigkeit werden beide Mechanismen berührt. Die

135 Vgl. Kapitel 3.1.

Arbeitslosenversicherung folgt dem Äquivalenzprinzip. Im ersten Jahr (bei älteren Arbeitnehmern bis zu 24 Monate) der Arbeitslosigkeit besteht ein Anspruch gegenüber der Arbeitslosenversicherung auf 67 Prozent des letzten Nettogehalts. Die Leistungshöhe ist demnach individuell unterschiedlich und der Reservationslohn demnach ebenso. Das Bedürftigkeitsprinzip in dem anknüpfenden System der Grundsicherung für Arbeitssuchende (Arbeitslosengeld II) orientiert sich am persönlichen Bedarf der Familienmitglieder oder Haushaltsmitglieder (vgl. Kapitel 2.4). Durch die beiden deutschen Sicherungssysteme ist ein allgemeiner Kombilohn, der Stundensätze aufstockt, in Deutschland weitgehend unwirksam, um implizite Mindestlöhne zu senken. Die Reservationslohnhöhe der Betroffenen variiert nach dem früheren Verdienst und der Dauer der Arbeitslosigkeit sowie nach Haushaltszusammenstellung, Wohnort und individuellen Lebenslagen. Diese Zielgenauigkeit können an der Stundenlohnhöhe orientierte Kombilohn- oder Workfare-Modell nicht erreichen.

In Deutschland existieren deshalb drei Transferleistungssysteme, die einen Kombilohncharakter haben, sich aber am individuellen Bedarf orientieren: das Wohngeld, der Kindergeldzuschlag und die Hinzuverdienstregelungen im Hartz IV-System. Alle drei Systeme sind an selbsterwirtschafteten Verdienst gebunden und subventionieren das (Haushalts-)Einkommen. Die Hinzuverdienst-Regeln sollen „die finanziellen Anreize zur Aufnahme bzw. Aufrechterhaltung einer Erwerbstätigkeit" (Deutscher Bundestag 2003, 60) erhöhen und so das Transfersystem vor Mitnahmeeffekten schützen. „Das Wohngeld dient der wirtschaftlichen Sicherung angemessenen und familiengerechten Wohnens" (WoGG § 1 Abs. 1). Mit dem Kindergeldzuschlag „soll verhindert werden, dass Familien allein wegen ihrer Kinder auf Arbeitslosengeld II oder Sozialgeld angewiesen sind" (Deutscher Bundestag 2003, 45). All diese Systeme gewährleisten, dass eine Arbeitsaufnahme immer mit Einkommensverbesserungen einhergeht, selbst wenn das daraus erzielte Einkommen nicht bedarfsdeckend wäre. Damit ist das Problem eines Reservationslohnes in Deutschland, bei allen Diskussionen über die konkrete Ausgestaltung der Anreize, grundsätzlich bereits realisiert.

Anders als in dem Modell von Phelps (1997) werden die Lohnzuschüsse nicht über den Arbeitgeber, sondern direkt an die Hilfebedürftigen ausbezahlt. Das mildert mögliche Mitnahmeeffekte bei Arbeitgebern, führt aber auf der anderen Seite möglicherweise zu Fehlanreizen bei den Hilfebedürftigen, bspw. durch die Kombination aus formeller Beschäftigung und Schattenwirtschaft.

Es gibt aber auch bereits Erfahrungen mit großen Programmen zur Schaffung öffentlicher Arbeitsplätze in Deutschland. Diese sind anfällig für umständliche Bürokratien oder Verdrängung der Aktivitäten des Privatsektors. Phelps nennt das Beispiel Ostdeutschlands, wo „the siren call of a high-paid job in the west stands in the way of high job attachment in the east and willingness to take a lower-paid job that would accelerate employment recovery and capital investment in the east."[136]

136 Siehe Phelps (1997, 148).

Der Zweck von Programmen wie der Phelps'schen Lohnsubvention sollte Niedriglohnempfänger in „the business of society“, sprich dem „Geschäft der Gesellschaft“ integrieren. Dies entspricht für Phelps einer Tätigkeit im Privatsektor. Diese Idee ist in Deutschland teilweise in dem Leitbild des „Förderns und Forderns“ aufgegangen, wonach auch in der deutschen Sozialgesetzgebung grundsätzlich eigene Bemühungen vorausgesetzt werden. Die Reformen haben dazu geführt, dass erstmals in der Geschichte der Bunderepublik die Sockelarbeitslosigkeit auch zwischen Konjunkturzyklen abgebaut werden konnte (vgl. Abbildung 3).

Die in dieser Arbeit beleuchtete Gruppe der verfestigten Langzeitarbeitslosen oder Langleistungsbezieher erreicht die Arbeitsmarktpolitik jedoch weiterhin nicht. Die Interviews haben neben den Exklusionserfahrungen auch gezeigt, dass die Ursachen der Arbeitslosigkeit in dieser Gruppe vielfältig und selten im Bereich eines zu niedrigen Qualifikationslohns liegen. Die statistischen „Vermittlungshemmnisse“ wurden in der Befragung sehr plastisch.

Die Gruppe der Befragten wird auch in einem guten konjunkturellen Umfeld von der aktivierenden Arbeitsmarktpolitik nicht erreicht. Der Ausschluss vom Arbeitsmarkt führt nicht nur zu materieller Deprivation, sondern die Befragten drohen überdies dauerhaft exkludiert zu sein. Phelps Analyse bestätigt sich in der vorliegenden Arbeit in dieser Hinsicht. Seine Lösung einer Arbeitgeber-Lohnsubvention vermag diese Menschen aber schlechterdings nicht zu erreichen, weil hier die Beschäftigungsfähigkeit nicht adressiert wird.[137]

Die vorgestellten Beratungsprogramme in Höxter und Paderborn versuchen für diese Gruppe, eine engmaschigere Begleitung und intensivere Betreuung zu organisieren. Allerdings fehlt auch in diesen Programmen weiterhin die Arbeitserfahrung. Wenn Arbeit aber für die persönliche Entwicklung, den Selbstwert, die Gemeinschaftserfahrung im Betrieb und nicht zuletzt für die Teilhabe an einer Bürgergesellschaft eine so zentrale Bedeutung hat – so wie diese Analyse annehmen lässt –, dann müssten auch für die Gruppe der besonders verfestigten Arbeitslosen Arbeitserfahrungen organisiert werden. Dies gehört dann weniger in eine Kategorie der unmittelbaren Arbeitsmarktpolitik mit einem Vermittlungsziel, sondern wäre im Kern eine Sozialpolitik mit dem Ziel der Lebenslaufstabilisierung.

Ein solcher sozialer Arbeitsmarkt ist in Deutschland jedoch nur unter strengen Voraussetzungen möglich. Die geschaffenen Stellen müssen drei Kriterien erfüllen: Sie müssen wettbewerbsneutral, zusätzlich und im öffentlichen Interesse sein. Das beschränkt die Beschäftigungsmaßnahmen der Arbeitsmarktpolitik immens. Es ergibt

137 Siehe dazu: Herringer (2010, 8), der das Empowerment-Konzept ins Zentrum der Sozialen Arbeit rückt. Die Idee des Empowerment ist, weniger den Blick auf die Defizite, bspw. bei der Beschäftigungsfähigkeit, zu richten, sondern die Fähigkeiten und Fertigkeiten der Menschen in einem ganzheitlichen Ansatz neu zu erwecken: „[D]as Anstiften zur (Wieder-)Aneignung von Selbstbestimmung über die Umstände des eigenen Lebens“. Eine Lohnersatzleistung der passiven Arbeitsmarktpolitik oder Lohnkostenzuschüsse für Arbeitgeber können diesem ganzheitlichen Ansatz nicht gerecht werden.

sich durch solche Maßnahmen sogar ein Widerspruch zu der Forderung von Edmund Phelps, wenn der geschaffene Arbeitsplatz „im öffentlichen Interesse liegt, wettbewerbsneutral und zusätzlich ist. Dies zwingt zu marktfernen Parallelwelten."[138]

Allerdings muss eine Abkehr von den genannten drei Prinzipien in der Sozialen Marktwirtschaft die Ausnahme bilden und als direkter Staatseingriff in den Arbeitsmarkt gut begründet werden. Deshalb ist ein solcher Ansatz unter wettbewerblichen Gesichtspunkten nur für eine eng zu definierende Gruppe vertretbar. Auch sind die Kosten der Arbeitsplätze, wenn die Personen eng betreut werden und Vermittlungshemmnisse bearbeitet oder sogar abgebaut werden sollen, sehr hoch. Nachhaltige Maßnahmen sind demnach personal- und kostenintensiv. Die Kosten für gute öffentlich geförderte Beschäftigung wären hoch und müssten über einen langen Zeitraum aufgewendet werden. Der Soziale Arbeitsmarkt sollte deshalb, anders als alle bisherigen Versuche, zunächst nur auf verfestigten Langleistungsbezug als Auswahlkriterium beschränken. In Deutschland gibt es gut 450.000 Menschen, die seit Beginn des Systems im Jahr 2005 dem Leistungsbezug nie länger als vier Wochen entfliehen konnten (vgl. Abbildung 2).

Die vollständige Inklusion von Arbeitslosen sollte das gesellschaftspolitische Ziel einer aktivierenden Sozialpolitik sein. Sozialtransfers können die weiteren Wirkungsdimensionen von Arbeit nicht ersetzen. Insbesondere Langzeitarbeitslosigkeit ohne Beschäftigungsperspektive befördert Exklusion. Die Teilhabe am Erwerbsleben entspricht dem Wunsch aller in dieser Analyse befragten Personen. Sie wollen Verantwortung übernehmen und sich einbringen. Arbeit zu haben, gebraucht zu werden und seine Fähigkeiten sinnstiftend einzubringen, bringt Wertschätzung und Selbstzufriedenheit. Tagesstruktur und soziale Kontakte sind weitere wichtige Aspekte, die von den Interviewpartnern vermisst werden. Wer arbeitet und sein Leben eigenverantwortlich bestreitet, erfährt Anerkennung und nimmt sich als vollwertiges Mitglied einer Bürgergesellschaft wahr. Zu arbeiten, Verantwortung zu tragen und etwas zu leisten, sind in einer Arbeitsgesellschaft selbstverständliche Erfahrungen, für die befragten Interviewpartner jedoch nur eine Sehnsucht.

138 Siehe Cremer/Goldschmidt (2012, 12).

Nachwort

Das Forschungsvorhaben profitierte vom Curriculum des Promotionskollegs Soziale Marktwirtschaft der Konrad-Adenauer-Stiftung e.V. Für diese materielle – und vor allem ideelle – Förderung der Konrad-Adenauer-Stiftung danke ich nicht nur stellvertretend für ganz viele wohlgesonnene Konstipendiaten, Kollegen und Vorgesetzte, vor allem Herrn Generalsekretär Michael Thielen.

Insbesondere die Feldarbeit wäre jedoch ohne die Unterstützung der Otto Wolff Stiftung nicht möglich gewesen. Der damalige Vorstandsvorsitzende und heutige Ehrenvorsitzende Dr. Franz Schoser hat dem Projekt in einem ganz frühen Stadium sein Vertrauen geschenkt und es damit schließlich erst ermöglicht. Die Jobcenter Berlin Mitte, Paderborn und Höxter bekommen sicherlich zuhauf Forschungsanfragen, haben diesem hier aber stattgegeben und wesentlich zum Erfolg der Arbeit beigetragen. Das ist alles andere als selbstverständlich und deshalb gebührt den Einrichtungen und den beteiligten Mitarbeiterinnen und Mitarbeitern mein großer Dank und vielleicht noch größerer Respekt für ihre tägliche Arbeit, die ich im Laufe der Besuche immer mehr zu schätzen gelernt habe.

Stellvertretend für die vielen guten Gespräche, Anregungen und Unterstützungen möchte ich bei meinem Zweitgutachter Prof. Dr. Timm Bönke sowie bei Prof. Dr. Alexander Lenger, Marina Pittsik und Dr. Pia Becker bedanken.

Was wären wir alle ohne Förderer und Freunde. Solche, die uns Vertrauen schenken, Mut stiften und auch mal die richtige Richtung weisen. Mein Dank gilt deshalb Dr. Carsten Linnemann MdB und Prof. Dr. Nils Goldschmidt.

https://doi.org/10.1515/9783110795639-008

Anhang 1
Leitfadenmuster der qualitativen Interviews

<table>
<tr><th colspan="5">Leitfaden Einzelinterview</th></tr>
<tr><td rowspan="3">Projekt</td><td>Titel</td><td colspan="3">LZA und Inklusion</td></tr>
<tr><td>Berlin</td><td>Paderborn</td><td>Höxter</td><td></td></tr>
<tr><td>☐</td><td>☐</td><td>☐</td><td></td></tr>
<tr><td rowspan="2">Interview</td><td>Nr. / Datum</td><td colspan="3"></td></tr>
<tr><td>Interviewer</td><td colspan="3"></td></tr>
<tr><td rowspan="2">Gesprächs-partner/in</td><td>Name</td><td colspan="3"></td></tr>
<tr><td>Gruppe</td><td colspan="3"></td></tr>
</table>

1. **Einleitung (1 Minute)**

Guten Tag. Mein Name ist Thomas Köster und wir sind zu einem Gespräch zum Thema „Teilhabe“ verabredet.

Inhalt und Hintergrund des Gespräches

Aufzeichnung, anonymisierte Auswertung, nur der Doktorvater und Autor dürfen am Original arbeiten [Aufwandspauschale 30 EUR, wird nach Rücksprache mit den Jobcentern nicht auf den Regelsatz angerechnet, solange keine anderen Nebenverdienste vorliegen oder nach der Regelung zur Einmaligkeit der Zahlung].

2. **Persönlicher Hintergrund (10 Minuten)**

Wie geht es Ihnen? [Explorieren für Gesundheit]

Bitte erzählen Sie mir zum Einstieg ein paar Dinge, die Sie als Person beschreiben, persönliche Daten:

Name:

Alter:

Geburtsort:

Familienstand:

Nationalität:

Leistungsbezug seit:

Nicht gearbeitet seit:

Wohnsituation: Stadt/Land; Wohnung/EFH/MFH; Nachbarschaft

Interessen/Hobbys – sofern dafür Zeit ist.

Wie sieht es mit ehrenamtlichem Engagement aus?

Wie würden Sie Ihr persönliches Umfeld beschreiben? Wie intensiv ist der Kontakt mit dem Freundeskreis, hat sich das verändert?

https://doi.org/10.1515/9783110795639-009

Wie würde jemand anderes Sie beschreiben? Welche Eigenschaften machen Sie – im Positiven wie im Negativen – aus?

3. **Biografie (15 Minuten)**

a) **Persönliche Beispiele**

Ich möchte nun etwas detaillierter über Ihren Lebensweg sprechen. Wenn Sie einmal an Ihre bisherigen Lebensphasen denken:

Wann hat für Sie persönlich die zentrale Weichenstellung im Hinblick auf Ihr Fortkommen stattgefunden? Was ist da genau passiert?

Welche weiteren Weichenstellungen – bezogen auf unterschiedliche Lebensphasen – sind darüber hinaus noch zentral für Ihr Fortkommen gewesen?

Falls nicht genannt, kurz folgende Aspekte thematisieren:

– Schule, Ausbildung usw.
– Studium
– Berufseinstieg, Weiter- und Fortbildung

Gab es hier auch Phasen, in denen es schwierig war bzw. wo Sie nicht wussten, wie es weitergeht? Was sind hier Schlüsselmomente gewesen? Wie sind Sie damit umgegangen? Hat es neben diesen klassischen Phasen, die fast jeder Mensch durchläuft, weitere spezielle Phasen, Anlässe oder Situation gegeben, die für Ihr Fortkommen relevant gewesen sind?

Hilfe: Falls nicht genannt, explorieren für: Arbeitslosigkeit, Kindererziehung, Pflege/Betreuung von Verwandten

Wie ist Ihnen nach diesen Phasen der Wiedereinstieg in das Arbeitsleben gelungen/ Warum nicht gelungen?

Haben Sie sich in diesem Prozess diskriminiert/zurückgesetzt gefühlt?

b) **Summarische Einschätzung**

Nun konkret zu Ihnen: Fühlen Sie sich inkludiert, d. h., sehen Sie sich selbst im Großen und Ganzen als vollwertigen Teil der Gesellschaft angenommen?

Woran machen Sie das fest?

Persönliche Merkmale/Eigenschaften (selbst verantwortlich)

Rahmenbedingungen (ich habe keinen Einfluss drauf)

[Wenn nicht zuvor bereits]: Haben Sie konkrete Situationen vor Augen, in denen Sie sich einmal diskriminiert oder zurückgesetzt gefühlt haben?

4. **Gutes Leben (25 Minuten)**

a) **Zufriedenheit (mit dem eigenen Leben)**

Und wie wichtig oder weniger wichtig ist für Sie das Leben mit der Familie, ggf. mit Kindern? Woran machen Sie das fest?

Jeder Mensch hat ja ganz individuelle Stärken und Talente. Wie ist das bei Ihnen: Wo können Sie einen Beitrag leisten, Ihre Stärken und Talente einbringen und wo ist das eher schwierig? Falls nicht genannt, nachhaken für: Freizeit, Familie, Beruf/Qualifikation.
Unabhängig von den Aspekten, die Sie eben bereits genannt haben: Was gehört für Sie zu einem guten Leben dazu?

Und was gehört für Sie zu einem erfüllten Leben dazu?
Wie zufrieden sind Sie – ganz allgemein gesprochen – mit Ihrem eigenen Leben?
Woran machen Sie das fest?
Und was gehört für Sie zu einem zufriedenen Leben dazu?

b) **Veränderungsbedarf/Wünsche**
Was würden Sie an Ihrem Leben gerne ändern? Warum wollen Sie das ändern?
Was würden Sie sich wünschen, wie Ihr Leben in fünf Jahren aussieht?

c) **Teilhabe**
Was macht für Sie gesellschaftliche Teilhabe aus? D. h., was glauben Sie, ist wichtig, um sich als vollwertiges Mitglied der Gesellschaft zu fühlen, sich angenommen zu fühlen im Umfeld, in der Nachbarschaft, bei Freunden, Bekannten oder Familie?
Wann würden Sie jemanden als wohlhabend bezeichnen? Würden Sie sich nach dieser Definition ebenfalls als wohlhabend bezeichnen? Warum? Warum nicht?
Was bedeutet das für Sie ...

kulturell/Ehrenamt/Sport
in Ihrer Selbst- und Fremdeinschätzung
materiell

Brauchen Sie ein „mehr" an Materiellem (z. B. neues Handy, Klamotten usw.)? Warum? Warum nicht? Was ist Ihnen hier (stattdessen) wichtig?
Wie würden Sie Ihre ganz persönliche Zukunftserwartung (Erwartungen/Ängste/Sorgen/Zuversicht/Vorfreude) beschreiben?

Was sind hier Ihre ganz persönlichen Sorgen und Ängste? Was sehen Sie hier problematisch? Was hat Einfluss auf Ihre Sorgen und Ängste?
Falls nicht genannt: Welche Rolle spielt hier das Thema „Lebens-Perspektive"?

5. **Arbeit (Erläuterung, Relevanz, Allgemeinheit) (10 Minuten)**

Berufliche Situation. Bitte beschreiben Sie ganz allgemein Ihre bisherigen beruflichen Erfahrungen.
Wie zufrieden sind Sie mit Ihrer Qualifikation?
Wie schätzen Sie Ihre beruflichen Zukunftsaussichten ein?

Welchen Stellenwert hat für Sie Arbeit neben dem Einkommen?
Zur Erläuterung: Bei vielen Studien über den Arbeitsmarkt oder Arbeitslosigkeit wird Arbeit auf den Aspekt der Einkommensgewinnung reduziert. Uns interessieren aber gerade auch die weiteren Dimensionen von Arbeit.

Bei Nachfrage: die Sinnstiftung, Teilhabe, die persönliche Zufriedenheit usw.

Besteht der Wunsch nach einem Arbeitsplatz, wie stark ist der Wunsch bei Ihnen ausgeprägt (Hilfe: Wie oft beschäftigen Sie sich mit dem Thema, täglich, wöchentlich usw.)?

Ist ein geregeltes Beschäftigungsverhältnis für Sie ein Ziel im Leben? Gibt es andere Prioritäten?

Was glauben Sie, welchen Stellenwert hat Arbeit in der Gesellschaft insgesamt oder in Ihrem persönlichen Umfeld?

Wie wichtig ist es heute, etwas aus seinem Leben zu machen?

Hat der Satz „Kinder sollen es einmal besser haben" heute noch seine Gültigkeit? Warum? Warum nicht? Was bedeutet der Satz heute genau? Was stellen Sie sich darunter konkret vor? Bitte nennen Sie Beispiele.

6. **Zusatzblock für Eltern mit Kindern (5 Minuten)**

Da Sie Kinder haben, noch ein paar Fragen hierzu:

Wie hat bzw. wie funktioniert aktuell bei Ihnen die Betreuung der Kinder? Wie haben Sie sich das mit Ihrem Partner bzw. Ihrer Partnerin aufgeteilt?

Welche Rolle haben Kinder bei Ihrer beruflichen Perspektive gespielt? Haben sie die Job-Perspektive eher positiv/negativ/gar nicht beeinflusst?

Und wenn Sie jetzt an die Zukunftsperspektive Ihrer Kinder denken:

Welche persönlichen Eigenschaften (Tugenden, Charaktereigenschaften etc.) werden bei Ihren Kindern besonders wichtig sein, um eine gute Zukunft zu haben?

[Ziel hier: Die kritische Selbsteinschätzung am Beispiel anderer Abfragen]

Welche Rahmenbedingen werden besonders wichtig sein, um eine gute Zukunft zu haben?

[Ziel hier: Die kritische Selbsteinschätzung am Beispiel anderer Abfragen]

Welche Rolle spielt Arbeit in diesem Zusammenhang?

[Ziel hier: Die kritische Selbsteinschätzung am Beispiel anderer Abfragen]

7. **Abschluss (4 Minuten)**

[Ggf. offene Fragen, je nach Interview-Verlauf, Summarische Betrachtung]

Gibt es sonst noch etwas, was Sie mir gerne erzählen möchten, wonach ich Sie nicht gefragt habe? Bzw. was Ihnen für dieses Thema wichtig erscheint?

Zum Abschluss vielleicht noch eine summarische Frage: Sind Sie glücklich?

Und wenn Sie das auf eine Skala von 0 – 10 einordnen müssten (10: beste, 0: schlechteste Ausprägung)?

Vielen Dank für Ihre Ausführungen, vielen Dank, dass Sie sich die Zeit genommen haben.

Anhang 2
Brief Ansprache Interviewpartner Paderborn

UNIVERSITÄT SIEGEN

Zentrum für ökonomische Bildung in Siegen

Kontextuale Ökonomik und ökonomische Bildung
Prof. Dr. Nils Goldschmidt

UNIVERSITÄT SIEGEN • Fakultät III / ZöBiS • 57068 Siegen

Kohlbettstraße 15
57076 Siegen
Telefon +49 (0)271 740-3143 / -4775 (Sekr.)
Telefax +49 (0)271 740-13143
goldschmidt@wiwi.uni-siegen.de
http://www.wiwi.uni-siegen.de/wiwi/wid

Siegen, den 9. Mai 2017

An:
Interessierte Probanden

Über:
Jobcenter Kreis Paderborn
Team Markt und Integration

Einladung zum Interview im Rahmen einer Forschungsarbeit

Sehr geehrte Damen und Herren,

im Rahmen eines Dissertationsprojektes am Zentrum für ökonomische Bildung (ZöBiS) der Universität Siegen in Verbindung mit dem Promotionskolleg Soziale Marktwirtschaft der Konrad-Adenauer-Stiftung sind wir auf Ihre Unterstützung angewiesen: **Wir wären Ihnen sehr dankbar, wenn Sie sich die Zeit für ein Interview für unser Forschungsvorhaben nehmen würden.** Wir untersuchen den Wert von Arbeit für unsere Wirtschaftsverfassung. Auch wenn es kein Geheimnis ist, dass Arbeit eine ganz zentrale Bedeutung für die persönliche Entwicklung hat, so ist dieser Zusammenhang zumindest in der ökonomischen Forschung bisher wenig untersucht. Gerne würden wir mehr über Ihre persönliche Situation erfahren, um daraus Rückschlüsse für die Forschung und damit schlussendlich für die Arbeitsmarktpolitik zu gewinnen. Diese Art der Befragung führen wir außerdem auch in Höxter und Berlin durch.

Organisatorisches:
Wir würden gern mit Ihnen ein fragebogengestütztes Interview in Form eines Gespräches führen. Es dauert nicht länger als eine Stunde. Es steht Ihnen frei, dieses Interview an einem neutralen Ort, bspw. in einem Café, im Jobcenter oder auch bei Ihnen daheim zu führen. Selbstverständlich beachten wir beim Umgang mit Ihren persönlichen Daten die wissenschaftlichen Standards, so dass Ergebnisse und Aufzeichnungen ausschließlich anonymisiert dokumentiert werden. Wir entschädigen Ihren Aufwand in einer für diese Zwecke üblichen Höhe von 30 EUR. Bei Rückfragen können Sie sich gern direkt an Ihr Jobcenter oder Thomas Köster (thomas.koester@kas.de; 030/26996-3393) wenden.

Über eine positive Rückmeldung würden wir uns sehr freuen!

Mit freundlichen Grüßen

Prof. Dr. Nils Goldschmidt

Thomas Köster

https://doi.org/10.1515/9783110795639-010

Anhang 3
Brief Ansprache Interviewpartner Höxter

UNIVERSITÄT SIEGEN

ZöBiS
Zentrum für ökonomische Bildung in Siegen

Kontextuale Ökonomik und ökonomische Bildung
Prof. Dr. Nils Goldschmidt

UNIVERSITÄT SIEGEN • Fakultät III / ZöBiS • 57068 Siegen

An:
Interessierte Probanden

Über:
Jobcenter Kreis Höxter

Kohlbettstraße 15
57076 Siegen
Telefon +49 (0)271 740-3143 / -4775 (Sekr.)
Telefax +49 (0)271 740-13143
goldschmidt@wiwi.uni-siegen.de
http://www.wiwi.uni-siegen.de/wiwi/wid
Siegen, den 9. Mai 2017

Einladung zum Interview im Rahmen einer Forschungsarbeit

Sehr geehrte Damen und Herren,

im Rahmen eines Dissertationsprojektes am Zentrum für ökonomische Bildung (ZöBiS) der Universität Siegen in Verbindung mit dem Promotionskolleg Soziale Marktwirtschaft der Konrad-Adenauer-Stiftung sind wir auf Ihre Unterstützung angewiesen: **Wir wären Ihnen sehr dankbar, wenn Sie sich die Zeit für ein Interview für unser Forschungsvorhaben nehmen würden.** Wir untersuchen den Wert von Arbeit für unsere Wirtschaftsverfassung. Auch wenn es kein Geheimnis ist, dass Arbeit eine ganz zentrale Bedeutung für die persönliche Entwicklung hat, so ist dieser Zusammenhang zumindest in der ökonomischen Forschung bisher wenig untersucht. Gerne würden wir mehr über Ihre persönliche Situation erfahren, um daraus Rückschlüsse für die Forschung und damit schlussendlich für die Arbeitsmarktpolitik zu gewinnen. Diese Art der Befragung führen wir außerdem auch in Paderborn und Berlin durch.

Organisatorisches:
Wir würden gern mit Ihnen ein fragebogengestütztes Interview in Form eines Gespräches führen. Es dauert nicht länger als eine Stunde. Es steht Ihnen frei, dieses Interview an einem neutralen Ort, bspw. in einem Café, im Jobcenter oder auch bei Ihnen daheim zu führen. Selbstverständlich beachten wir beim Umgang mit Ihren persönlichen Daten die wissenschaftlichen Standards, so dass Ergebnisse und Aufzeichnungen ausschließlich anonymisiert dokumentiert werden. Wir entschädigen Ihren Aufwand in einer für diese Zwecke üblichen Höhe von 30 EUR. Bei Rückfragen können Sie sich gern direkt an Ihr Jobcenter oder Thomas Köster (thomas.koester@kas.de; 030/26996-3393) wenden.

Über eine positive Rückmeldung würden wir uns sehr freuen!

Mit freundlichen Grüßen

Prof. Dr. Nils Goldschmidt   Thomas Köster

https://doi.org/10.1515/9783110795639-011

Anhang 4
Brief Ansprache Interviewpartner Berlin Mitte

UNIVERSITÄT SIEGEN

ZöBiS
Zentrum für ökonomische Bildung in Siegen

Kontextuale Ökonomik und ökonomische Bildung
Prof. Dr. Nils Goldschmidt

Kohlbettstraße 15
57076 Siegen
Telefon +49 (0)271 740-3143 / -4775 (Sekr.)
Telefax +49 (0)271 740-13143
goldschmidt@wiwi.uni-siegen.de
http://www.wiwi.uni-siegen.de/wiwi/wid

Siegen, den 20. Oktober 2017

UNIVERSITÄT SIEGEN • Fakultät III / ZöBiS • 57068 Siegen

An:
Interessierte Probanden

Über:
Jobcenter Berlin Mitte

Einladung zum Interview im Rahmen einer Forschungsarbeit

Sehr geehrte Damen und Herren,

im Rahmen eines Dissertationsprojektes am Zentrum für ökonomische Bildung (ZöBiS) der Universität Siegen in Verbindung mit dem Promotionskolleg Soziale Marktwirtschaft der Konrad-Adenauer-Stiftung sind wir auf Ihre Unterstützung angewiesen: **Wir wären Ihnen sehr dankbar, wenn Sie sich die Zeit für ein Interview für unser Forschungsvorhaben nehmen würden.** Wir untersuchen den Wert von Arbeit für unsere Wirtschaftsverfassung. Auch wenn es kein Geheimnis ist, dass Arbeit eine ganz zentrale Bedeutung für die persönliche Entwicklung hat, so ist dieser Zusammenhang zumindest in der ökonomischen Forschung bisher wenig untersucht. Gerne würden wir mehr über Ihre persönliche Situation erfahren, um daraus Rückschlüsse für die Forschung und damit schlussendlich für die Arbeitsmarktpolitik zu gewinnen. Diese Art der Befragung haben wir außerdem auch in Paderborn und Höxter durchgeführt.

Organisatorisches:
Wir würden gern mit Ihnen ein fragebogengestütztes Interview in Form eines Gespräches führen. Es dauert nicht länger als eine Stunde. Es steht Ihnen frei, dieses Interview an einem neutralen Ort, bspw. in einem Café, im Jobcenter oder auch bei Ihnen daheim zu führen. Selbstverständlich beachten wir beim Umgang mit Ihren persönlichen Daten die wissenschaftlichen Standards, so dass Ergebnisse und Aufzeichnungen ausschließlich anonymisiert dokumentiert werden. Wir entschädigen Ihren Aufwand in einer für diese Zwecke üblichen Höhe von 30 EUR. Bei Rückfragen können Sie sich gern direkt an Ihr Jobcenter oder Thomas Köster (thomas.koester@kas.de; 030/26996-3393) wenden.

Über eine positive Rückmeldung würden wir uns sehr freuen!

Mit freundlichen Grüßen

Prof. Dr. Nils Goldschmidt　　　　Thomas Köster

https://doi.org/10.1515/9783110795639-012

Literaturverzeichnis

Ackerman, Bruce; Anne Alstott (1999): „The Stakeholder Society“, Yale University Press: New Haven.
Ackerman, Bruce; Anne Alstott; Philippe Van Parijs (Hg.) (2003): „Redesigning Distribution: basic income and stakeholder grants as alternative cornerstones for a more egalitarian capitalism“, The Real Utopias Project, Volume V, Verso Books: London und New York.
Allmendinger, Jutta; Ludwig-Mayerhofer Wolfgang, Spitznagel Eugen (2012): „Arbeitslosigkeit“, in: Günther Albrecht, Axel Groenemeyer (Hg., 2012): „Handbuch soziale Probleme“, S. 320–366, Springer VS Verlag für Sozialwissenschaften: Wiesbaden.
Apolte, Thomas (2012): Phelps´ Idee der sozialpolitischen Inklusion in der Kritik”, in: Pies/Leschke (2012): “Edmund Phelps´ strukturalistische Ökonomik”, Band 18 von Konzepte der Gesellschaftstheorie, Mohr Siebeck: Tübingen.
Ashenfelter, Orley: David Card (1999). Handbook of Labor Economics, 5. Aufl., Elsevier Science: Amsterdam.
Backhouse, Robert E.; Mauro Boianovsky (2013): „Transforming modern macroeconomics: exploring disequilibrium microfoundations, 1956–2003“, Reihe: Historical Perspectives on Modern Economics, Cambridge University Press: New York.
Bahrdt, Hans Paul (1983): „Arbeit als Inhalt des Lebens“, in: Matthes, Joachim, (Hg.): „Krise der Arbeitsgesellschaft? – Verhandlungen des 21. Deutschen Soziologentages in Bamberg 1982“, Herausgegeben im Auftrag der Deutschen Gesellschaft für Soziologie, S. 120–137, Campus: Frankfurt.
Bauer, Frank; Lutz Eigenhüller, Annekatrin Niebuhr, Duncan Roth, Georg Sieglen, Stefan Theuer, Oliver Thoma, Antje Weyh (2016): „Langzeitarbeitslosigkeit im regionalen Vergleich – Ost und West sind Stadt und Land unterschiedlich betroffen“, IAB-Forum 1/2016, Nürnberg.
Bauernschuster, Stefan; Wido Geis, Christian Holzner, Helmut Rainer (2010): „Hartz-IV-Regelsätzen: Hintergrund und Bedeutung“, in ifo Schnelldienst, Jg. 63, 05/2010, München, verfügbar unter: <https://www.ifo.de/DocDL/ifosd_2010_5_2.pdf>, letzter Zugriff: 03.07.2020.
Baur, Nina (2012): „Von der Quali-/Quanti-Debatte zum Methoden-Mix. Reichweite und Ertrag methodischer Zugriffe am Beispiel der Vorstellungen von familiärer Arbeitsteilung“, in: Aulenbacher, Brigitte, Birgit Riegraf (Hg.) (2012): „Erkenntnis und Methode“, 2. Aufl., Reihe Geschlecht und Gesellschaft, vol. 43, Springer VS Verlag für Sozialwissenschaften: Wiesbaden.
Baur, Nina; Udo Kelle und Udo Kuckartz (2017): „Mixed Methods – Stand der Debatte und aktuelle Problemlagen“, KZfSS Kölner Zeitschrift für Soziologie und Sozialpsychologie, volume 69, S. 1–37, Springer VS Verlag für Sozialwissenschaften: Wiesbaden.
Bednarek-Gilland, Antje (2015): „Fragiler Alltag – Studie zu den Fähigkeiten langzeitarbeitsloser Menschen“, Sozialwissenschaftliches Institut der EKD, Reihe: SI-aktuell, Verlag creo media: Hannover.
Beste, Jonas; Mark Trappmann (2016): Erwerbsbedingte Abgänge aus der Grundsicherung: Der Abbau von Hemmnissen macht´s möglich. (IAB-Kurzbericht, 21/2016), Nürnberg, verfügbar unter: <http://doku.iab.de/kurzber/2016/kb2116.pdf>, letzter Zugriff: 21.10.2018.
Beste, Jonas, Arne Bethmann und Stefanie Gundert (2016): „Materielle und soziale Lage der ALG-II-Empfänger“, IAB-Kurzbericht 24/2016, verfügbar unter: <http://doku.iab.de/kurzber/2014/kb2414.pdf>, letzter Zugriff: 05.12.2018.
Bewley, Truman (2002): „Interviews as a valid empirical tool in economics“, The Journal of Socio-Economics, 31. Jg., Nr. 4, S. 343–353, Elsevier: Amsterdam.
Blanchard, Olivier (2003): „Microeconomics“, 3. überarb. Auflage, Prentice Hall Series in Economics, Pearson: Boston.
Böhle, Fritz; G. Günter Voß, Günther Wachtler (2010): „Handbuch Arbeitssoziologie“, Springer VS Verlag für Sozialwissenschaften, Wiesbaden.

https://doi.org/10.1515/9783110795639-013

Bönke, Timm; Astrid Pape, Hannah Penz, Maximilian Priem, Simon Voss (2000): „Aufstieg durch Einstieg – Wirkungsanalyse der Arbeitsmarktflexibilisierung seit 2005", in Köster (2020): Studie der FU Berlin und DIW Econ im Auftrag der Konrad-Adenauer-Stiftung, Berlin.

Bogner, Kathrin und Landrock, Uta (2015): „Antworttendenzen in standardisierten Umfragen", GESIS – Leibniz Institut für Sozialwissenschaften (GESIS Survey Guidelines), Mannheim.

Borjas, George J. (2012): „Labor Economics", 6. Aufl., McGraw-Hill: Boston.

BMVBS (2009): „Kosten der Unterkunft und die Wohnungsmärkte: Auswirkungen der Regelungen zur Übernahme der Kosten der Unterkunft auf Transferleistungsempfänger und Kommunen: ein Projekt des Forschungsprogramms Allgemeine Ressortforschung des Bundesministeriums für Verkehr, Bau und Stadtentwicklung (BMVBS) und des Bundesinstituts für Bau-, Stadt-und Raumforschung (BBSR) im Bundesamt für Bauwesen und Raumordnung (BBR). Bundesamt für Bauwesen und Raumordnung (BBR)".

BSG (2009): „Unmöglichkeit bzw. Unzumutbarkeit von Maßnahmen zur Senkung der Aufwendungen für Unterkunft in Ballungsräumen Urteil vom 19.02.2009", B 4 AS 30/08 R, Kassel.

Bude, Heinz; Ernst-Dieter Lantermann (2006): „Soziale exklusion und exklusionsempfinden", KZfSS Kölner Zeitschrift für Soziologie und Sozialpsychologie, 58.2, S. 233–252.

Bude, Heinz; Andreas Willisch (2006): „Das Problem der Exklusion. Ausgegrenzte, Entbehrliche, Überflüssige", 1. Aufl., Hamburger Edition: Hamburg.

Bude, Heinz; Andreas Willisch (2008): „Exklusion. Die Debatte über die ‚Überflüssigen'", Suhrkamp: Frankfurt am Main.

Bude, Heinz; Thomas Medicus, Andreas Willisch (Hg.) (2011): „ÜberLeben im Umbruch: am Beispiel Wittenberge: Ansichten einer fragmentierten Gesellschaft", Verlag Hamburger Edition: Hamburg.

Bundesagentur für Arbeit (2010a): „Geschäftsanweisung der Bundesagentur für Arbeit für atypische Bedarfe", Geschäftszeichen: SP II-II-1303/7000/5215.

Bundesagentur für Arbeit (2010b): „Klassifikation der Berufe 2010 – Band 1: Systematischer und alphabetischer Teil mit Erläuterungen", Nürnberg, verfügbar unter: <https://statistik.arbeitsagentur.de/Statischer-Content/Grundlagen/Klassifikationen/Klassifikation-der-Berufe/KldB2010/Printausgabe-KldB-2010/Generische-Publikationen/KldB2010-Printversion-Band1.pdf>, letzter Zugriff: 02.07.2020.

Bundesagentur für Arbeit (2018a): „Die Arbeitsmarktsituation von langzeitarbeitslosen Menschen 2017", in: Berichte: Blickpunkt Arbeitsmarkt, Mai 2018, Nürnberg, verfügbar unter: <https://statistik.arbeitsagentur.de/Statischer-Content/Arbeitsmarktberichte/Personengruppen/generische-Publikationen/Langzeitarbeitslosigkeit.pdf>, letzter Zugriff: 02.07.2020.

Bundesagentur für Arbeit (2018b): „Akademikerinnen und Akademiker", in: Berichte: Blickpunkt Arbeitsmarkt, Mai 2018, Nürnberg, verfügbar unter: https://statistik.arbeitsagentur.de/Statischer-Content/Arbeitsmarktberichte/Berufe/generische-Publikationen/Broschuere-Akademiker.pdf, letzter Zugriff: 02.07.2020.

Bundesagentur für Arbeit (2018c): „Situation schwerbehinderter Menschen", in: Berichte: Blickpunkt Arbeitsmarkt, Mai 2018, Nürnberg, verfügbar unter: <https://statistik.arbeitsagentur.de/Statischer-Content/Arbeitsmarktberichte/Personengruppen/generische-Publikationen/Brosch-Die-Arbeitsmarktsituation-schwerbehinderter-Menschen.pdf>, letzter Zugriff: 14.11.2019.

Bundesagentur für Arbeit (2019a): „Langzeitarbeitslosigkeit (Monatszahlen) – Deutschland, Länder, Regionaldirektionen und Agenturen für Arbeit", Dezember 2019, Nürnberg, verfügbar unter: <https://statistik.arbeitsagentur.de/Statistikdaten/Detail/201912/langzeitarbeitslosigkeit/langzeitarbeitslosigkeit/langzeitarbeitslosigkeit-dlrdaa-0-201912-xlsm.xlsm>, letzter Zugriff: 26.12.2019.

Bundesagentur für Arbeit (2019b): „Ausgaben für aktive und passive Leistungen im SGB II (Jahreszahlen)", Dezember 2019, Nürnberg, verfügbar unter: <https://statistik.arbeitsagentur.de/Statistikdaten/Detail/201812/ausgabenstatistik/ausgaben-sgbii/ausgaben-sgbii-dwoljc-0-201812-xlsm.xlsm>, letzter Zugriff: 17.10.2020.

Bundesagentur für Arbeit (2020a): „Monatsbericht zum Arbeits- und Ausbildungsmarkt“, Blickpunkt Arbeitsmarkt, Februar 2020, Nürnberg, verfügbar unter: <https://statistik.arbeitsagentur.de/Statistikdaten/Detail/202002/arbeitsmarktberichte/monatsbericht-monatsbericht/monatsbericht-d-0-202002-pdf.pdf>, letzter Zugriff: 16.03.2020.

Bundesagentur für Arbeit (2020b): „Wohn- und Kostensituation – Deutschland, West/Ost, Länder, Kreise und Jobcenter (Monatszahlen) – Februar 2020“, Statistikportal der BA, Nürnberg, verfügbar unter: <https://statistik.arbeitsagentur.de/Navigation/Statistik/Statistik-nach-Themen/Grundsicherung-fuer-Arbeitsuchende-SGBII/Leistungen-Einkommen-Bedarfe-Wohnkosten/Leistungen-Einkommen-Bedarfe-Wohnkosten-Nav.html>, letzter Zugriff: 04.07.2020.

Bundesinstitut für Bau-, Stadt- und Raumforschung (2012): „Raumabgrenzungen und Raumtypen des BBSR. Analysen Bau. Stadt. Raum, Band 6“, <https://www.bbsr.bund.de/BBSR/DE/Raumbeobachtung/Raumabgrenzungen/Kreistypen4/kreistypen.html>, letzter Zugriff: 20.01.2019.

Bundesministerium für Arbeit und Soziales (2014): „Chancen eröffnen – soziale Teilhabe sichern“, Konzept zum Abbau der Langzeitarbeitslosigkeit, Konzeption des Bundesprogramms Netzwerk ABC, Berlin, verfügbar unter: <https://www.sgb2.info/ SharedDocs/Downloads/DE/Themen/abc-konzept.pdf|> letzter Zugriff: 27.09.2019.

BVerfG (2010): „Urteil des Ersten Senats vom 09. Februar 2010“, 1 BvL 1/09, Rn. 1–220, verfügbar unter <https://www.bundesverfassungsgericht.de/SharedDocs/Downloads/DE/2010/02/ls20100209_1bvl000109.pdf>, letzter Zugriff: 03.07.2020.

BVerfG (2019): „Urteil des Ersten Senats vom 05. November 2019“, 1 BvL 7/16, Rn. 1–225, verfügbar unter <https://www.bundesverfassungsgericht.de/SharedDocs/Downloads/DE/2019/11/ls20191105_1bvl000716.pdf>, letzter Zugriff: 03.07.2020.

Cahuc, Pierre; Stéphane Carcillo, André Zylberberg (2014): „Labor Economics, 2. Aufl., MIT-Press: Cambridge.

Castel, Robert (2000): „Die Metamorphosen der sozialen Frage. Eine Chronik der Lohnarbeit“, uvk-Verlag: Konstanz.

Castel, Robert; Klaus Dörre (2009): „Prekarität, Abstieg, Ausgrenzung. Die soziale Frage am Beginn des 21. Jahrhunderts“, Campus: Frankfurt am Main.

CDU/CSU (2017): „Für ein Deutschland, in dem wir gut und gerne leben. Regierungsprogramm 2017 – 2021“, Wahlprogramm von CDU und CSU zur Bundestagswahl 2017, Berlin, verfügbar unter <https://www.cdu.de/system/tdf/media/dokumente/170703regierungsprogramm2017.pdf>, letzter Zugriff: 06.10.2020.

CDU/CSU und SPD (2018a): „Ergebnisse der Sondierungsgespräche von CDU, CSU und SPD“, Finale Fassung vom 12.01.2018, Berlin, verfügbar unter <https://www.cdu.de/system/tdf/media/dokumente/ergebnis_sondierung_cdu_csu_spd_120118_2.pdf>, letzter Zugriff: 06.10.2020.

CDU/CSU und SPD (2018b): „Ein neuer Aufbruch für Europa – Eine neue Dynamik für Deutschland – Ein neuer Zusammenhalt für unser Land“, Koalitionsvertrag zwischen CDU, CSU und SPD für die 19. Legislaturperiode, Berlin, verfügbar unter <https://www.bundesregierung.de/resource/blob/975226/847984/5b8bc23590d4cb2892b31c987ad672b7/2018-03-14-koalitionsvertrag-data.pdf>, letzter Zugriff: 06.10.2020.

Christoph, Bernhard, Torsten Lietzmann, Silke Tophoven, Claudia Wenzig (2016): „Materielle Lebensbedingungen von SGB-II-Leistungsempfängern“, IAB, Aktuelle Berichte 21/2016, verfügbar unter: <http://doku.iab.de/aktuell/2016/aktueller_bericht_1621.pdf>, letzter Zugriff: 05.12.2018.

Clinton, Bill (2017): Präsident Bill Clinton bei der „2017 Graduation of Presidential Leadership Scholars” am 13.07.2017 im Bush Center in Dallas, Texas, verfügbar unter: <https://youtu.be/rrMBoI6co2c> letzter Zugriff: 27.09.2019.

Cremer, Georg (2017): „Wie über Armut reden? Wie gegen Armut handeln?“, in: Analysen und Argumente, 235, Konrad-Adenauer-Stiftung: St. Augustin/Berlin.

Cremer, Georg; Nils Goldschmidt (2012): „Die Chance, sich auf dem Markt bewähren zu können“, Frankfurter Allgemeine Zeitung vom 05.11.2012, Frankfurt.

Cremer, Georg; Nils Goldschmidt, Nils; Sven Höfer (2013): „Soziale Dienstleistungen: Ökonomie, Recht, Politik, Mohr-Siebeck: Tübingen.

Cunliffe, John; Guido Erreygers (2003): „Basic Income? Basic capital – Origins and issues of a debate”, Journal of Political Philosophy 11 (1), S. 89–110, Wiley-Blackwell: Hoboken.

Dabrowski, Martin; Judith Wolf (Hg.) (2017): “Crowdworking und Gerechtigkeit auf dem Arbeitsmarkt”, Reihe: Sozialethik konkret, Schöningh: Paderborn.

De Wispelaere, Jurgen; Lindsay Stirton (2004): „The many faces of universal basic income“, in: The Political Quarterly, 75(3), 266–274, Wiley-Blackwell: Hoboken.

Denzin, Norman K.; Yvonna Lincoln (2005): „The SAGE handbook of qualitative research“, 5. überarb. und erw. Aufl, SAGE Publishing: Thousand Oaks.

Deutscher Bundestag (2003): „Entwurf eines Vierten Gesetzes für moderne Dienstleistungen am Arbeitsmarkt“, Drucksache 15/1516, Berlin, verfügbar unter: <http://dipbt.bundestag.de/dip21/btd/15/015/1501516.pdf> letzter Zugriff: 03.07.2020.

Deutscher Bundestag (2010): „Entwurf eines Gesetzes zur Ermittlung von Regelbedarfen und zur Änderung des Zweiten und Zwölften Buches Sozialgesetzbuch“, Drucksache 17/3404, Berlin, verfügbar unter: https://dip21.bundestag.de/dip21/btd/17/034/1703404.pdf>, letzter Zugriff: 03.07.2020.

Deutscher Bundestag (2018a): „Berechnung der Hartz IV-Regelsätze“, Wissenschaftliche Dienste des Deutschen Bundestages, Reihe: Sachstand, WD 6 – 3000 – 076/18, Berlin, verfügbar unter: <https://www.bundestag.de/resource/blob/580576/458e62b5e2cea83557cf69fd0155f1a9/WD-6-076-18-pdf-data.pdf>, letzter Zugriff: 03.07.2020.

Deutscher Bundestag (2018b): „Beschlussempfehlung und Bericht des Ausschusses für Arbeit und Soziales (11. Ausschuss), Drucksache 19/5588, Berlin, verfügbar unter: <http://dipbt.bundestag.de/dip21/btd/19/055/1905588.pdf>, letzter Zugriff: 03.07.2020.

Dörre, Klaus; Karin Scherschel, Melanie Booth, Tine Haubner, Kai Marquardsen, Karen Schierhorn (2013): „Bewährungsproben für die Unterschicht? – Soziale Folgen aktivierender Arbeitsmarktpolitik“, Campus: Frankfurt am Main.

Dunlop, John T. (1957): „The Task of Contemporary Wage Theory”, S. 3–27, in: Dunlop, John T. [Hrsg.] (1957): „The Theory of Wage Determination“, Nachdr. 1966, Macmillan, London.

Dux, Günter (2000): „Historisch-genetische Theorie der Kultur. Instabile Welten. Zur prozessualen Logik im kulturellen Wandel“, Velbrück Wissenschaft: Weilerswist.

Dux, Günter (2008), „Warum denn Gerechtigkeit. Die Logik des Kapitals. Die Politik im Widerstreit mit der Ökonomie“, Velbrück Wissenschaft: Weilerswist.

Ehrenberg, Ronald G., Robert S. Smith (2009): „Modern Labor Economics: Theory and Public Policy“, 11. Aufl., Pearson: Boston.

Eichhorst, Werner; Hilmar Schneider (2008): „Umsetzung des Workfare-Ansatzes im BMWi-Modell für eine existenzsichernde Beschäftigung“, IZA Research Report No. 18, Bonn.

Eucken, Walter (1989 [1940]): „Die Grundlagen der Nationalökonomie“, Abteilung Staatswissenschaft, 9. Auflage, Springer: Berlin.

Eucken, Walter (1990 [1952]): „Grundsätze der Wirtschaftspolitik“, 6. Auflage, J. C. B. Mohr: Tübingen.

FAZ (2018): „Eine halbe Million Menschen leben seit 2005 von Hartz IV“, Dietrich Creutzburg in Frankfurter Allgemeine Zeitung vom 11.10.2018, S. 17.

Fischbach, Rainer; Klaus Wollenberg (2007): „Volkswirtschaftslehre I: Einführung und Grundlagen“, 13. aktual. u. überarb. Aufl., Oldenbourg Verlag: München.

Flick, Uwe (2016): „Qualitative Sozialforschung. Eine Einführung“, 7. völlig überarbeitete Neuauflage, Rowohlt: Reinbek.

Ford, Henry; Samuel Crowther (2006): „My Life an Work“, Nachdruck des Originals von 1922, Independently published.

Foner, Philip S. (Hg.) (1974): “The Life and Major Writings of Thomas Paine”, Citadel Press: New York.

Franz, Wolfgang (2009): „Arbeitsmarktökonomik“, 6. Aufl., Springer: Heidelberg.

Friedman, Milton (1968): „The Role of Monetary Policy”, The American Economic Review 58(1), S. 1–17.

Fuchs-Goldschmidt, Inga; Nils Goldschmidt (2010): „Inklusion als Zielpunkt einer modernen Sozialpolitik“, in: Zeitschrift für Wirtschaftspolitik, Jg. 59, Heft 1, S. 62 –76, Lucius & Lucius: Stuttgart.

Gächter, Simon; Ernst Fehr (2002): „Fairness in Labor Market: A Survey of Experimental Results”, In: Bolle, Friedel; Marco Lehmann-Waffenschmidt [Hrsg.] (2002): S. 95–132.

Goldschmidt, Nils (2012): „Edmund Phelps und die Idee sozialpolitischer Inklusion“, in: Pies/Leschke (2012): “Edmund Phelps´ strukturalistische Ökonomik”, Band 18 von Konzepte der Gesellschaftstheorie, Mohr Siebeck: Tübingen.

Goldschmidt, Nils; Alexander Lenger (2011): „Teilhabe und Befähigung als Schlüsselelemente einer modernen Ordnungsethik“, in: Zeitschrift für Wirtschafts- und Unternehmensethik (zfwu), 12, 2 (2011), S. 295–313, Rainer Hampp Verlag: Augsburg.

Gossen, Hermann H. (1967): „Entwicklung des Gesetzes des menschlichen Verkehrs und der daraus fließenden Regeln für menschliches Handeln“, Nachdruck. der Ausgabe Braunschweig 1854, Liberac: Amsterdam.

Grobe, Thomas G., Friedrich Wilhelm Schwartz (2003): „Arbeitslosigkeit und Gesundheit”, Gesundheitsberichterstattung des Bundes, Themenheft 13, Robert-Koch-Institut, verfügbar unter: <https://www.rki.de/EN/Content/Health_Monitoring/Health_Reporting/GBEDownloadsT/arbeitslosigkeit.pdf>, letzter Zugriff 13.11.2018.

Gurr, Thomas; Monika Jungbauer-Gans (2013): “Stigma consciousness among the unemployed and prejudices against them: development of two scales for the 7th wave of the panel study Labour Market and Social Security (PASS)”, in: Journal for Labour Market Research, Nr. 46(4), S. 335–351, Nürnberg.

Gurr, Thomas; Monika Jungbauer-Gans (2017): „Eine Untersuchung zu Erfahrungen Betroffener mit dem Stigma Arbeitslosigkeit“, Soziale Probleme, Nr. 28, S. 25–50, Springer VS Verlag für Sozialwissenschaften: Wiesbaden.

Haring, Robin (2019): „Gesundheitswissenschaften“, Reihe: Springer Reference Pflege – Therapie – Gesundheit, Springer: Heidelberg.

Helfferich, Cornelia (2009): „Die Qualität qualitativer Daten – Manual für die Durchführung qualitativer Interviews“, 3. überarbeitete Auflage, Springer VS Verlag für Sozialwissenschaften: Wiesbaden.

Herringer, Norbert: „Empowerment in der sozialen Arbeit: eine Einführung“, 4., erweiterte und aktualisierte Auflage. Kohlhammer: Stuttgart.

Hollederer, Alfons; Sven Voigtländer (2016): „Die Gesundheit von Arbeitslosen und die Effekte auf die Arbeitsmarktintegration“, in Bundesgesundheitsblatt-Gesundheitsforschung-Gesundheitsschutz, 59(5), S. 652–661, Springer Medizin: Heidelberg.

Horn, Karen (2012): „Die Stimme der Ökonomen: Wirtschaftsnobelpreisträger im Gespräch“, Carl Hanser: München.

Jahoda, Marie; Paul F. Lazarsfeld, Hans Zeisel (1986): „Die Arbeitslosen von Marienthal – Ein soziographischer Versuch über die Wirkungen langandauernder Arbeitslosigkeit. Mit einem Anhang zur Geschichte der Soziographie“, 6. Aufl., in: Edition Suhrkamp 769, Suhrkamp: Frankfurt am Main.

Jahoda, Marie (1997): „Manifest and latent functions“, in Nicholson (Hg.) (1997): „The Blackwell encyclopedic dictionary of organizational psychology“, S. 317–318, Blackwell: Oxford.

Jenichen, Susann (2015): „Sensibel für Armut – Kirchengemeinden in der Uckermark”, Ergebnisse einer sozialwissenschaftlichen Studie im Auftrag Sozialwissenschaftlichen Instituts der EKD in Brandenburg, Reihe: SI-aktuell, Evangelische Verlagsanstalt: Leipzig.

Kaldor, Nicholas (1936): „Wage Subsidies as a Remedy for Unemployment", in Journal of Political Economy, Vol. 44, Nr. 6, pp. 721–742, University of Chicago Press: Chicago.

Kaufmann, Franz-Xaver (2009): „Sozialpolitik und Sozialstaat: Soziologische Analysen", 3. erw. Aufl., Springer VS Verlag für Sozialwissenschaften: Wiesbaden.

Kaufmann, Jean-Claude (1994): „Schmutzige Wäsche – Zur ehelichen Konstruktion von Alltag", edition discours, deutsche Übersetzung durch Andreas Gipper und Mechthild Rahner, Univ.-Verlag Konstanz: Konstanz.

Kaufmann, Jean-Claude (1994): „Schmutzige Wäsche – Zur ehelichen Konstruktion von Alltag", edition discours, deutsche Übersetzung durch Andreas Gipper und Mechthild Rahner, Univ.-Verlag Konstanz: Konstanz.

Köster, Thomas (2017a): „Langzeitarbeitslos im Beschäftigungsboom – Zeit für sozialpolitische Ansätze?", in: Analysen & Argumente 240/2017, Konrad-Adenauer-Stiftung e.V., 15.03.2017, Sankt Augustin/Berlin, verfügbar unter: <http://www.kas.de/wf/doc/kas_48368-544-1-30.pdf>, letzter Zugriff: 30.09.2019.

Köster, Thomas (2017b): „Keine alten Antworten auf neue Fragen", in: Martin Dabrowski; Judith Wolf (Hg.) (2017): „Crowdworking und Gerechtigkeit auf dem Arbeitsmarkt", Reihe: Sozialethik konkret, Schöningh: Paderborn.

Köster, Thomas (2018): „Die Zielgruppe ist entscheidend, Stellungnahme 17/428 zum Antrag Neue Impulse zur nachhaltigen Reduzierung der Langzeitarbeitslosigkeit, Anhörung des Ausschusses für Arbeit, Gesundheit und Soziales des Landtags Nordrhein-Westfalen zum Antrag „Neue Impulse zur nachhaltigen Reduzierung der Langzeitarbeitslosigkeit: Finanzierung sichern, Instrumente reformieren, Langzeitarbeitslosigkeit reduzieren" der Fraktion der CDU und der Fraktion der FDP, Drucksache 17/1283, sowie des dazugehörigen Entschließungsantrags der Fraktion Bündnis 90/Die Grünen, Drucksache 17/1338, Düsseldorf, verfügbar unter: <https://www.landtag.nrw.de/Dokumentenservice/portal/WWW/dokumentenarchiv/Dokument/MMST17-428.pdf>, letzter Zugriff: 16.07.2020.

Köster, Thomas (2020): „Aufstieg durch Einstieg – Wirkungsanalyse der Arbeitsmarktflexibilisierung seit 2005", FU Berlin (Timm Bönke, Astrid Pape, Hannah Penz) und DIW Econ (Maximilian Priem, Simon Voss) im Auftrag der Konrad-Adenauer-Stiftung, Berlin.

Konrad-Adenauer-Stiftung (2017): „Aufstieg heute – mehr als Arbeit und Einkommen – Studie zur Selbstwahrnehmung der sozialen Mobilität im Vergleich der Generationen", Studie von Jochen Roose im Auftrag der Konrad-Adenauer-Stiftung e. V., 09.10.2017, Berlin, verfügbar unter <https://www.kas.de/de/einzeltitel/-/content/aufstieg-heute-mehr-als-arbeit-und-einkommen1>, letzter Zugriff: 11.03.2020.

Kronauer, Martin (2002): „Exklusion. Die Gefährdung des Sozialen im hoch entwickelten Kapitalismus", Campus: Frankfurt am Main.

Kruse, Jan; Alexander Lenge (2013): „Zur aktuellen Bedeutung von qualitativen Forschungsmethoden in der deutschen Volkswirtschaftslehre – Eine programmatische Exploration", in: Zeitschrift für Qualitative Forschung 14 (1), S. 105–138, Budrich: Stuttgart.

Kuckartz, Udo (2016): „Qualitative Inhaltsanalyse: Methoden, Praxis, Computerunterstützung", 3., überarb. Aufl., Beltz Juventa: Weinheim.

Lampert, Thomas; Lars E. Kroll (2010): „Armut und Gesundheit", Zahlen und Trends aus der Gesundheitsberichterstattung des Bundes, GBE kompakt, 5/2010(3), Robert-Koch-Institut, verfügbar unter < https://edoc.rki.de/bitstream/handle/176904/3090/29wYJ9AaKy3gU.pdf>, letzter Zugriff: 03.07.2020.

Lampert, Thomas; Lars E. Kroll (2012): „Arbeitslosigkeit, prekäre Beschäftigung und Gesundheit", Zahlen und Trends aus der Gesundheitsberichterstattung des Bundes, GBE kompakt, 1/2012(3), Robert-Koch-Institut, verfügbar unter <http://www.rki.de/DE/Content/Gesundheitsmonitoring/Gesundheitsberichterstattung/GBEDownloadsK/2012_1_Arbeitslosigkeit_Gesundheit.pdf>, letzter Zugriff: 03.07.2020.

Lenger, Alexander (2019): „The Rejection of Qualitative Research Methods in Economics“, in: Journal of Economic Issues 53 (4), S. 946–965, Taylor & Francis: Milton Park.

Lenger, Alexander; Nils Goldschmidt: „Ordnungsökonomik als angewandte Wissenschaft. Zur notwendigen Zusammenführung von Theorie und Praxis“, ORDO Jahrbuch für die Ordnung von Wirtschaft und Gesellschaft, Band 62, 2011, S. 343–363, Lucius & Lucius: Stuttgart.

Loosen, Wiebke (2016): „Das Leitfadeninterview – eine unterschätzte Methode“, in: Averbeck-Lietz S., Meyen M. (Hg.) (2016): „Handbuch nicht standardisierte Methoden in der Kommunikationswissenschaft“, Springer NachschlageWissen, Springer VS Verlag für Sozialwissenschaften: Wiesbaden.

Ludwig-Mayerhofer, Wolfgang (2008): „Arbeitslosigkeit“, in: Arbeitsmarktsoziologie (pp. 199–239). Springer VS Verlag für Sozialwissenschaften: Wiesbaden.

Mankiw, Gregory N.; Mark P. Taylor (2014): „Economics“, 3. überarb. Auflage, Cengage Learning Emea: Boston.

Matthes, Joachim, (1983): „Krise der Arbeitsgesellschaft? – Verhandlungen des 21. Deutschen Soziologentages in Bamberg 1982“, herausgegeben im Auftrag der Deutschen Gesellschaft für Soziologie, Campus: Frankfurt.

Mayring, Philipp (2015): „Qualitative Inhaltsanalyse: Grundlagen und Techniken“, 11., aktualisierte und überarbeitete Auflage, Beltz Verlag: Weinheim und Basel.

Mehlich, Michael (2005): „Langzeitarbeitslosigkeit – Individuelle Bewältigung im gesellschaftlichen Kontext“, Nomos: Baden-Baden.

Merton, Robert (1968): „Social Theory and Social Structure“, rev. ed., Macmillan: New York.

Miethe, Ingrid (2017): „Biografiearbeit – Lehr- und Handbuch für Studium und Praxis”, 3. Aufl, Beltz Juventa: Weinheim.

Nicholson, Nigel (Hg.) (1997): „The Blackwell encyclopedic dictionary of organizational psychology”, Blackwell: Oxford.

Niessen, Hans J.; Rainer Ollmann (1987): “Schattenwirtschaft in der Bundesrepublik. Eine empirische Bestandsaufnahme der sozialen und räumlichen Verteilung schattenwirtschaftlicher Aktivitäten”, Leske+Budrich: Opladen.

Nolte, Jakob (2013): „Rationale Rechtsfindung im Sozialrecht: Die vom Bundesverfassungsgericht aufgestellten Anforderungen an die Bestimmung des Existenzminimums im Lichte neuerer sozialgerichtlicher Rechtsprechung“, in Der Staat, 52, 245, Duncker-Humblot: Berlin.

Obermeier, Tim, Karin Schultheis, Stefan Sell (2013): „Endstation Arbeitsgelegenheiten!? – Teilhabeperspektiven in Ein-Euro-Jobs“, ibus-Verlag: Remagen.

Paine, Thomas (1796): „Agrarian justice“, in Foner (Hg.) (1974): „The Life and Major Writings of Thomas Paine“, S. 605–623, Citadel Press: New York.

Paul, Karsten I.; Andrea Zechmann (2019): „Arbeitslosigkeit und Gesundheit“, in: Haring, Robin (Hg., 2019): „Gesundheitswissenschaften“, Reihe: Springer Reference Pflege – Therapie – Gesundheit, S. 487–496 Springer: Heidelberg.

Phelps, Edmund S. (1967): „Phillips Curves, Expectations of Inflation and Optimal Unemployment over Time”, Economica, New Series, Vol. 34, No. 135, Harvard University Press, S. 254–281.

Phelps, Edmund S. (1968): „Money-wage dynamics and labor-market equilibrium“, in: Journal of political economy, 76(4, Part 2), S. 678–711, Chicago.

Phelps, Edmund S. (1985): „Political Economy: An Introductory Text”, Norton: New York.

Phelps, Edmund S. (1997): „Rewarding Work – How to Restore Participation and Self-Support to Free Enterprise”, Harvard University Press, Cambridge/London.

Phelps, Edmund S. (2000a): „The importance of inclusion and the power of job subsidies to increase it“, OECD Economic Studies 31 (2000): 85–114.

Phelps, Edmund S. (2000b): „Subsidize Wages – A response to ‘A Basic Income for All’“ by Philippe van Parijs, Boston Review, issue October/November 2000, Boston Critic: Somerville.

Phelps, Edmund S. (2002): „Enterprise and Inclusion in Italy", Kluwer Academic Publishers: Boston [u. a.].

Phelps, Edmund S. (2003): „Introduction", in: Phelps (Hg.) (2003): „Designing Inclusion: Tools to Raise Low-end Pay and Employment in Private Enterprise", Cambridge University Press: Cambridge [u. a.].

Phelps Edmund S (2003): „Designing Inclusion: Tools to Raise Low-end Pay and Employment in Private Enterprise", Cambridge University Press: Cambridge [u. a.].

Phelps Edmund S (2006): „Macroeconomics for a Modern Economy", Prize Lecture, 08.12. 2006, verfügbar unter: <https://www.nobelprize.org/prizes/economic-sciences/2006/phelps/lecture/>, letzter Zugriff: 06.07.2020.

Phelps Edmund S (2007): „The Good Life and the Good Economy: The Humanist Perspective of Aristotle, the Pragmatists and Vitalists; And the Economic Justice of John Rawls", Lecture in the Annual Series „Aristotle and the Moderns" Low Library, Columbia University, New York, Mittwoch, 03.10.2007, verfügbar unter: <http://www.columbia.edu/~esp2/AristotleLecture2007Oct3corr.pdf>, letzter Zugriff: 06.07.2020.

Phelps Edmund S (2008): „Dynamism and Inclusion: What? Why? How?", CCS Working Paper No. 25, May 2008, verfügbar unter: <https://academiccommons.columbia.edu/doi/10.7916/D8B56X7F/download>, letzter Zugriff: 06.07.2020.

Phelps Edmund S (2009a): „Economic justice an the spirit of innovation", In: First Things: A Monthly Journal of Religion and Public Life, (196), S. 27–32.

Phelps Edmund S (2009b): „Refounding capitalism", in: Capitalism and Society, Vol. 4, Iss. 3, Article 4, De Gruyter: Boston.

Phelps, Edmund S.; Armen A. Alchian, Charles C. Holt (1970): „Microeconomic Foundations of Employment and Inflation Theory, WW Norton: Nex York.

Phillips, Alban W.H. (1958): „The Relation between Unemployment and the Rate of Change of Money Wages in the United Kingdom, 1861–1957", in: Economica, Vol. 25, S. 283–299.

Pies, Ingo (2012): „Theoretische Grundlagen demokratischer Wirtschafts- und Gesellschaftspolitik: Der Beitrag von Edmund Phelps", in: Pies/Leschke (2012): "Edmund Phelps´ strukturalistische Ökonomik", Band 18 von Konzepte der Gesellschaftstheorie, Mohr Siebeck: Tübingen.

Pies, Ingo; Martin Leschke (Hg.) (2012): „Edmund Phelps´ strukturalistische Ökonomik", Band 18 Konzepte der Gesellschaftstheorie, Mohr Siebeck: Tübingen.

Pigou, Arthur Cecil (1968): „The Theory of Unemployment", Nachdruck der Erstausgabe London 1933, Macmillan: London.

Piore, Michael J. (2006): „Qualitative research: does it fit in economics?", European Management Review, 3. Jg., Nr. 1, S. 17–23, John Wiley & Sons: New York.

Priess, Ludger: „Soziologie – Schlüsselbegriffe, Herangehensweisen, Perspektiven", 3., durchgesehene Auflage, Beltz Juventa: Weinheim.

Radović-Marković, Mirjana; Beatrice E. Avolio Alecchi (2016): „Qualitative Methods in Economics", Routledge: London.

Raffelhüschen, Bernd; Robert Grimm (2019): „Deutsche Post Glücksatlas 2019", Penguin: München.

Raff, Daniel M. G.; Lawrence H. Summers (1987): „Did Henry Ford Pay Efficiency Wages?", Journal of Labor Economics, Vol. 5 (4), S. 57–86.

Rawls, John (1988): „The Priority of Right and Ideas of the Good", Philosophy & public affairs, 17. Jg., Nr. 4, S. 251–276, Wiley: Hoboken.

Reiß, Winfried (1998): Mikroökonomische Theorie – Historisch fundierte Einführung", 5. Aufl. Oldenbourg: München.

Rogge, Benedikt (2013): „Wie uns Arbeitslosigkeit unter die Haut geht – Identitätsprozess und psychische Gesundheit bei Statuswechseln", uvk-Verlag: Konstanz.

Rostenthal, Gabriele (1995): „Erlebte und erzählte Lebensgeschichte – Gestalt und Struktur biographischer Selbstbeschreibungen", Campus: Frankfurt am Main.

Sachverständigenrat zur Begutachtung der gesamtwirtschaftlichen Entwicklung (2006): „Arbeitslosengeld II reformieren: Ein zielgerichtetes Kombilohnmodell“, Expertise im Auftrag des Bundesministers für Wirtschaft und Technologie, Wiesbaden.

Samuelson, Paul A.; Robert M. Solow (1960): “Analytical Aspects of Anti-Inflation Policy”, in: American Economic Review, Papers and Proceedings, Vol. 50, S. 177–194.

Schäfer, Wolf (1984): „Schattenökonomie. Theoretische Grundlagen und wirtschaftspolitische Konsequenzen”, Vandenhoeck & Ruprecht: Göttingen.

Scherschel, Karin; Peter Streckeisen, Manfred Krenn (Hg.) (2012): „Neue Prekarität – Die Folgen aktivierender Arbeitsmarktpolitik – europäische Länder im Vergleich“, Campus: Frankfurt am Main.

Schütt, Petra (2014): „Security First“– Erwerbslose im Spannungsfeld zwischen Hilfebezug und prekärem Arbeitsmarkt“, uvk-Verlag: Konstanz.

Schulz, Claudia (2008): „Ausgegrenzt und abgefunden? – Innenansichten der Armut, LIT Verlag: Hamburg.

Selting, Margret; Peter Auer, Birgit Barden, Jörg Bergmann, Elizabeth Couper-Kuhlen, Susanne Günthner, Uta Quasthoff, Christoph Meier, Peter Schlobinski, Susanne Uhmann (1998): „Gesprächsanalytisches Transkriptionssystem (GAT)“, in: Linguistische Berichte, 173, S. 91–122, Buske: Hamburg.

Sen, Amartya (1997): „Inequality, unemployment and contemporary Europe“, in: International Labour Review, Vol. 136 (1997), No. 2 (Summer), S. 155–171, Wiley on behalf of ILO: Hoboken.

Sen, Amartya (2002): „Ökonomie für den Menschen. Wege zu Gerechtigkeit und Solidarität in der Marktwirtschaft“, Deutscher Taschenbuch Verlag: München.

Sen, Amartya (2017): „Collective Choice and Social Welfare: Expanded Edition”, Penguin UK.

Simon, Herbert A. (1992): „What is an ‚explanation‘ of behavior?“, Psychological science, 3. Jg., Nr. 3, S. 150–161, SAGE Publishing: Thousand Oaks.

Sinn, Hans-Werner (2004): „Ist Deutschland noch zu retten?“, 4. Aufl., Ullstein Taschenbuch: Berlin.

Sinn, Hans-Werner; Christian Holzner, Wolfgang Meister, Wolfgang Ochel, Martin Werding (2006): „Aktivierende Sozialhilfe 2006: Das Kombilohn-Modell des ifo Instituts“, ifo Schnelldienst, Nr.2/2006, München, verfügbar unter: <https://www.ifo.de/DocDL/ifosd_2006_2_2.pdf>, letzter Zugriff: 03.07.2020.

Söllner, Fritz (2012): „Die Geschichte des ökonomischen Denkens“, 3. Aufl., Springer: Heidelberg.

Solow, Robert M. (1979): „Another Possible Source of Wage Stickiness”, Journal of Macroeconomics, Vol. 1 (1), S. 79–82.

Spoerer, Mark; Jochen Streb (2013): „Neue deutsche Wirtschaftsgeschichte des 20. Jahrhunderts“, De Gruyter Oldenbourg: München.

Statistische Ämter des Bundes und der Länder (2020): „Regionalatlas – Indikatoren des Themenbereichs Bevölkerung – Bevölkerungsdichte (Einwohner je qkm)“, Bezugsjahr 2017, Klassifikation: Kreise und kreisfreie Städte, verfügbar unter: <http://www.destatis.de/regionalatlas>, letzter Zugriff: 03.07.2020.

Statistisches Bundesamt (2015): „Einkommens- und Verbrauchsstichprobe – Aufwendungen privater Haushalte für den Privaten Konsum“, Wirtschaftsrechnungen, Fachserie 15 Heft 5, 10.09.2015, Wiesbaden, verfügbar unter: <https://www.destatis.de/DE/Publikationen/Thematisch/EinkommenKonsumLebensbedingungen/Konsumausgaben/EVS_AufwendungprivaterHaushalte2152605139004.pdf>, letzter Zugriff: 17.09.2018.

Statistisches Bundesamt (2020): „NUTS-Klassifikation – Die Einteilung der Europäischen Union in EU-Regionen“, Online-Artikel, verfügbar unter: <https://www.destatis.de/Europa/DE/Methoden-Metadaten/Klassifikationen/UebersichtKlassifikationen_NUTS.html>, letzter Zugriff: 03.07.2020.

Stiglitz, Joseph (2008): „Edmund Phelps: American Economic Association Luncheon Speech Honoring the 2006 Nobel Laureate in Economics“, in: Capitalism and Society, Vol. 3, Iss. 3, Article 4, De Gruyter: Boston.

Strauss, Anselm L.; Juliet M. Corbin (1996): „Grounded theory: Grundlagen qualitativer Sozialforschung“, Beltz: Weinheim.

The Royal Swedish Academy of Sciences (2006): „The Prize in Economic Sciences 2006", Press-Release, 09.10.2016, Stockholm, online verfügbar: <https://www.nobelprize.org/prizes/economic-sciences/2006/press-release/>, letzter Zugriff: 17.09.2018.

Thomas, William I., Dorothy S. Thomas (1928): „The Child in America: Behavior Problems and Programs", Alfred A. Knopf: New York, verfügbar unter: <https://babel.hathitrust.org/cgi/pt?id=mdp.39015031951406>, letzter Zugriff: 01.07.2020.

Thünen, Johann Heinrich v. (1966): „Der isolierte Staat in Beziehung auf Landwirtschaft und Nationalökonomie", 4. unveränd. Aufl., Neudruck nach der Ausg. letzter Hand (2. bzw. 1. Auflage, 1842 bzw. 1950), Stuttgart (Gustaf Fischer).

Vanberg, Viktor (2001): „Konstitutionenökonomische Überlegungen zum Konzept der Wettbewerbsfreiheit", in: ORDO Jahrbuch für die Ordnung von Wirtschaft und Gesellschaft, Band 52, 1, Lucius & Lucius: Stuttgart, verfügbar unter: <https://www.degruyter.com/view/journals/ordo/52/1/article-p37.xml> letzter Zugriff: 16.07.2020.

Van Parijs, Philippe (1991): „Why Surfers Should be Fed: The Liberal Case for an Unconditional Basic Income", Philosophy & Public Affairs, Vol. 20, No. 2 (Spring, 1991), pp. 101–131, Wiley: Hoboken.

Van Parijs, Philippe (2003): „Basic Income: A simple and powerful idea for the 21st century", in Ackerman, Alstott; Van Parijs (Hg.) (2003), „Redesigning Distribution: basic income and stakeholder grants as alternative cornerstones for a more egalitarian capitalism", S. 4–39, Verso Books: London und New York.

Varian, Hal R. (2006): „Intermediate Microeconomics", 7. ed., internat. student ed., New York (Norton).

Voß, G. Günter (2010): Kapitel I Arbeit als Grundlage menschlicher Existenz: Was ist Arbeit? Zum Problem eines allgemeinen Arbeitsbegriffs. in: Böhle, Fritz; G. Günter Voß, Günther Wachtler (Hg.): „Handbuch Arbeitssoziologie", Springer VS Verlag für Sozialwissenschaften.

Wyer, Bettina (2014): „Der standardisierte Arbeitslose – Langzeitarbeitslose Klienten in der aktivierenden Sozialpolitik", uvk-Verlag: Konstanz.

Abbildungsverzeichnis

https://doi.org/10.1515/9783110795639-014

Tabellenverzeichnis

https://doi.org/10.1515/9783110795639-015

www.ingramcontent.com/pod-product-compliance
Lightning Source LLC
LaVergne TN
LVHW081352011026
849161LV00013BA/2799